Les É[illegible]ris
d'Europ[illegible]

III

Du même auteur :

I – Les piétons lunaires
II – Un dernier homme, pour la route ?
III – Les éléphants gris d'Europe et d'Amérique
IV – Sid et le supermachinal
V – Wenger !
VI – Le rêve de Mozer
VII – Rap-trap
VIII – Nouvelles en vrac
IX – Jim Larson

Tangi Talarmin

Les éléphants gris d'Europe et d'Amérique

Nouvelles

Les Nouvelles du RétrofuturMag

Les éditions du microbe
17, rue de Kéruscun
29200 Brest

leseditionsdumicrobe@yahoo.fr
http://www.leretrofuturmag.com

Dépôt légal : 1er trimestre 2011

ISBN 978-2-9535425-2-3

Table des matières :

Itinéraire aléatoire

1

Pied au plancher sur les petites routes de campagne, Rodrigue poussait sa vieille bagnole rouillée jusqu'à ses limites de propulsion et d'adhérence.

À 90 km/h, la *Peugeot 405 break,* rouge de rouille, traînait un épais nuage de fumée dans son sillage – participant modestement, de sa petite pierre dégoûtante déposée tous les cent mètres sur la chaussée, à l'édifice colossal de la pollution atmosphérique et du réchauffement climatique.

Rodrigue serait bientôt chez lui dans la banlieue de Rennes, au calme, dans son canapé face à sa télé, et il l'aurait déjà été depuis longtemps s'il avait pu se payer le TGV ou s'il ne devait pas proscrire la conduite sur autoroute avec sa caisse pourrie qui ne tenait pas le 110, c'était une chose évidente, mais qui risquait en plus, et ce à tout moment, de perdre une roue, ou pire encore. Alors il se rabattait sur les routes départementales, celles dont les fossés amortissent voluptueusement, tous les weekends, les sorties de route des ivrognes de la région.

– Rien ne sert de courir ! brailla-t-il en hochant la tête en cadence avec ses bielles usées.

En plus du raffut du moteur, de violentes bourrasques venaient, par sa fenêtre grande ouverte, fouetter ses oreilles, malmenant encore un peu plus ses tympans mielleux – c'était ça ou l'asphyxie, avec l'odeur sournoise et nauséabonde des chaussettes de Fred qui envahissait la voiture…

– L'homme sage est celui qui connaît ses limites, approuva Maxime, philosophe, en paraphrasant l'inspecteur Harry, son héros californien favori. On roule bien assez vite comme ça !

Avachi à la place du mort, Maxime faisait ses mots-croisés sans se préoccuper de la manière de conduire de son ami. Cependant, il appréciait les allures raisonnables et perdait son calme au-dessus de 90, moment à partir duquel, voyant sa mort survenir à l'entrée de chaque virage, il se mettait à suer à grosses gouttes.

Étendu sur la banquette arrière, entre les packs de bière et les sacs de voyage gavés de fringues puantes, Frédéric, le troisième et dernier larron de la bande, ronflait comme un moteur de tracteur. C'était préférable, car lorsqu'il ne dormait pas, il fumait, toussait, buvait, rotait et se plaignait toujours de quelque chose qui ne concernait que lui.

Ils revenaient tous les trois, fatigués et crasseux, du festival *Punk Disaster* qui avait, trois jours durant, mis Saint-Hilaire-des-Loges, près de Niort, sens dessus dessous. Un complet déchaînement musical. Une zone de non droit absolue, où garder les yeux ouverts avait signifié surprendre d'incroyables ou de répugnantes scènes de la vie quotidienne des festivaliers.

Les trois amis roulaient depuis de longues heures, fuyant le dépotoir à ciel ouvert qu'ils avaient laissé derrière eux, et si aucune casse mécanique ne venait rompre l'élan de leur bolide rouillé, le périple se poursuivrait pendant une heure au moins avant qu'ils aperçoivent les premiers panneaux de signalisation indiquant Rennes à moins de cinquante bornes.

À travers ces campagnes ordinaires, le seul panorama qui leur fut permis d'observer se résuma à des talus et à des panneaux en contre-plaqué annonçant des kermesses ou des lotos organisés dans les patelins voisins.

Ennuyeux à mourir...

Et puis bientôt :

– Voilà Redon ! On approche du but, annonça Rodrigue lorsque, vingt minutes plus tard, sa voiture pétaradante franchit l'entrée de la petite cité funambule établie en équilibre sur trois départements.

– Doucement mais sûrement, approuva Maxime en observant, un court moment, les rues et les vitrines qui bordaient la chaussée, avant de replonger dans ses mots-croisés.

C'était une petite ville mais un immense voyage pour la vieille bagnole qui la traversa en ne s'arrêtant qu'aux feux rouges, comme il est d'usage, avant de retrouver les campagnes désertes de l'autre côté. À nouveau et de la même manière, les talus et les champs défilèrent, monotones, comme dans un jeu vidéo aux graphismes ratés.

Malgré les petits paquets de suie qu'expulsait ponctuellement le pot d'échappement, la bagnole roulait correctement, soutenant une belle allure depuis près de trente kilomètres. Ce fut alors que, sans d'aucune sorte alerter ses amis, Rodrigue se dressa de tout son long sur la pédale de frein, interrompant brutalement la course de la *405* qui, en pilant nerveusement, laissa une double trace noire de gomme sur cinquante mètres de bitume – elle avait de bons freins finalement, et des pneus aussi lisses que des fesses de bébé.

La voiture tangua sur ses amortisseurs usés et s'immobilisa enfin.

Maxime releva les yeux : la surprise et la crainte s'en effacèrent lorsqu'il vit qu'il n'y avait rien d'autre que la route devant eux. Ouf !

– Tu as écrasé un hérisson ? demanda-t-il en jetant un coup d'œil par la fenêtre. Qu'est-ce qui se passe ? Pourquoi on s'arrête comme ça ?

– Ehhh, bon dieu !!! rouspéta Frédéric en se massant les vertèbres.

Projeté sur le dossier du siège du conducteur au même titre que tous les bagages non arrimés réunis derrière, il s'était levé du pied gauche. Et même de l'épaule gauche – qu'il se massait en grimaçant.

La voiture était à présent immobile sur la chaussée. Le moteur toussotait au point mort. Sans un mot, Rodrigue enclencha la marche arrière et enfonça l'accélérateur. Dans un cri aigu, la *405* rebroussa chemin sur cinquante mètres jusqu'au dernier croisement qu'elle avait franchi. Ses roues arrière s'immobilisèrent dans l'herbe sèche du bas-côté.

– Qu'est-ce qui te prends ?!? hurla Maxime, encore cramponné à sa poignée. À quoi tu joues ? Où tu vas ?

Rodrigue décrocha sa ceinture de sécurité et descendit de voiture. Il en fit le tour et se figea, de stupeur muette, face au panneau planté au bord de la route.

Ses compagnons l'imitèrent de mauvaise grâce. Ils sortirent de voiture et regardèrent le panneau.

– Ça alors ! fit Maxime. Tiens, c'est curieux.

Frédéric grommela quelque chose d'incompréhensible avant de cracher un glaire consistant par terre.

Le panneau qu'ils observaient tous les trois avec perplexité ressemblait à n'importe quel panneau autour duquel on aurait suspendu par le cou un éléphant rose. Ce panneau routier, à l'aspect si peu familier, indiquait SAN FRANCISCO et SAN JOSÉ à respectivement 63 et 21 miles dans la même direction. Celle que suivait la *405* pour rallier Rennes.

– Où sommes-nous ? demanda Maxime d'un ton réprobateur. Où nous as-tu conduits ?

– Tu le vois, répondit Rodrigue en ôtant sa veste qu'il lança dans la voiture par la fenêtre ouverte. (Il désigna le panneau :) En Californie !

– C'est un gag ! s'exclama Maxime en observant autour de lui. Une caméra cachée ?

Plus loin, Frédéric se soulageait la vessie dans les broussailles sèches bordant la route.

– C'est peut-être un mirage, suggéra-t-il en refermant sa braguette. Il fait une de ces chaleurs... C'est ce qui provoque les mirage, non ? Cette foutue chaleur...

Rodrigue cogna le bout de sa chaussure contre le panneau. Il était bien réel.

– Non, dit-il songeur. Certainement pas.

– C'est absolument impossible qu'on se retrouve en Cali... ! Bon dieu ! On ne peut pas être en Californie ! explosa Maxime. Réfléchissez une seconde ! Arrêtez de faire les marioles tous les deux ! Purée, cette ville doit être jumelée avec un bled paumé en Californie. C'est un jumelage ! Une connerie. On ne peut pas être en Californie ! répéta Maxime sûr de lui comme il ne l'avait jamais été auparavant.

– Je n'en suis pas convaincu, objecta Rodrigue. (La route allait de loin derrière eux, à loin devant. Et tout autour : talus, herbes folles, gravillons et le ciel bleu. Comme partout dans le monde.) On peut être n'importe où, dit-il. Ce genre de route paumée...

– Ne dis pas n'importe quoi ! rugit Max, ulcéré par l'attitude absurde de son ami. On ne va pas se laisser berner par un vulgaire panneau ! On remonte en voiture, on rentre à Rennes et c'est tout, bordel !

– Il y a aussi ça…, rajouta Fred, penché au-dessus du fossé comme une pie de 85 kg.

Il avait remarqué un reflet entre les herbes folles. De la pointe du pied, il ramena l'objet sur la chaussée. Il s'agissait d'un paquet de cigarettes. Étranger. Les mises en garde pour la santé y étaient inscrites en anglais. Probablement américain. C'était une première confirmation de l'improbable réalité qu'avançait le panneau routier et que corroboreraient tous les indices récoltés à partir de maintenant, c'était à parier. Du moins Rodrigue en était convaincu.

– Alors, on fait quoi ? demanda sévèrement Max.

Sa mauvaise humeur s'aggravait. Il ramassa un caillou et, de toutes ses forces, le projeta vers le panneau.

Klang ! …

Il faillit perdre l'équilibre en tentant de récupérer, d'un coup de pied, la pierre après que celle-ci eût rebondi contre le panneau.

– On pourrait retourner à Redon, suggéra Fred en contemplant la route derrière lui.

– Non, on va aller à San José, décida Rodrigue en remontant dans la voiture. Venez, on ne va pas rester ici de toute façon…

– N'importe quoi ! Ha, ha, ha ! s'esclaffa Max en rejoignant ses camarades dans la *405*. À San José !… Pourquoi pas à Santiago tant que t'y es ?

– *Marrant, reconnut Xaglam en pouffant.*

*

Les voiles, gonflées par un bon vent d'ouest comme des ventres dodus sortant de table, propulsaient efficacement le navire. Par quinze nœuds de vent, *Osmose IV* fonçait à quinze nœuds en rebondissant souplement sur les vagues. Dans de multiples gerbes d'écume et de minuscules arc-en-ciel, la course autour du monde s'achevait.

Installé dans son cockpit comme dans un transat au bord d'une immense piscine, les jambes étendues devant lui, croisées, les pieds nus offerts à la chaleur du soleil, Stéphane tenait bon la barre. Il n'avait pas à le faire, mais cela lui faisait plaisir alors parfois il débranchait son pilote automatique pour se mettre lui-même aux commandes du voilier.

Bip, bip, bip, bip, biiiiiiiiiiiip !!!
Bip, bip, bip...

Un signal sonore, désagréable, émana soudain des instruments de navigation. Stéphane grimaça, se redressa, rendit les commandes à son pilote automatique et, sur son cadran de contrôle, il déchiffra les directives que lui suggérait l'ordinateur de bord.

L'ordinateur, baptisé Éric, qui indiquait précisément la vitesse et le cap du bateau, ainsi que la force et la direction du vent, et qui affichait aussi la carte des courants ainsi qu'un tas d'autres paramètres qu'il était inutile au skipper de connaître pour profiter du voyage, lui signifiait que le vent tournait au sud.

Stéphane choqua le foc en laissant l'écoute se dérouler lentement sur le winch.

– Encore un peu ? demanda-t-il en ajustant ses lunettes de soleil sur son nez.

Sur le capot du rouf, un voyant lui indiqua que c'était suffisant et la sonnerie s'arrêta. La manœuvre avait été effectuée correctement.

Stéphane trouvait tellement plus agréable d'entendre le vent, les remous de la mer et le crépitement de l'écume contre la coque plutôt que cette insupportable sonnerie qu'il se dépêchait toujours de faire les manœuvres nécessaires afin que les alarmes cessent, indépendamment de la nécessité d'agir rapidement pour gagner de la vitesse et distancer ses adversaires.

Stéphane avait eu deux mois pour creuser l'écart avec ses concurrents. Il devançait aujourd'hui de soixante-douze heures son principal adversaire, *La quille au vent,* qui bataillait ferme au large du Portugal pour se dégager de la flotte.

Stéphane se félicitait de la décision stratégique qu'avait prise Éric : Plonger dans les cinquantièmes hurlants en gardant toute la toile, à pleine vitesse, et affronter en force les tempêtes des soixantièmes foudroyants. En surfant sur la crête des vagues, il avait longé le pôle Sud au plus près, pour accomplir le tour du monde là où il est le moins long. Dans ces mers froides et dangereuses, Stéphane et son fidèle *Osmose IV* avaient croisé la course lente et désordonnée de nombreux icebergs – Éric en avait dénombré soixante-huit, heureusement aucun ne s'était mis sur leur chemin. *Osmose IV* avait parfaitement contourné les glaces, il avait tout aussi parfaitement négocié le pot au noir – cette zone de vents faibles située à l'équateur, à l'aller comme au retour. Il bouclait un parcours impeccable et serait récompensé par une grande victoire.

Stéphane était, à n'en pas douter, le plus fin tacticien de la flotte. Sa chevauchée solitaire le prouvait. Il avait fait tout le nécessaire pour gagner et lorsqu'il n'avait rien à faire, comme maintenant, il observait la mer et l'horizon placide, parfois en tenant la barre, parfois en parcourant les pages plastifiées d'un magazine.

– Tout simplement magnifique ! s'exclama-t-il en admirant le sillage de son voilier, tel la traînée d'un avion se dispersant dans les vents de la haute atmosphère, ou comme les empreintes d'un dieu courant sur l'océan...

Un interminable ricochet.

Stéphane demeura ainsi un long moment pendant lequel ses pensées victorieuses vagabondèrent allègrement. C'était avec la modestie et l'humilité du marin breton qu'il anticipait une victoire désormais assurée. *Osmose IV* passerait la ligne d'arrivée entre les îles d'Ouessant et de Sein dans quelques heures. Le bateau serait aux pontons à Brest avant la nuit, quand *La quille au vent* et les autres lutteraient encore pour la deuxième place dans le Golfe de Gascogne. Le public et les journalistes se bousculeraient au port du Château de Brest car en conservant ce rythme jusqu'à la fin, Stéphane pulvériserait le record de plus de trois jours. Un exploit qui ferait l'actualité une bonne semaine si aucun scandale financier n'éclatait entretemps.

Stéphane descendit dans la cabine, mangea un demi sandwich et but une bière puis, bercé par le roulis, il piqua un somme dans son hamac en écoutant le clapot sur la coque.

Lorsqu'il remonta sur le pont deux heures plus tard, d'innombrables gratte-ciels dressaient avec autorité leurs façades de verre sur la côte.

– C'est pas croyable ! s'exclama Stéphane en s'agrippant à l'écoute de la grand-voile comme Tarzan à une liane. (Il demeura quelques instants trop stupéfait pour prononcer un mot intelligible.) J'ai traversé un portail temporel ! bafouilla-t-il enfin. C'est l'avenir !... Ça ne peut être que ça !

Il avait devant lui l'image du futur. La côte bretonne parsemée de buildings étincelants. Telle qu'elle l'était devenue au fil des siècles prospères. Sans qu'il ne s'en aperçoive, seul en mer, quelque chose d'incroyable s'était produit ici, à terre.

– Nom d'un dolmen, il a fallu mille ans pour bâtir tout ça ! Bon dieu !

Immédiatement résigné face à cette extraordinaire réalité, Stéphane eut une pensée mélancolique pour Elsa. Puis pour sa famille et ses amis... Ont-ils tous disparu, au fil des années ? Au fil des innombrables siècles qui se sont écoulés !...

Il remarqua alors, entre les larmes qui brouillaient sa perception du paysage, un cargo faisant paresseusement route vers lui. Il quittait le port (de Brest ?) sous l'escorte de deux remorqueurs. De factures classiques, ces trois rafiots ressemblaient à n'importe quels navires actuels de leurs catégories. S'apparentant davantage à des épaves déglinguées qu'à des navires futuristes.

Stéphane récupéra les commandes de son voilier et, pour croiser leur route, il remonta au vent de quelques degrés. *Osmose IV* s'inclina à la gîte comme un judoka saluant son adversaire avant le combat.

Stéphane s'appuya aux hiloires et observa le navire aux jumelles. Il ressemblait à n'importe quel porte-container malien, et battait pavillon chinois.

– Ces foutus Chinois ont conquis la Terre ! s'exclama-t-il.

Un second cargo se présentait quelques milles derrière le premier. Stéphane se rendit compte aux jumelles qu'il portait sur sa proue bosselée par des milliers de vagues encaissées et par des centaines d'accostages approximatifs, le visage typé d'un Asiatique à moitié effacé par la rouille.

– Bordel..., murmura Stéphane en poussant la barre d'un coup de pied. Ils sont vraiment partout !

Osmose IV reprit son cap initial. Stéphane s'engouffra dans la cabine, s'installa à la table à carte et consulta Éric. Celui-ci lui indiqua sans erreur possible sa position : BAIE DE SINGAPOUR.

– Singapour ?!? (Stéphane fronça les sourcils. Il pressa un bouton et demanda :) Tu as fait une triangulation classique pour en arriver à ce résultat ?

Ce résultat inacceptable, songea-t-il.

La réponse positive d'Éric lui donna soudain l'impression qu'une violente rafale de vent retournait son bateau. Mais il n'en était rien. Vent léger – tombé à dix nœuds, ciel clair dans le hublot. C'était lui-même qui chavirait.

– Singapour ? répéta-t-il avec perplexité. Mais quelle année ? (Le calendrier de bord le rassura sur ce point. Il n'avait pas voyagé dans le temps. Sa femme et ses enfants étaient toujours vivants. Elsa vivait ! Et sa grand-mère aussi probablement.) Bordel de dieu ! s'exclama Stéphane en remontant sur le pont comme un animal fou qui bondit hors de son terrier parce qu'il se rend compte qu'on lui a fauché sa TV – néanmoins soulagé, car il préférait mille fois perdre une régate plutôt que toute sa famille.

La ville dont il s'approchait à une vitesse d'environ huit nœuds était gigantesque. Le paysage n'avait rien de commun avec les dunes et les caillasses sauvages des côtes de Bretagne. Vraiment rien. Même mille années d'érosion ou d'urbanisation n'auraient pas suffi à cela. C'était bel et bien Singapour.

Stéphane avait été la victime d'une incroyable méprise. Il s'était trompé quelque part, dans ses calculs, dans sa route ! Et l'erreur avait sans doute était commise peu après le départ de Brest, il y a huit semaines. S'aggravant jour après jour, à chaque virement de bord, à chaque décision prise. Incroyable ! Impossible ! Bordel !

Stéphane fit les cent pas sur le pont de proue en poupe en s'apitoyant sur son sort. Que s'était-il passé avec ce foutu *Galileo*[1] ? Lorsqu'il avait cru abattre au vent d'est pour plonger vers l'Antarctique, Stéphane avait en fait prolongé sa route vers le nord-est, laissant l'Australie au sud. Il s'était complètement perdu ! Comment ? Pourquoi ? Était-ce un dysfonctionnement d'Éric ? Quoi d'autre ? Ses talents de marin étaient-ils à remettre en cause ?

---

[1] Système européen de guidage par satellite.

– Comment ne m'en suis-je pas rendu compte plus tôt ??? J'aurais du choisir le GPS ! Est-ce que les autres ont Galiléo ? Merde...

Abattu, Stéphane affala toute la toile et jeta l'ancre. Il déboucha une bouteille de champagne – réservée pour fêter la victoire, et en but plusieurs lampées pour s'enivrer rapidement. Il s'installa face au vent, adossé au mât, et médita en terminant la bouteille. Il n'était plus question de record maintenant.

– Je ne comprends pas..., geignit-il en secouant la tête.

– *Cruel ! gazouilla Rolsmuck.*

*

Le commandant de bord remit son pantalon tandis que l'infirmière et l'hôtesse se rhabillèrent en roucoulant.

– Désolé mesdames, s'excusa-t-il en ajustant sa casquette face au miroir du cabinet de toilettes, mais je dois faire atterrir ce coucou. (Le *coucou* en question était le colosse des lignes commerciales, le géant des airs, l'Airbus A390. Un paquebot aérien avec piscine, casino et cinéma sur trois étages.) Rio de Janeiro, me voilà !

Le commandant termina le delphinarhum qu'il avait laissé sur le rebord du lavabo puis, en s'appuyant aux cloisons, il franchit un corridor feutré et rejoignit son copilote dans le cockpit. Il s'installa derrière le manche et posa son casque sur son crâne. Il boucla sa ceinture de sécurité, fit craquer ses phalanges et frotta ses mains l'une contre l'autre.

– Où en sommes-nous, Franck ? demanda-t-il en se tournant vers son copilote, tout en tripotant savamment boutons et molettes sur son panneau de contrôle.

Franck Mozer, le copilote, lui rappela leur plan de vol sans dissimuler sa lassitude de voir son supérieur aller et venir en négligeant sa fonction. C'était tout le temps comme ça avec lui…

– On a fait un détour, précisa-t-il en posant son index sur un écran dont la zone d'affichage clignotait comme une alarme près de son genou. Pour éviter cette zone. On a perdu dix minutes.

– Pourquoi ça ? interrogea le commandant.

Il ne pouvait plus s'absenter un instant sans qu'il ne se produise une catastrophe. Dix minutes ! Autant dire une éternité.

– Oh, rien de sensationnel, tenta de minimiser Franck. Des turbulences, un orage, la routine.

– Nous arrivons donc au Brésil ? demanda le commandant en scrutant par le pare-brise, au-delà du nez de l'avion, la côte qui apparaissait maintenant sous les nuages.

– C'est ça, confirma le copilote.

L'avion fit quelques spirales académiques dans le ciel brésilien et s'apprêta à se poser à l'aéroport international de Rio de Janeiro, qui était là quelque part sous les nuages, quand soudain la radio crépita.

« Bon dieu !... » crachota une voix nasillarde rapidement couverte par un insupportable effet Larsen.

– Qu'est-ce que c'est ? demanda le commandant sans se déconcentrer du pilotage.

– Je n'en sais rien, reconnut Franck en manipulant les réglages de la radio. Ça doit être la tour de contrôle, je suppose. C'est étrange.

« Avion je ne sais quoi ! » reprit la voix – c'était celle d'un homme à l'accent franchouillard, certainement

pas natif du Brésil. *« Je vous vois ! Je vous vois dans le ciel ! Vous n'avez pas l'intention d'atterrir ici, vous aussi ? »*

– Et pourquoi pas ? s'enquit le commandant. (C'était une réflexion personnelle, l'émetteur n'était pas branché. Il le brancha et dit en soupirant :) Qui êtes-vous donc ? À quoi rime cette plaisanterie grotesque ?

« Bon dieu de bon dieu ! » éclata la voix bourdonnante. *« Je vous répète de ne pas vous poser ici, remballez votre merdier et retournez d'où vous venez ! Je vous vois bien, vous allez vous poser vous aussi ! Foutez le camp ! Déga… »*

Le commandant coupa la communication.

– Alors qu'est-ce qu'on fait ? demanda le copilote.

– Fermez-la, Franck. On atterrit, bien sûr ! (Il lança son pouce par-dessus son épaule.) On a un millier de passagers là derrière, pour la plupart des plagistes déjà en maillot de bain.

L'avion piqua entre les nuages et s'aligna sur la piste d'atterrissage. Le commandant fredonna un air de samba en visant la piste. Une longue bande grise entourée de multiples bâti… Non, tiens ! Le commandant haussa un sourcil. Malgré la visibilité dégagée, il distinguait mal les énormes structures modernes constituant l'aéroport de Rio de Janeiro, et la ville tout autour, habituellement tentaculaire et brune de pollution, s'était transformée en champs cultivés et en petits hameaux décharnés entrecoupés de routes de campagne. Le commandant remarqua également avec un certain étonnement quelques planeurs légers stationnés à la va-vite en bout de piste.

Le jumbo-jet qu'il avait lui-même la charge de faire atterrir tombait en souplesse vers le tarmac lorsque l'alarme de l'altimètre, qui indiquait cent cinquante pieds, se mit à hurler.

– Cent cinquante quoi ?!? s'indigna le commandant, plus choqué que s'il avait surpris sa mère dans une position gênante. C'est absurde !

C'était aussi absurde que s'il avait indiqué cent cinquante kilomètres ou cent cinquante ans. La piste était bien plus éloignée. Elle était encore trop fine et les bâtiments tout autour n'étaient pas plus grands vus d'ici que des cabanons de jardins. En fait, le commandant aurait été réellement moins surpris de voir l'altimètre afficher cent cinquante kilomètres.

– Cet instrument est détraqué, commenta-t-il en poursuivant calmement sa manœuvre d'approche. Il va falloir le faire révi…

L'interrompant dans son analyse calme et posée – mais erronée – de la situation, le train d'atterrissage encore à moitié replié de l'Airbus A390 toucha le sol et toutes les roues se brisèrent dans des hurlements stridents et des bouquets d'étincelles. L'avion s'affaissa et fila sur son fuselage, oscillant d'une aile sur l'autre en raclant la piste dans un vacarme titanesque. Après huit cents mètres de glissade incontrôlable, l'appareil s'immobilisa contre un talus en bout de piste, entre deux épaves de Bowing. Ce que le commandant avait initialement pris pour des planeurs de tailles modestes étaient en fait, eux aussi, d'impressionnants jumbo-jets accidentés.

Des nuages de fumée s'échappaient de la carlingue défoncée de l'Airbus. Les toboggans d'évacuation se déployèrent à chaque écoutille, et les mille passagers du vol Paris – Rio de Janeiro quittèrent l'avion moribonds – pour certains au bord de la crise de nerf, pour la plupart effectivement en maillot de bain. Ils s'éloignèrent de la carcasse fumante de l'Airbus et se répandirent dans les champs.

Le commandant et le copilote firent ensemble quelques pas sur le tarmac percé de touffes d'herbes.

Aucun véhicule de secours ne vint à leur rencontre. Aucune alarme ne s'était déclenchée sur le périmètre de l'aéroport.

– Ce n'est visiblement pas Rio de Janeiro, constata le commandant en observant autour de lui. Alors je vous le demande, Franck, à quoi avez-vous joué lorsque j'avais le dos tourné ? Bon dieu ! Où sommes-nous ?

Franck haussa les épaules.

– Ma foi…, dit-il.

– Est-ce tout ce que vous avez à dire ?

– Puisque vous insistez, rajouta Franck, je pense qu'un chauffeur consciencieux ne tourne jamais le dos à la route.

– Je me passerai très bien de vos commentaires.

– Je n'en doute pas.

Leurs regards errèrent un moment sur le fuselage défoncé de leur avion et sur ceux de tous les autres, qui paraissaient abandonnés depuis peu de temps. Et ils se retournèrent ensemble, l'attention attirée par des cris porcins.

– Je vous avais dit de ne pas vous poser ! criait un homme qui accourait vers eux en agitant un poing menaçant au-dessus de sa tête. Vous voyez bien le bordel que c'est déjà !...

– Nous ne sommes pas à Rio de Jan... ? commença le commandant.

– Oh ! Vous m'emmerdez ! fulmina l'autre en s'arrêtant près d'eux. (Il était si pressé de leur passer un savon qu'il ne prit pas le temps de reprendre son souffle.) Non ce n'est ni Rio de Janeiro, ni Shanghai, leur postillonna-t-il au visage en désignant le Bowing d'une compagnie asiatique. Ni Washington, ni Pretoria ! Bon dieu, mais qu'est-ce qui se passe aujourd'hui ? Vos instruments sont détraqués ou quoi ?!?

– Alors où sommes-nous ? demanda le commandant. Dites-le nous, puisque vous êtes si malin.

– Vous êtes à Belfort[2], espèce d'abrutis ! Et c'est un aérodrome désaffecté ! s'exclama-t-il en désignant les champs alentours et la piste qui les traversait. Foutez-moi le camp, bande de drogués !

– Huit heures pour faire Paris – Belfort à 900 km/h de moyenne..., persifla le commandant en lançant un regard mauvais à son copilote. Je vais exiger votre mutation, Franck.

– *Irrésistible ! grinça Dullemol.*

2

– NOM d'un chien ! souffla Max, la tête penchée contre la fenêtre entrouverte. Quelle chaleur ! Le vent est brûlant... Je n'ai jamais vu une chose pareille...

– Quelqu'un veut une bière ? demanda Fred.

– Non merci, grogna Max en lui lançant un regard mauvais. Tu peux te la garder, ta bière chaude ! Au fait, vingt et un miles ça fait combien de kilomètres ? Cent vingt, non ? Enfin Cent vingt-six, puisque un mile correspond à six kilomètres.

– T'es cinglé ! s'exclama Fred en décapsulant sa bière. Tu vaux pas un clou en maths. Un mile ça fait un kilomètre deux cents.

---

[2] Authentique.

– Tu confonds avec le mille nautique, rétorqua Max. Tu confonds toujours tout. Tu confonds même QI et PQ.

– Non ! C'est toi qui mélange tout. Le mille nautique, c'est un kilomètre huit cents.

– Bon dieu on est aux USA ! s'exclama Max. Ici, tout est plus grand !

Après avoir écouté attentivement ses amis, Rodrigue estima qu'un mile correspondait approximativement à un kilomètre et demi. San José se retrouvait donc à une trentaine de bornes de là et, bien sûr, Rennes, inaccessible, à environ dix mille kilomètres.

– Quoi qu'il en soit, dit-il en montrant la jauge d'essence, on terminera la balade à pied.

C'était plus que probable, l'aiguille oscillait dans le rouge depuis Redon, et ils avaient depuis franchi la moitié du monde...

Au-delà des fossés, de chaque côté, s'étendaient des collines recouvertes de végétation roussie. La *405* fut bientôt forcée de ralentir lorsque tout autour de la route, des véhicules stationnés n'importe comment, ou bien tout simplement abandonnés là où ils étaient tombés en panne, empêchèrent sa progression tranquille. Il y avait là des plaques d'immatriculation provenant des quatre coins du monde. Hors de leurs véhicules, les conducteurs désemparés se débattaient avec leurs cartes routières, avec leurs épouses et leurs GPS. Ils désignaient leurs voitures, puis le ciel, puis leurs bras retombaient de désespoir.

– Regardez ça, fit Max éberlué. Il leur est arrivé la même chose… À tous ! C'est dingue ! Alors c'est pas des conneries. Bon dieu de bon dieu de bon dieu !

– Quelle vacherie ! commenta laconiquement Rodrigue en manœuvrant adroitement entre les voitures abandonnées et les passants qui traversaient la route.

– Un truc comme ça, c'est sans précédent, poursuivit Max.

Certaines personnes, parmi ces incroyables naufragés de la route, se contentaient de tourner la tête au passage de la *405*, d'autres tendaient leurs mains vers elle, comme vers la papamobile, d'autres encore lui couraient après, comme des chiens fous. La *405* était peut-être la dernière voiture en *état de marche* dans le monde entier.

– Ne t'arrête surtout pas ! supplia Fred, terrorisé.

– Ils veulent juste aller en ville, murmura Max.

– Ce ne sont pas des zombies, rajouta Rodrigue en riant. Ils ne vont pas nous sauter dessus !

– Il n'y a rien de drôle, ronchonna Maxime en observant tous les véhicules immobilisés, garés sur le bas-côté.

Soudain, comme un chat pris de convulsions nauséeuses, la *405* cahota et le ventilateur, qui soufflait de l'air frais dans l'habitacle, s'arrêta net. Maxime fronça les sourcils et lui donna un bon coup du plat de la main mais il resta éteint. Deux minutes plus tard, la voiture cahota à nouveau, plus violemment cette fois. C'était la panne sèche.

– On s'arrête là, annonça à regret Rodrigue en garant finalement son tacot dans la broussaille du bas-côté, qu'il rejoignit sur son erre.

Comme les autres.

Ensuite à pied, les trois amis emboîtèrent le pas de tous ceux qui, scandalisés, descendaient vers San José en se plaignant.

Rodrigue parvint à saisir quelques mots ici et là. De nombreuses nationalités se mélangeaient autour d'eux dans l'incompréhension la plus totale. Les langues, déliées ou pas, n'étaient pas le point fort de ses amis, qui n'en avaient d'ailleurs aucun.

Quelques voitures passèrent encore au ralenti et s'immobilisèrent comme les autres, impuissantes face aux évènements.

Après trois heures d'une épuisante marche et au détour d'une haute dune hérissée de quelques cactus roux, la ville leur apparut dans toute son horreur. San José était comme un cœur palpitant, mais malade, vers lequel convergeaient des dizaines de veines et d'artères d'asphalte embouteillées de globules gris et noirs, fumant et toussant. Toutes les voies d'accès à la ville semblaient bouchées par d'horribles caillots. C'était partout la même pagaille. Des voitures accidentées, garées, perdues. Et des gyrophares par centaines. Pompiers, police et dépanneurs.

– Oh la la ! s'exclama Max.

– Qu'allons-nous devenir ? haleta Fred qui devait trottiner pour ne pas se laisser distancer par ses amis.

– Aucune idée, répondit Rodrigue en jouant avec ses clés de voiture. (Dans tout ça, il lui restait au moins sa bagnole minable. Un dernier repère familier dans un monde de dingues.) On pourrait rentrer en avion, suggéra-t-il. Dans ce cas, je devrai abandonner ma voiture. Ça ne m'arrange pas.

– Ça n'arrange personne, rétorqua Max. On n'a pas un rond pour l'avion. Ni pour l'hôtel. Même en vendant ta caisse, on n'aurait pas de quoi se payer un seul billet. Bon dieu.

– La vendre ?!? s'indigna Rodrigue. Pas question… C'est quand même épatant, non ? Se retrouver ici, à San José, alors qu'on roulait entre Redon et Rennes.

Si ses deux amis se laissèrent envahir par la colère et le désespoir, lui voulait voir Los Angeles et Santa Barbara, il voulait voir les Lakers et Hollywood. Quitte à être dans les parages, visitons ! songeait-il. Ce n'est pas comme si on se retrouvait en Sibérie…

– Je veux rentrer chez moi, répondit Maxime. Oh, regardez ça !

– Quoi ?

– Là ! Ce petit machin noir, c'est un scorpion !

– Faut se tirer d'ici !

– Avance un peu !

– J'en peux plus.

– ...

– On y est presque...

– …

– On y est, cesse de te plaindre !

Dès leur arrivée à San José, les trois amis entrèrent dans un fastfood et jouèrent des coudes pour accéder au comptoir sur lequel ils vidèrent leurs poches.

– Have just euro money ! dit Rodrigue en indiquant sur la carte que lui et ses amis désiraient des hamburgers.

L'employé leur jeta un regard désolé et leur servit gratuitement sandwichs et cafés.

– Keep your money, insista-t-il en se détournant vers la TV installée au bout du bar sur laquelle tous les regards étaient posés.

Le volume poussé au maximum faisait trembler les couverts sur les tables. Le téléviseur diffusait un flash spécial :

« It's the disaster which makes the return at the stone age ! » disait la présentatrice.

– C'est le cataclysme qui sonne le retour à l'âge de pierre ! traduisit Rodrigue à ses deux amis.

– C'est quoi ?

– Chut, attendez.

On pouvait voir à l'écran des images d'un pétrolier échoué dans un port qui n'était apparemment pas celui de sa destination – mais tout n'allait pas si mal, aucune marée noire ne fut à déplorer. Nulle part. *« Les navires n'ont pas les cartes adéquates ! Les avions sont bloqués au sol dans l'ensemble du pays, »* annonça la journaliste, l'index posé sur l'oreille. « *La situation dans le reste du monde est identique, naturellement.* »

– Hein !? fit Rodrigue en déglutissant difficilement sa bouchée de sandwich. Comment allons-nous rentrer chez nous ? En bateau ? À pied, par le détroit de Béring ?

– Quoi ? demanda Maxime qui ne comprenait rien à l'anglais. Qu'est-ce qu'ils disent ?

– Chut, répéta Rodrigue.

Il y eut un petit jingle musical et la présentation de l'émission se modifia : un plateau de crise rassemblait maintenant différents spécialistes interrogés par vidéophone depuis leurs domiciles. Ils apparaissaient chacun dans un coin de l'écran.

« Il est intéressant de constater, » affirma l'un d'eux, *« que même si les automobiles s'égarent, elles ne quittent jamais la route. C'est une question de sécurité ! »* argua-t-il pour couper court aux grimaces de la femme, en bas à droite de l'écran, qui semblait railler chacune de ses interventions. *« Les trains disparaissent en un point de leur trajet, et réapparaissent en un point d'un autre trajet, roulant à nouveau sur des rails, sans les avoir jamais quittés. »*

« On nous rapporte actuellement un évènement intéressant, » intervint la journaliste sur le plateau. *« Aucun des concurrents de la classique cycliste San Fernando – San Pablo, qui s'est courue aujourd'hui, n'est porté manquant à l'arrivée. Alors qu'on a perdu la trace de tous les véhicules accompagnateurs. Et c'est ainsi dans le monde entier, les bicyclettes ne connaissent aucun désagrément d'itinéraire. »*

Un second spécialiste prit la parole.

« Tout moyen de transport faisant appel à une force motrice d'origine mécanique artificielle, du moteur à explosion à

la propulsion à réaction et j'en passe, plus rien ne semble fonctionner normalement, » dit-il. « *Même les voiliers se perdent. Ainsi que les cavaliers.* »

« *Seuls les bicyclettes et les pédalos permettent à présent d'atteindre une destination prévue,* » fit remarquer un troisième spécialiste. « *Et la marche à pied, naturellement.* »

« *Un cheval seul, sans cavalier sur le dos, se perd-il ?* »

« *Comment le saurais-je ?* »

« *Vous savez tant de choses… Cela dépend peut-être de sa vitesse, de ses intentions, de son humeur… ?*»

« *Évitez donc l'ironie, ce n'est pas le moment. On ne doit ni rire de tout, ni jurer de rien.*»

« *C'est le cataclysme qui sonne le retour à l'âge de pierre !* » répéta la journaliste pour interrompre l'échange houleux de ses invités. (Pour tous ceux qui prenaient l'émission en cours de route, elle enchaîna sur un bref topo de la situation :) « *Aujourd'hui-même, toutes les routes du monde, toutes les voies de communication ont perdu leur raison d'être ! Qui est de permettre à un véhicule d'aller avec son chargement d'un point A à un point B, en faisant des détours par C, D, E et F pour éviter des travaux, pour poster une lettre ou pour voir la mer, tout en polluant dans l'intervalle, naturellement. Ça ne fonctionne plus comme ça. On va dorénavant d'un point A à un point on ne sait quoi. On arrive on ne sait où ! Dramatique ! Pensez aux familles brisées, aux enfants abandonnés, à tous ceux que l'on pourrait d'ores et déjà appeler les* Égarés de l'Anomalie… »

Si cela ne fut pas ce qui avait été dit, ce fut ce que Rodrigue traduisit ensuite à ses amis. Autrement dit, la situation était embarrassante pour tout le monde. Pour eux comme pour le président. (Tous les présidents, en fait. Tous autant qu'ils sont.) Tout le monde devrait y mettre du sien pour accepter cette situation exceptionnelle.

Rodrigue, Maxime et Frédéric terminèrent leurs sandwichs, mirent leurs proches au courant de leur situation et apprirent les rudiments de la langue californienne (avec la méthode *Parlez américain en dix gestes et cinquante mots*).

Tout s'organisa en quelques heures : les *Égarés de l'Anomalie* furent logés sur place, là où ils étaient – en partie chez ceux qui avaient disparu vers des destinations inconnues, en partie dans les auberges et les campings.

La semaine suivante, bon nombre d'entre eux répondirent à une annonce placardée sur les poteaux électriques et sur les vitrines de San José comme de toutes les villes de la région.

AMIS ÉGARÉS, VOUS AVEZ À CE JOUR UN VŒU CHER À VOTRE CŒUR ! UN SEUL VŒU : RENTRER CHEZ VOUS, RETROUVER LES VÔTRES. CECI PEUT VOUS ARRIVER TRÈS VITE. VOUS SEREZ, SI VOUS AVEZ LA CHANCE ET LE MÉRITE D'ÊTRE SÉLECTIONNÉS, LES ÉLÉMENTS PROPULSEURS D'UN GRAND VÉLO, UNE MAGNIFIQUE MULTICYCLETTE CONSTRUITE SOUS LA DIRECTION TECHNIQUE DU CHAMPION CYCLISTE JET ALDRIN...

– Rentrer à vélo ! s'exclama Max. Pourquoi ne pas y avoir songé plus tôt ?

– Parce que faire quinze mille kilomètres à vélo ce n'est pas la première chose qui te vient à l'esprit quand tu te lèves le matin, répondit Fred qu'une telle perspective terrorisait.

– Attends la suite, dit Rodrigue en s'approchant de l'affiche pour traduire à ses amis le reste du texte. Ce multicycle, comme ils l'appellent, atteindra une vitesse moyenne de cinquante miles à l'heure, c'est-àdire environ 80 km/h.

– Ça ira bien plus vite qu'à pied, en tout cas.

– On doit absolument faire partie de ce convoi humanitaire ! annonça Rodrigue. C'est notre seule chance de rentrer.

– Allons-y !

– Je vous suis, les gars...

Rodrigue, Max et Fred changèrent de chaussettes, vérifièrent le laçage de leurs souliers et se joignirent aux centaines d'*Égarés* qui avaient échoué à San José.

Une longue procession s'engagea le long de la route de Bayshore Freeway qui, tracée sur le rivage de la baie, rejoignait San Francisco à quelques quatre-vingts kilomètres au nord.

Alors que les plus rapides furent à San Francisco le lendemain, Rodrigue et Max mirent cinq jours pour boucler leur parcours, car ils durent ralentir leur allure pour ne pas distancer Fred.

*

* *

« Non, non ! » répéta le spécialiste du mouvement cinétique. *« Même les voiliers sont touchés ! Vous n'êtes pas sans le savoir... C'est quelque chose d'extraordinaire. De... cinétique. »*

« Oui, mais quoi exactement ? » demanda la journaliste avec pertinence. *« Toutes les études de ce phénomène restent stérile. »*

« Je ne contredis pas cela, » reconnut le spécialiste. (Il réfléchit quelques secondes puis fit part de ses idées :) *« Il s'agit peut-être d'un dérèglement magnétique radical parce que, par exemple, l'orbite terrestre traverse la queue d'une comète radioactive.*

« La Terre traverse-t-elle vraiment la queue d'une comète radioactive ? » questionna la journaliste.

« Je suis certain que non, » assura le spécialiste en employant le ton prescrit pour s'adresser à un enfant abruti. *« Ce ne sont que des conjectures, »* précisa-t-il.

« Ne se peut-il pas que ce soit l'œuvre de Dieu ? » suggéra la journaliste. *« Et que dans Sa colère pour nous punir, Il ait malencontreusement englobé les voiliers et les cavaliers dans Son sortilège divin. »*

« Un sortilège, dites-vous ? » lança le spécialiste, intrigué.

En effet, c'était très plausible. Un sortilège, une malédiction. Et, en fait, c'était la seule explication rationnelle. Bien que le Divin fasse rarement les choses *malencontreusement*.

« Je ne suis pas nonne, » s'excusa la journaliste. *« Mais je ne suis pas idiote non plus.*

Regardez, » reprit-elle. *« Tous les moyens de transports qui consomment de l'essence, de l'électricité, et d'autres substances directement ou indirectement polluantes, sont touchés. Et cela pour nous punir du réchauffement climatique et de toutes les horreurs que nous annoncent les spécialistes. »*

« Je n'ai jamais fait de prospective climatique, » se défendit le spécialiste, un peu mal à l'aise. *« Vous devez confondre. »*

« Il s'agissait d'un autre spécialiste, » précisa la journaliste avec politesse. *« Un de vos estimés collègues. »*

« Le mouvement cinétique..., » reprit le spécialiste en hochant la tête, *« il n'y a que ça de vrai. De tangible… »*

Jet Aldrin lâcha un bref soupir et étala une noix de *Dopa+500*, la pâte à tartiner que lui avait conçue son médecin nutritionniste, sur une biscotte au blé complet. Il en dévora quatre à la suite et but deux verres de sa boisson énergétique goût pêche puis, constatant qu'il avait un peu de temps devant lui avant le début des sélections officielles, il sortit en indiquant au téléviseur de le suivre. Ce dernier obtempéra immédiatement. Deux propulseurs latéraux se déployèrent et la TV décolla. Jet Aldrin traversa le jardin sans quitter des yeux l'écran où se poursuivait l'émission qui tentait encore d'élucider les mystérieuses causes de *l'Anomalie*. C'était un défi intellectuel passionnant pour les scientifiques.

Jet pénétra dans le hangar où de nombreux ouvriers, déjà à pied d'œuvre, assemblaient au chalumeau le cadre du second vélo, baptisé la multicyclette, destiné à transporter une quinzaine d'*Égarés* sur des milliers de kilomètres. Fin prêt et flambant neuf, le premier modèle, achevé deux jours plus tôt, attendait au stade de football le grand départ pour l'Europe, qui aurait lieu d'ici quelques jours.

Jet Aldrin s'approcha des ouvriers et se plaça derrière l'épaule de l'un d'eux.

Ce deuxième exemplaire se composait comme le premier de seize bicyclettes, soudées en triangle de formation, telle une escadrille de volatiles disciplinés. Une armature en carbone solide et légère comme ossature. Des plateaux de taille formidable viendraient s'y ajouter, destinés à démultiplier exceptionnellement les efforts des sportifs... Les chaînes de transmission montées à un démultiplicateur secondaire amplifiaient encore la puissance motrice. C'était une mécanique incroyable. Les efforts combinés des seize cyclistes propulseraient l'engin à quatre-vingts kilomètres à l'heure de moyenne sur un trajet quotidien de trois cents kilomètres. Avec roulement de dix cyclistes se reposant dans la caravane tractée par le groupe propulsion.

Jet n'en pouvait plus d'attendre… De prendre la tête du cortège et d'entraîner avec lui quelques-uns de ces *Égarés*, pour les reconduire chez eux. Par le seul moyen existant désormais, à bicyclette. Il choisirait les plus costauds pour en terminer au plus vite.

Six mois d'inactivité sportive réelle dans les jambes… Jet pédalait tous les jours – sinon comment éliminer les calories, les toxines et les idées noires ? – mais il se limitait à quelques dizaines de kilomètres sans concurrence. Il allait acheter son pain à vélo, dès 5 h 30 du matin, mais le trajet ne comportait aucune difficulté. Ni côte, ni virage serré.) Six mois de retraite difficile, alors qu'il restait dans son sang bien assez de substance bénéfique pour grimper quelques cols, pour remporter quelques contre-la-montre, pour triompher sur les Champs-Élysées et partout ailleurs.

Jet Aldrin avait bouclé victorieusement les onze dernières éditions du Tour de France. Il avait mis un terme à sa carrière en pleine gloire, au lendemain d'une grande victoire. Il s'apprêtait aujourd'hui à reprendre le guidon, pour remplir une mission humanitaire qui le couvrirait d'une auréole indélébile. Après ça, films, disques, livres, heures de charité et œuvre de gloire ! Tout lui serait dû. Mais avant toute chose, une pensée…, une seule. Un leitmotiv… Ah, ma belle brune !... Il n'avait aucune autre considération sérieuse que celle de retrouver Monica…

Jet biberonna son outre énergétique en suivant distraitement le cours de l'émission TV qui se déroulait sous ses yeux. Un troisième intervenant avait fait son apparition à l'écran. Un diététicien – un ingénieur fitness qui prétendait que *l'Anomalie* était sans nul doute un châtiment divin, comment le nier ? Une épreuve dont l'unique but était de rendre à l'Homme sa santé et sa condition originelles. Faire du sport, c'est le seul secret de la longévité ! Vélo, rameur, course à pied ! *« Regardez-moi ces corps blafards et ballonnés.* (Il désignait les spécialistes de la Science qui lui faisaient face sur le plateau.) *Dieu nous a fait à Son image, Dieu est musclé. Dieu est fort et Sa foulée impres-*

sionne. » Une étrange lueur brillait dans ses yeux. Il poursuivit avec fougue : « *Je suis l'ingénieur fitness de Florence Mayer. Comme vous le savez, elle traversait l'Atlantique à la rame. Elle est arrivée à bon port parce qu'elle n'a utilisé que la force de ses bras. Une nourriture équilibrée, un corps sain et puissant. Une destination sans surprise.* »

Le spécialiste du mouvement cinétique balaya cette remarque d'un geste agacé.

« *Qui du spécialiste ou de l'ingénieur fitness a rai...* » commença la journaliste.

Jet Aldrin éteignit la télévision et renvoya l'écran. Il n'obtiendrait aucune information intéressante de plus. Personne n'y comprenait rien, et personne n'y comprendrait jamais rien.

Il jeta un coup d'œil à sa montre. C'était enfin l'heure des sélections au stade. Jet s'y rendit à vélo et même sans se presser, il y arriva vite.

*

La sélection des candidats qui prendraient part à l'expédition cycliste s'effectuait au stade de football, transformé pour l'occasion en zone de kermesse populaire. Caméramans, journalistes et vendeurs de souvenirs, de chips et de soda se côtoyaient dans les allées en se disputant les faveurs de la clientèle.

Rod, Max et Fred se présentèrent à cette sélection dans un état physique pitoyable. Trois hamburgers, trois portions de frites et trois Coca-cola leur avaient été servis tous les jours depuis leur arrivée accidentelle. C'était la ration alimentaire, nécessaire et suffisante à un Californien bien-portant, gracieusement offerte aux *Égarés* par les églises et les services sociaux. Libre ensuite à eux de la compléter à leurs frais avec d'autres hamburgers, comme certains Californiens bedonnant n'hésitaient pas à le faire. Leurs vêtements empestaient la sueur. Ils étaient barbus, hirsutes, dépaysés et désemparés. Ils en avaient maintenant plus que marre de leur séjour californien et ne désiraient qu'une seule chose : rentrer chez eux.

– Qu'est-ce qui sent comme ça ? demanda Max en fronçant le nez.

– Je n'ai pas changé de chaussettes depuis lundi dernier, rappela Fred. (Était-ce réellement inhabituel ?, en tout cas, même s'ils avaient pu distinguer l'odeur de ses chaussettes parmi celles des frites et des barba-papas que de nombreux stands préparaient autour d'eux, ses amis ne firent aucun commentaire.)

– Les filles sont superbes ici ! constata Rodrigue en croisant un groupe de jeunes filles pratiquement nues qui revenaient peut-être de la messe.

– Elles ne valent pas les Rennaises, répondit Max en grimaçant comme s'il avait marché dans un étron de chien. Ce sont les plus belles du monde !

Il repensait aux jolies filles du *Mondo Bizarro*[3] qu'il ne reverrait peut-être jamais, car même si lui parvenait à rentrer… Allez savoir où elles étaient rendues, elles aussi.

Ils se faufilèrent dans la foule et s'arrêtèrent devant l'entrée du tunnel des joueurs où était affiché un grand : SÉLECTION. Une jeune Californienne bonnet D leur colla une étiquette sur leurs t-shirts en s'enquérant de leur pays d'origine.

– France ! répondit fièrement Rodrigue en désignant également ses deux camarades.

Elle fit une grimace dégoûtée et griffonna *France* sur l'étiquette. Elle lui signifia ensuite de rejoindre la file d'attente et en fit de même pour Max et Fred, puis pour tous les *Égarés* qui attendaient derrière eux.

---

[3] Bar rennais.

Les trois Français se retrouvèrent entourés, au coude à coude, de Chinois, de Gabonais, d'Australiens, de Japonais, d'Indiens, de Saoudiens et de quelques Russes en plus de tous les Yankees installés dans les tribunes du stade.

Ils se suivirent dans le tunnel d'entrée des joueurs, jusqu'à l'intérieur du stade, au bord de la pelouse. Il ne restait pas un siège vacant dans les tribunes. (Les championnats nationaux, tous sports confondus, étaient suspendus car la moitié des équipes avaient égaré leurs meilleurs joueurs et, de toute façon, il leur était impossible à chacun de disputer une rencontre ailleurs qu'à domicile, aussi ce jour-là le public de San José profita au maximum de l'engouement populaire, inaccessible sans le football ou les élections…) Sous les applaudissements soutenus du public, les *Égarés* entrèrent sur le terrain et s'alignèrent le long de la ligne de touche, face à Jet Aldrin.

Jet Aldrin, l'immense star, onze fois vainqueur du Tour de France, attendait immobile, un micro à la main, devant son magnifique vélo géant qui n'était là, exposé au centre du terrain, que pour une demi-heure d'exhibition. Il serait ensuite reconduit à l'atelier pour y être bichonné jusqu'au départ.

Le champion cycliste portait une chemise fleurie à manches courtes, un pantalon en toile, des sandales et des lunettes de soleil. Il était radieux.

Derrière lui et sa multicyclette, sur toute la surface du terrain, on avait disposé une centaine de vélos d'appartement similaires. Ils étaient tous reliés à un pupitre de contrôle, installé sur une estrade couverte de publicités au centre du terrain, sur laquelle un médecin et un huissier échangeaient leurs dernières recommandations avant l'épreuve.

Les deux écrans vidéo du stade relayaient un gros plan du visage patient de Jet Aldrin. Sourire aux lèvres. Lorsque la rumeur du public s'essouffla, il porta le micro à sa bouche.

– *LA PREMIÈRE MULTICYCLETTE EST PRÊTE !* annonça-t-il en levant une main vers le ciel. (Applaudissements.) *IL NÉCESSITERA VINGT-SIX CYCLISTES QUE NOUS ALLONS SÉLECTIONNER ICI ET AUJOURD'HUI.* (Applaudissements. Jet se tourna vers les *Égarés*, réunis respectueusement face à lui.) *PROPULSÉ PAR SEIZE D'ENTRE-VOUS, CE VÉLO TRANSPORTERA UNE REMORQUE OÙ POURRONT S'INSTALLER DIX PERSONNES DE PLUS, QUI SE RELAIERONT AVEC LES AUTRES POUR PÉDALER. MÊME MOI JE ME REPOSERAI UN PEU !* (Rires dans les gradins et applaudissements soutenus.) *NOUS ESPÉRONS PERMETTRE À CELUI DONT LE PAYS EST LE PLUS ÉLOIGNÉ D'ÊTRE DE RETOUR CHEZ LUI DANS SIX MOIS. À PRÉSENT, MONTEZ TOUS SUR UN VÉLO !* dit-il en désignant les vélos d'appartements.

Comme il n'y avait pas plus d'une centaine de vélos pour presque dix fois plus de candidats, les *Égares* furent répartis en une dizaine de groupes qui se relaieraient pour passer les épreuves les uns après les autres.

Sous les applaudissements de la foule, ceux du premier groupe enfourchèrent leurs cadres et s'agrippèrent au guidon.

– *VINGT MINUTES D'EFFORT, MESDAMES ET MESSIEURS,* clama Jet Aldrin. *VINGT MINUTES SEULEMENT. CEUX QUI IRONT LE PLUS LOIN SERONT SÉLECTIONNÉS. C'EST ICI QUE TOUT SE JOUE !*

Au *top*, donné par Jet Aldrin, les *Égarés* se mirent à pédaler de toutes leurs forces. TOP ! Certains partirent vite, comme s'ils gravissaient une côte abrupte, en danseuse sur leurs cadres, au risque de brûler toute leur énergie avant la fin du temps imparti. D'autres partirent plus tranquillement, comme s'il voulait profiter de l'instant présent à défaut du paysage.

Bien que personne ne les ait encore doublé, Rod, Max et Fred, qui faisaient partie du premier groupe de candidats, étaient partis à leur rythme.

Plutôt lent.

– *L'ENDURANCE EST LE MEILLEUR ATOUT DU CYCLISTE !* proclama Jet Aldrin pour que les plus faibles ne se découragent pas.

Une caméra suivait le moindre de ses mouvements tandis qu'il passait entre chaque rangée de vélos, en posant sur les mollets en action des *Égarés* un regard averti, professionnel et décidé.

Pendant vingt minutes de course immobile les encouragements du public accompagnèrent les efforts des *Égarés*. Pour le reste du show, des pom-pom girls rythmaient les entractes musicaux et des journalistes interviewaient les stars du petit écran présentes ce jour-là en ville.

Jet rejoignit le médecin, qui, sous la surveillance de l'huissier, prenait des notes en contrôlant son écran. Vitesse du candidat, souffle, pouls, etc. Tout était paramétré. Rien n'avait été laissé au hasard.

À la vingtième minute, Jet Aldrin annonça la fin de l'épreuve. Sur ces vingt minutes d'effort, cinq vélos dépassèrent 40 km/h de moyenne. Vingt-huit atteignirent une vitesse moyenne de 35 km/h. Trente-six se contentèrent de 30 km/h. Trente-quatre ne dépassèrent pas 25 km/h. Et enfin, huit d'entre eux se traînèrent à moins de 20 km/h de moyenne.

Épuisés, Rod, Max et Fred s'écroulèrent sur l'herbe près de leurs montures fixes.

– 11,430 kilomètres ! haleta Rodrigue en s'allongeant sur le dos et en respirant profondément. Et vous ?

– 11,655 ! répondit Maxime. Je crois. Je suis mort de fatigue… Et toi Fred ? Combien ?

– Je ne sais pas..., souffla Fred en se relevant. (Il s'appuya au vélo et vérifia le kilométrage affiché sur son cadran.) Pas assez, dit-il. Ce n'est pas assez ! (Et il se rassit, la tête baissée.)

– Combien ? interrogea Maxime.

– 9,979.

– 10, quoi ! Ça suffira peut-être.

– *S'il vous plaît, votre attention !* s'exclama Jet Aldrin depuis le bord du terrain. *Venez par ici. Allons, par ici ! Laissez la place aux suivants.*

Les *Égarés* se relevèrent les uns après les autres, comme des éclopés, et rejoignirent Jet Aldrin dans la discipline.

Les tests se poursuivaient maintenant avec d'autres *Égarés*. Un deuxième groupe d'une centaine de personnes prenait place à son tour sur les vélos pour vingt minutes d'effort.

Les trois Français récupéraient difficilement. On leur servit gratuitement du soda et des doughnuts, pendant que les centaines d'*Égarés* se succédèrent sur les vélos tout l'après-midi.

Quand tout se termina trois heures plus tard, les *Égarés* se réunirent le long de la ligne d'en-but, sous les poteaux. Ils étaient donc près de huit cents ce jour-là… Jet Aldrin, son médecin, l'huissier et les caméras les observèrent un à un ou presque. Le champion cycliste paraissait ennuyé. Très préoccupé. Le médecin semblait comprendre les motifs de son mécontentement, mais pas l'huissier qui, deux ou trois fois, s'immisça dans une conversation qu'entretenaient discrètement le cycliste et son médecin, conversation qui s'arrêta et qui reprit dès que l'oreille légale s'en fût éloignée.

Un épouvantable dilemme rongeait Jet Aldrin. Ses réflexions et son grand embarras se rapportaient visiblement à Rod, Max et Fred qui semblaient poser un réel problème. Jet soupirait et grimaçait à chaque fois qu'il passait devant eux. Et lorsqu'il contrôlait leur badge (France), sa grimace s'accentuait, exprimant la fatalité.

Jet Aldrin confia son micro à un assistant et s'accroupit aux pieds de Rod. Il lui tâta les mollets. Rodrigue n'avait pas la carrure du cycliste. Ce point n'était pas à débattre. Il s'épuiserait rapidement et risquerait même d'avoir des problèmes cardiaques si on lui imposait un rythme trop soutenu. Jet Aldrin remonta vers les cuisses en pressant le gras. Pris d'un gloussement incontrôlable, Rod eut un mouvement de recul. Jet Aldrin soupira et se releva puis il opéra le même examen sur ses deux amis. Max était plus gras que son camarade, cependant son corps flasque n'avait que peu de muscle entre la graisse et les os. Il lui faudrait subir un entraînement draconien pour être à la hauteur lui aussi. Et Fred, qui arborait en plus d'une bedaine molle une franche hostilité envers toute activité sportive, était le plus fainéant des trois.

Le champion cycliste inspecta les badges et l'état physique des autres candidats pendant trente bonnes minutes avant de regagner l'estrade. Il conversa longuement avec son médecin. Pendant ce temps-là, l'écran géant du stade diffusait des extraits des plus grands moments de sa carrière.

Lorsque la liste fut définitivement établie, Jet Aldrin récupéra un micro et se présenta face aux *Égarés* pour en faire la lecture.

Les noms russes, chinois et arabes se succédèrent.

Il en désigna d'abord dix qui, se congratulant en espéranto, rejoignirent le médecin à l'entrée des vestiaires. Ces dix-là avaient parcouru entre 14,5 et 16 kilomètres en vingt minutes et leurs pulsations cardiaques après l'effort oscillaient dans des limites permises. C'étaient les meilleurs. Avec eux, Jet serait plus vite arrivé.

Il se pinça alors le lobe de l'oreille droite, lança un coup d'œil embarrassé à son médecin qui, debout sur l'estrade, les bras croisés, semblait particulièrement mécontent, puis il haussa les épaules et, en désignant Rodrigue et Max, il dit :

– Vous deux également !

C'est vrai ???

Rodrigue n'en revenait pas ! C'était encore plus fort que de gagner au loto... Il croisa le regard brillant de Max... puis celui, totalement éteint, de Fred.

Sous les ovations du public, Rodrigue et Max s'avancèrent d'un pas tandis que Fred demeura en retrait.

– Nous ne partirons pas sans lui, prévint Rod en désignant Fred, planté comme un piquet derrière lui.

– Vraiment ? s'étonna Jet, surpris. (Il se tourna vers Max :) Vous aussi ?

Max opina sans conviction.

La barbe ! songea Jet Aldrin en inspectant à nouveau, d'un coup d'œil résigné, la silhouette empotée et les résultats cardiaques de celui que ces deux misérables Frenchies ne voulaient pas laisser derrière eux. Le dilemme lui rongeait la conscience comme une infection de gangrène ronge une jambe meurtrie.

– Vous abandonnez tous les deux votre place ? demanda-t-il une nouvelle fois.

– Oui, répondit Rod. On reste ensemble.

– Merci les gars, bredouilla Fred.

Jet Aldrin pinça les lèvres et leva les yeux au ciel. Il leur adressa un dernier regard et poursuivit la sélection sans eux. Le champion cycliste désigna treize autres *Égarés* parmi les plus performants aux tests. Comme des footballeurs venant d'ouvrir le score, ceux-ci se congratulèrent en se roulant à terre, les uns sur les autres.

Le public exulta, des fumigènes jaillirent des tribunes et de la fumée multicolore se répandit dans le stade.

Mais Jet Aldrin n'en avait pas terminé... Il restait trois places vacantes sur le vélo. Il tint un conciliabule avec son médecin tandis que l'huissier, occupé à enregistrer les noms des heureux sélectionnés, avait l'attention détournée. Car à ce stade, lui seul pouvait faire des histoires.

– Vous êtes bien certain qu'il n'y a pas d'Italien ? lui demanda Jet. Pas même un Espagnol ou un Portugais ? rajouta-t-il en se remémorant sa géographie. Ou un Suisse ? Un Autrichien ?

– Catégorique, répondit le docteur, franchement hostile, en consultant ses fichiers. Rien de tout ça.

– Tant pis, se lamenta Jet.

Chacun des *Égarés* avait le droit de la même manière de rentrer chez lui et de retrouver sa famille. Jet n'avait aucun devoir moral à respecter et ne suivait qu'un seul but.

Il était pressé de ramener tous ces péquenots jusqu'à chez eux, aussi lui fallait-il boucler la sélection au plus vite. Il avait désespérément besoin de ces trois Français.

– Vous trois ! dit-il finalement.

Les épaules du toubib s'affaissèrent.

– Moi aussi ? demanda Fred.

– Oui, vous aussi, répondit Jet.

Rodrigue, Maxime et Frédéric avaient remporté leurs places sur le convoi humanitaire. Un pour tous, et tous pour un ! Loyalement ou pas, Rennes allait bientôt voir revenir ses caïds.

– Formidable ! s'exclama Rod. On ne vous décevra pas !

– Merci monsieur Aldrin !

Jet Aldrin ignora la gratitude de Fred et de ses amis. Il laissa l'huissier et le médecin les conduire aux vestiaires puis il récupéra son micro et se tourna vers les *Égarés* non retenus qui broyaient du noir en regardant les vainqueurs s'éloigner.

– *Rassurez-vous,* leur dit-il. *Un second vélo va sortir des ateliers d'ici la fin de la semaine. Puis un troisième. Et un quatrième. Vous aurez tous une place. Dans six mois, chacun d'entre-vous retrouvera son foyer. Sa famille. Ses emmerdes. C'est votre droit !...*

Jet Aldrin se laissa applaudir quelques minutes, comme un animal se laissant caresser, puis il releva ses lunettes de soleil sur son front, rejoignit les vestiaires où les vingt-six *Égarés* sélectionnés découvraient leur équipement et il s'assit parmi eux sur un banc en songeant à Monica...

– Vous devrez laisser sur place tout ce que vous aviez en votre possession à votre arrivée, disait l'huissier en distribuant les combinaisons et les casques à chacun des *Égarés*.

Une combinaison rouge flanquée de dizaines de logos d'entreprises partenaires, des mitaines, un casque et des chaussures.

– Que dit-il ? demanda un Polonais.

Personne ne comprit sa question.

– Vos effets personnels abandonnés derrière vous, poursuivit l'huissier, reviendront aux organisations caritatives locales. Vous partirez dans trois jours et d'ici-là, vous subirez un *conditionnement* intensif.

Rodrigue songea à sa vieille *405* rouillée… Après tout, il n'y tenait pas tant que ça. Il en trouverait une aussi bonne dans n'importe quelle casse de la région rennaise… Ou ici, une vieille Dodge abandonnée… De toute manière, s'il parvenait à rentrer chez lui, il n'en bougerait plus. Plus jamais. C'était peut-être l'occasion de faire table rase du passé, de faire des économies…, la guimbarde consommait autant d'huile que d'essence et elle en laissait la moitié sur la route.

Tout comme Max et Fred, il allait par la force des choses se remettre à la bicyclette.

3

– Je pourrais venir avec toi, proposa Cherry O'Neil en retenant difficilement ses larmes.

Ce soir-là, Cherry avait mis la table elle-même. Elle avait choisi le menu préféré de son mari et avait revêtu sa robe la plus sexy.

Jet Aldrin et son épouse dînaient ensemble pour la dernière fois avant longtemps. Le tic-tac de l'horloge du salon rythmait leur mastication muette.

Le lendemain, Jet chevaucherait son vélo expérimental et s'élancerait pour son tour du monde. Même si par pudeur il n'arborait pas un sourire joyeux, il attendait ce moment avec impatience.

Cherry s'attrista que leur séparation ne le touchât pas.

– C'est impossible, mon amour, répondit Jet en piquant sa fourchette dans une endive. Je suis le seul Américain à prendre part au convoi. Et c'est déjà sacrifier la place d'un Coréen ou d'un Indien, ou de je ne sais qui. Mais une expédition a besoin d'un leader. (Il mangea l'endive.) Il faut que tout le monde retrouve son foyer au plus vite. C'est une question de souci humanitaire, je ne sais pas comment te l'expliquer. Je serai de retour avant Noël. (Leur mariage battait de l'aile, c'était évident.) Si tout rentre dans l'ordre, je reviendrais en avion, dit-il sans trop y croire. Mais je dois le faire ! Je dois aider mon prochain ! C'est une expérience humaine et sportive remarquable. Nul doute qu'il y aura des retombées médiatiques. Peut-être que pourrons-nous alors acheter cette villa sur la Côte d'Azur dont tu rêves tant...

Il se leva de table et prit Cherry dans ses bras pour la réconforter.

– Ma Cherry[4], dit-il en passant sa main dans ses cheveux blonds.

En même temps qu'il la consolait, Jet songeait à une autre femme. Une sublime brune aux yeux noirs et aux lèvres rouges. Monica, ma belle Monica ! Je vais enfin te retrouver !

Jet ne pensait plus qu'à Monica depuis quelques jours. Depuis qu'elle lui était devenue inaccessible, avec toute cette incroyable et impossible histoire de rupture d'itinéraire et de destination aléatoire.

Il parviendrait bientôt à renverser la fatalité divine et à rejoindre sa maîtresse Italienne. Enfin !

Jet Aldrin s'était assuré de la présence de quelques Français sur le vélo afin de justifier son périple jusqu'au bout ! En effet, s'il y avait des Polonais, des Indiens, des Chinois et des Iraniens en pagaille, malheureusement et inexplicablement très peu d'Européens occidentaux étaient venus se perdre en Californie. Jet avait eu la chance de tomber sur ces trois-là. Et même s'ils n'avaient ni les mollets, ni les poumons, ni le mo-

[4] My Cherry.

ral, il ne pouvait en aucun cas se passer d'eux.

Il devait atteindre le Sud de la France pour rejoindre Monica à Nice et acheter cette villa, dont l'une des femmes de sa vie rêvait et que l'autre aurait. Oui, elle sera pour toi, Monica. Toute la propriété…, pour nous deux…

Il souriait et son cœur se réchauffait tandis qu'il pensait à elle. Cherry pleurait dans ses bras. Ses cheveux blonds adhéraient aux larmes qui coulaient sur ses joues. Tristesse et colère se lisaient dans ses yeux rougis.

– Nous serons bientôt réunis ma chérie[5], promit Jet Aldrin, rêveur.

*

* *

Au milieu d'une foule tenue à distance par des barrières en ferraille, les *Égarés de l'Anomalie*, tous vêtus de combinaisons rouges, grimpèrent un à un sur leurs cadres.

Caméras braquées sur lui, Jet Aldrin enfourcha le sien après une dernière interview. Il était en combinaison jaune, sur le vélo de tête, comme à son habitude.

Rodrigue et ses deux camarades occupaient des cadres du troisième rang, qui comportait cinq cyclistes. Lorsque le vélo s'ébranla sous la houlette de son leader encouragé, tout le monde s'arcbouta sur son guidon et appuya sur les pédales.

– Allez ! Il faut y aller[6].

---

[5] My darling, cette fois.

[6] En thaïlandais.

– On rentre chez nous ![7]
– Hourra !!![8]

On procéda à des tirs de feux d'artifices. Et ce fut une salve d'applaudissements et d'encouragements qui accompagna le départ du vélo. Celui-ci s'élança d'abord lentement, les sportifs encore indisciplinés bavardaient joyeusement, aux sons des pétards et des sirènes, puis avec l'inclinaison douce de la route, il prit peu à peu de la vitesse et les conversations à bord s'arrêtèrent, pour privilégier le souffle et l'effort.

De nombreux vélos, tandems et rollers le suivirent pendant les premiers kilomètres. Une foule compacte et colorée s'était réunie sur le trajet, le long de la route qui menait à Sacramento. Après tout, c'était la première grande entreprise, à dimension internationale, depuis le jour de *l'Anomalie*[9] – ou *Grand Chaos de l'Immobilité*[10]. Le public, massé sur les bas-côtés des routes, ne laissa au vélo que le strict nécessaire de place à son passage.

Bientôt lancé à plus de cinquante kilomètres à l'heure, la multicyclette fut seule sur la route. Seul un puma aurait désormais été capable de la surpasser sans perdre le Nord ! L'Homme était à nouveau le plus rapide sur Terre.

Jet Aldrin pédalait devant tout le monde, comme il l'avait fait durant toute sa carrière, mais les trois rangées de trois, cinq et sept cyclistes qui le talonnaient ne se laissaient pas distancer d'une roue – et ça, c'était inusité pour lui.

---

[7] En afghan.
[8] En californien.
[9] Appellation donnée par un éminent journaliste d'*Holochannel N°5*
[10] Appellation donnée par un concurrent de *Fréquence MégaNews*

Jet se remémora ses heures de gloire sur le Tour de France. Il se mit en danseuse et pédala de plus belle, de toutes ses forces. Un coup d'œil derrière lui. Rien à faire pour distancer les autres. Il devrait s'y habituer.

– Du nerf ! Allez ! Allez !

Si Jet Aldrin contrôlait seul les changements de pignons, la direction et le freinage, chacun des cyclistes possédait une sonnette sous le pouce gauche afin de prévenir d'un danger, ou d'un problème personnel. Un guidon fixe, une selle, une sonnette et des pédales. Ils n'avaient besoin de rien de plus.

Le vélo n'empruntait que les routes suffisamment larges et rectilignes. Jet Aldrin avait décidé lui-même, avec l'avis et les conseils d'un géomètre cartographe d'Hollywood, de l'itinéraire le mieux adapté au trajet. S'il fallait faire un détour de cent kilomètres pour éviter quelques virages, le détour était fait. Le vélo accélérait lentement – il passait de 0 à 80 km/h en trente minutes, et les virages cassaient sensiblement la vitesse acquise aussi étaient-ils à proscrire.

Les cyclistes pédalaient en rythme. On entendait parfois quelques mots, prononcés dans diverses langues, mais on entendait surtout leur souffle régulier, calqué sur celui du leader de la formation, l'inessoufflable Jet Aldrin qui donnait le *la*.

Conçue par les meilleurs ingénieurs cyclistes de la région de San Francisco, la bécane était d'orfèvrerie ! Aucun couinement, ni grincement ne vint perturber le son des trente-deux roues, ni de la caravane où les dix *Égarés* qui y avaient pris place se tenaient un maximum immobile pour ne pas déstabiliser l'équilibre du groupe propulsion.

Après deux heures de route, la multicyclette fonçait à 75 km/h. Elle atteindrait bientôt le quatre-vingts, sa vitesse de pointe théorique. Les cyclistes n'avaient qu'à entretenir la rotation de leurs pédaliers comme on entretient un feu de bois, et se montrer plus ou moins aérodynamiques.

Les trois camarades Bretons observaient alors autour d'eux les paysages grandioses ou pitoyables qu'ils traversaient à la vitesse de l'enfer. Ils étaient habitués à cette vitesse, oui mais à bord de la *405* !

Trente kilomètres avant Sacramento, la formation cycliste fut rattrapée par une bande de motards, dans un vacarme de glottes et de pistons – des *bikers* en cuir et en moustache auxquels il ne manquait qu'un accompagnement hard-rock genre *Motörhead* pour parfaire au cliché.

– Regardez ça ! s'indigna Fred en toussant et en se redressant sur son vélo comme s'il abordait une descente bienvenue.

Les motards les dépassèrent en rugissant et en klaxonnant. Puis soudain, alors que les cyclistes se perdaient dans un concert de toux et de protestations, dans un nuage de poussière et d'échappement, la bande de motards disparut devant eux comme un mirage s'atténuant et s'évaporant brusquement anéanti par une variation de la température. Le vacarme des moteurs s'arrêta net. Il ne resta d'eux qu'un nuage de fumée qui se dissipa vite. Les motards étaient peut-être maintenant en Chine ou au Guatemala avec leurs guidons autour du cou. Un dernier d'entre eux freina et dérapa sous leurs yeux – il termina sa folle course dans le fossé, roulant boulant en hurlant. Il avait miraculeusement échappé à l'exil. Il ne s'en sortait pas indemne, mais au moins restait-il au pays. Le vélo le rattrapa et le dépassa sans ralentir.

– Enfoiré de motard ! cria Max en agitant le poing dans sa direction.

– Économise ton souffle, conseilla Rodrigue en regardant le motard accidenté qui tentait de se relever.

Bien en peine, le lascar en cuir et en chaînes devait avoir les jambes et les bras brisés, car il ne parvenait qu'à se traîner lamentablement, à la force du menton. Puis il ne bougea plus. Le vélo était déjà loin. Personne sur Terre ne pouvait plus rien pour lui.

Blessé et abandonné, laissé pour mort dans un champ ou sur la route, à plus de cinq kilomètres d'un hôpital, un type comme lui n'avait aucune chance de survivre… Autant s'effondrer dans un nid de serpents au beau milieu du désert…

Alors que le convoi traversait de paisibles contrées pastorales à plus de 90 km/h, Jet Aldrin lança l'ordre d'arrêt immédiat et il écrasa les freins. La bicyclette avait pourtant atteint une vitesse inespérée tout en demeurant stable et maniable.

– Que se passe-t-il ?

– Pourquoi on ralentit ?

– Il y a un problème ?

Pour la majorité du peloton de chasse, tout marchait correctement. Plus expert, le champion avait peut-être un sentiment différent. Tous les cyclistes cessèrent donc de pédaler et Jet Aldrin écrasa les freins dans ses mains. Le vélo passa en ralentissant devant une cabine téléphonique et s'arrêta soixante mètres plus loin, en rase campagne.

– Qu'est-ce qui se passe ? demanda Max en regardant le champion cycliste descendre du vélo et courir vers le téléphone.

Il imita Rodrigue et Fred qui avaient mis pied à terre. Tous les cyclistes quittèrent leurs selles et se désaltérèrent, se délassèrent, firent quelques étirements et s'assirent dans l'herbe, au bord de la route. Sous le soleil. Tout le monde en fit autant, car Jet Aldrin s'était enfermé dans la cabine téléphonique.

Ce n'était pas un simple arrêt pipi…

Après vingt minutes passées au téléphone, Jet revint le cœur léger. Sourire aux lèvres. Il venait de parler à Monica, sa belle brune Italienne. Il s'était assuré qu'elle était toujours là, dans sa province alpine, et l'avait suppliée de ne pas bouger de chez elle. Grâce à la miséricorde divine, le téléphone permettait encore de parler avec la personne que l'on désirait appeler…

– Eh ! s'exclama un *Égaré*. J'avais un téléphone de poche, moi !

– Moi aussi ! répondirent quelques cyclistes, chacun dans leurs dialectes respectifs.

– Allez, tout le monde en selle ! déclara Jet Aldrin en enfourchant le vélo de tête sans fournir la moindre explication.

La formation cycliste reprit la route de plus belle – il lui fallut quatre heures pour récupérer son allure infernale.

*

Tout le monde pédalait seize heures par jour.

Jet Aldrin ne se reposait pratiquement jamais. Sa vie n'avait de sens que lorsque ses jambes pédalaient toujours plus fort – le rapprochant de son amour transalpin, comme de n'importe quelle victoire d'étape.

À près de 65 km/h de moyenne, rien au monde ne pouvait soutenir la cadence et les accompagner, si ce n'étaient motos ou voitures, l'espace de quelques secondes avant de disparaître vers l'autre bout du monde comme des kamikazes du dimanche.

Le vélo roulait de jour comme de nuit. Il ne prolongeaient une halte qu'en cas de tempête ou d'incident technique, et le premier d'entre eux survint cinq jours après le départ de San Francisco, alors qu'il approchait de Portland, Oregon. Une triple crevaison.

Les villageois locaux, découverts à quelques encablures de là par un éclaireur Irakien envoyé chercher de l'aide, leurs fournirent trois roues neuves et de nombreux encouragements pour repartir. Mais la population, très aimable, invita d'abord le groupe moteur dans une salle communale où un bon repas lui fut servit en échange d'interviews et de photographies en compagnie d'enfants émerveillés. Jet Aldrin supervisa le déroulement des réparations et des interviews, puis le vélo reprit sa route le lendemain matin.

*

Étendus sur leurs couchettes tandis que la multicyclette traversait un champ d'éoliennes qui s'étendait à perte de vue, Rod et Max somnolaient, bercés par les mouvements du convoi. Un Chinois mandarin, de repos lui aussi, qui pissait par-dessus bord par la porte entrouverte, fut brusquement déséquilibré lorsque l'attelage cahota sur un nid de poule. Le choc fut violent, à 80 km/h, et le Chinois, déséquilibré, chuta de la remorque en hurlant.

– Hé ! alerta immédiatement Fred qui attendait son tour pour uriner… Le Chinetoque est tombé !

Comme s'il était tombé d'un bateau, le courant sembla l'entraîner loin de ses camarades, qui le regardèrent s'éloigner vers le large.

– Un homme à terre !!! hurla Rod en ouvrant la petite fenêtre qui avait pour vis-à-vis les dos de la dernière rangée de cyclistes. Man over board !!!

Les sonnettes du vélo retentirent en fanfare et Jet Aldrin pressa les freins en s'indignant. Alors quoi ? Que se passe-t-il donc ?... Le vélo ralentit lentement et s'arrêta près de cent mètres plus loin. Trois volontaires partirent avec de l'eau et la trousse de secours à la recherche du naufragé. Vingt-cinq minutes plus tard, le Chinois fut ramené à bord. On l'étendit sur une couchette et on pansa ses blessures.

– Que s'est-il passé, enfin ?! interrogea Jet Aldrin, ulcéré de constater que, malgré toutes les mesures de sécurité appliquées par les ingénieurs, un type avait pu basculer de la caravane.

– Les Asiatiques ont des petites bites, dit Fred. Il pissait. Il a dû se pencher déraisonnablement pour ne pas en mettre sur ses genoux... Et vlan ! À l'eau !

– Ha, ha, ha ![11]

– Ha, ha, ha ![12]

– Je vous en prie ![13]

Le Chinois ne pourrait plus pédaler avant un long moment.

Comme le groupe ne pouvait se séparer d'un élément propulseur – qui dans le cas d'une blessure physique handicapante resterait un poids mort alité dans la caravane, un luxe ensanglanté souffrant d'élancements douloureux à chaque cahot sur la chaussée, comme de toute façon sa condition exigeait des soins immédiats qui ne pouvaient être dispensés que dans un hôpital, il fut débarqué à Yakima, dans l'état de Washington, et confié aux soins d'un toubib réputé à Seattle.

---

[11] En français

[12] En Polonais

[13] En chinois mandarin !!!!

Un remplaçant lui fut trouvé au vélodrome de Yakima, où de nombreux cyclistes étrangers présentèrent leur candidature pour être sélectionné parmi les *Égarés*.

...Ils filèrent à travers les états.

Californie, Oregon, Washington.

En moins de deux semaines, le vélo avait atteint la frontière canadienne.

Peu remarquables en Californie, plus nombreux dans l'Oregon, leur écrasante présence dans l'état de Washington, aux abords de Seattle, fit bientôt des *Écologistes* les seuls spectateurs au passage du convoi.

– Chacun chez soi ! entonnèrent-ils en observant la multicyclette passer.

Dressant des échoppes destinées à leur propagande mystique dans chaque arrêt de bus du monde, qui étaient devenus inutiles, ils se faisaient dorénavant appeler *l'Église Verte* et distribuaient des tracts détaillant le *Dogme de l'Immobilisme* prôné par son leader, le charismatique Nicolas Mulot. Ils promettaient un retour à la normale et accessoirement une amélioration des programmes TV.

Les gouvernements de nombreux pays s'inquiétaient de la radicalisation religieuse du mouvement idéologique Vert, mais ils n'y pouvaient rien et n'insistèrent pas car ces gens-là n'étaient à priori pas dangereux. C'étaient des marginaux, des bouffons, des robins des bois de pacotille. Des enfants, des faibles femmes et des vieillards fanatiques..., arborant un panda logo, peut-être était-ce le dieu auquel ils vouaient ce nouveau culte ?...

Ils avaient tous égaré un être cher et dans la douleur de cette absence, leur seule échappatoire spirituelle se trouvait dans l'embrigadement volontaire à un organisme sectaire et radical comme *l'Église Verte*.

Sur leur magnifique vélo, les *Égarés* étaient ignorants de l'actualité, bien qu'ils en fissent toujours partie, à raison désormais d'une émission quotidienne de trois minutes casée entre vingt-trois heures et cinquante-sept minutes de publicités, alors qu'une émission spéciale de six heures avait été diffusée en leur honneur le jour du départ…

En deux mois, le vélo atteignit la pointe occidentale de l'Alaska où *l'Église Verte* n'avait encore recruté aucun fidèle. Il y était attendu par un canot de sauvetage, délesté de ses moteurs, du pétrolier américain *Amoco Cleanwide*. Ses flancs étaient percés d'une dizaine d'ouvertures, par lesquelles apparaissaient, comme à l'époque de l'esclavage et du piratage, de nombreux bois de rames !

Jet Aldrin et ses équipiers posèrent pied à terre.

Une fine bruine neigeuse dégringolait lentement d'un ciel recouvert de nuages sombres. La mer était houleuse. Les vagues se fracassaient bruyamment sur les récifs qui parsemaient la côte. De petits îlots déchirés, des roches noires aux arêtes acérées.

Dans ce paysage inhospitalier, l'équipage de la multicyclette fut cordialement accueilli par le premier officier du pétrolier *Amoco Cleanwide*, un marin de belle prestance, et par une équipe de journalistes d'*Holochannel N°5*.

Transis de froid, les trois français regrettaient amèrement la clémence du climat californien... Un russe, fort à l'aise, s'approcha de Fred et lui tendit son écharpe. Son sourire hautain signifiait que la température extérieure lui convenait à merveille. Naturellement revigorant.

Fred s'empara de l'écharpe et la roula autour de son cou sans remercier le Russe.

– Tout le monde prend une clé et démonte son cadre ! déclara Jet Aldrin en déposant une caisse à outils sur un rocher plat.

Et tandis que les *Égarés* se mettait à l'œuvre, il rejoignit les journalistes. Il se laissa plaisamment flatter et, sans tout de même révéler ses réelles motivations, il répondit à leurs questions les plus indiscrètes.

– Que font-ils ? fut la première de leurs questions, que l'un d'eux posa en désignant les *Égarés*.

– Ils travaillent à leur salut ! répondit Jet.

L'attelage cycliste fut démonté et embarqué en pièces détachées sur le canot, il serait remonté par les mêmes hommes, de la même manière, dix jours plus tard en Sibérie.

Escorté par les journalistes, Jet Aldrin fut le dernier à se présenter face à la passerelle d'embarquement.

L'officier de marine l'aida à embarquer dans le canot, qui tanguait comme un manège de fête foraine dès qu'un homme y posait le pied.

– Eh, mais c'est que ça remue ! lança Jet Aldrin en s'agrippant au bras de l'officier.

– Ne vous en faites pas, répondit ce dernier en assurant le passage du champion cycliste sur la petite passerelle d'embarquement.

– Vous faites le voyage avec nous ? demanda Jet.

– Bien sûr, opina l'officier. (Il se tourna vers les *Égarés*, qui s'installaient silencieusement sur leurs banquettes.) Prenez une place et tenez-vous y jusqu'à l'appareillage, ordonna-t-il. Ça va être une traversée musclée, mais ce canot est conçu pour résister aux pires épreuves.

Les cyclistes s'installèrent à leurs places, ils reposèrent leurs jambes et profitèrent au mieux de leur croisière au large des Aléoutiennes, les mains fermement nouées autour du manche de leur rame. Ce n'était pourtant pas le *Pacific Princess* à Acapulco mais plutôt la galère pour Vladivostok. Les *Égarés* ramaient seize heures par jour, comme ils avaient avant cela pédalé seize heures par jour.

Le vent et les vagues livrèrent une lutte sans merci aux trente rameurs acharnés.

Oh ! Hisse !

Oh ! Hisse !

Emmitouflé dans une petite laine, les jambes engourdies, Jet Aldrin était toujours en mouvement. Le champion cycliste allait et venait de proue en poupe en se faufilant entre les rameurs.

Quelle horreur ! songea-t-il face aux éléments hostiles. Les vagues puissantes menaçaient toutes de renverser le bateau… Jetant à la mer les hommes et la multicyclette en pièces détachées. Mal à l'aise en dehors de son élément, il s'en remettait entièrement à l'officier de marine du *Cleanwide* qui les accompagnait.

Dix jours de souffrance à lutter contre le vent, les vagues et le froid, puis la côte se dessina enfin à l'horizon.

La Sibérie leur apparut encore moins accueillante que l'Alaska.

Ils accostèrent près de Okhotsk, dans un village de pêcheurs misérables. À moitié Chinois, à moitié Russes. En fait, il y avait là autant de Russes que de Sud-africains, de Malgaches et d'Australiens transis de froid, de désespoir et de solitude, qui avaient échoué là comme d'autres à Ibiza.

Onze Chinois, auxquels il ne restait que quelques centaines de kilomètres à parcourir, furent débarqués de l'expédition. Ils rentreraient chez eux à pied ou à vélo individuel, en suivant la côte vers le sud. Ils furent remplacés par six Arabes égarés dans les steppes russes glacées et par sept Européens, dont, par chance, un Italien. Un certain Alberto Andretti. (Jet Aldrin prospecta parmi de nombreux *Égarés* avant de mettre la main sur cette perle rare. Cela s'était déroulé sur la place de l'Hôtel de ville où une grande fête avait été organisée pour célébrer le passage du convoi d'un continent à l'autre.)

– Je vais vous reconduire chez vous personnellement, mon cher Alberto ! lui promit Jet Aldrin en le prenant par l'épaule. Personnellement ! répéta-t-il en riant de bon cœur.

Après deux jours de repos passés parmi les villageois, pendant lesquels le vélo fut remonté et le canot abandonné aux pêcheurs, Jet Aldrin et ses *Égarés* reprirent la route à travers les plaines boréales de Sibérie. Les routes se révélèrent nettement moins bonnes qu'en Californie, le climat moins clément, aussi le vélo fut bien souvent contraint de ne pas excéder 60 km/h. Au cours de sa traversée des états russes, le vélo dépassa un grand nombre d'*Égarés* qui rentraient chez eux par leurs propres moyens, à leur propre allure. On aurait dit qu'ils fuyaient une grande tragédie. Ambiance traditionnelle russe. À pied et à vélo individuel. En patins à roulettes, sur des skateboards… Ils en virent des milliers et ne ralentirent jamais pour ne pas leur donner l'occasion de grimper de force à bord de leur monture plus rapide.

De jour en jour les Alpes se rapprochaient, mais il restait un long chemin à parcourir avant de retrouver la douceur des baisers de Monica. Jet Aldrin pédala de plus belle, il ne pensait qu'à elle.

– Monica ! Tu seras bientôt dans mes bras.

*
* *

– Grandiloquent ! glapit Xaglam.

– Fantasque ! bleuit Rolsmuck.

– Trépidant ! étincela Dullemol.

– On s'est bien marré..., reconnut Rols, mais l'heure galactique tourne, fit-il remarquer en désignant de son tentacule préhensile un cadran compliqué sur le tableau de bord.

Il était redevenu sérieux.

La première aiguille de l'horloge avait avancé d'un créneau : il était tard. La seconde aiguille, qui indiquait le niveau de fiabilité de l'estimation, était poussée à fond : il était tard, c'était sûr et certain.

Xag, Rols et Dulle décidèrent que le temps de rentrer était venu. Le champ de stase orbitale de leur vaisseau consommait beaucoup d'énergie grise. Cela polluait l'espace, et ce n'était surtout pas ce qu'ils désiraient. Et d'autre part, s'ils traînaient, Louvila, leur épouse commune, serait furieuse et hurlerait pendant des décennies. De plus, ils avaient vu ce qu'ils voulaient voir – ils s'étaient bien amusés.

Xag prit son cosmo-quart tandis que Rols entrait les coordonnées de la hutte : sur Typoy. Secteur galactique XH ∂ soleil Fatyon, planète 8. Directement dans le jardin, spécifia-t-il à l'ordinateur. Où il y aura de la place.

– Il faudra revenir un de ces jours, chuinta Xag en regardant la Terre s'éloigner à toute allure par le hublot du poste de commande. Pour voir comment ils s'en sont dépatouillés.

– Pourquoi pas, approuva Dulle. Pourquoi pas !

Le vaisseau spatial pivota et s'élança vers la Lune. Il effectua le tour du Soleil pour prendre de l'élan et lorsqu'il fut lancé à pleine vitesse, Rols enclencha le propulseur hyperspatial.

Le vaisseau écrasa alors la trame de l'espace-temps dans des convertisseurs appropriés à cet usage. Ils convertissaient le temps en espace et vice-versa bien sûr. L'astronef devenait maître du temps et de l'espace, et se déplaçait sur le cours de l'un d'eux ou bien des deux, à sa guise. Ce différentiel dimensionnel provoquait autour du vaisseau de merveilleuses fluctuations chromatiques.

Les hublots se remplirent à nouveau du noir habituel de l'espace tridimensionnel traditionnel lorsqu'ils émergèrent de l'hyperespace.

Le vaisseau se plaça en orbite autour d'une planète rouge, ou rose, selon la sensibilité visuelle de l'observateur. Des nuages blancs et cotonneux recouvraient des continents nouveaux. Trois lunes palpitaient autour de la planète.

Dulle lustra ses pédoncules oculaires et les écarquilla.

– Ce n'est pas la bonne planète. Il y a une anomalie. Tu t'es trompé quelque part, gronda Xag. Regarde ces trois lunes !

Rols fit signe que non. Il ne s'était pas trompé. Personne n'était meilleur pilote que lui. Il n'avait fait aucune erreur. Son triple regard noir était gris comme la mort.

– Mais enfin Typoy n'a aucune lune ! reprit Xag.

– Comment une telle chose peut-elle se produire ? demanda Rols, qui admit vite que le monde en suspension dans le cosmos, juste sous eux, ne pouvait pas être Typoy. Bien sûr que non…

– On est piégé…, réalisa Dulle. C'est l'arroseur arrosé, comme ils disent.

– Qui dit ça ? Arrête de raconter n'importe quoi, explosa Rols. On doit atterrir.

– Où ?

– Sur cette planète ! s'emporta Dulle en désignant le globe rosé qui roulait dans le hublot.

– Mais… Et Louvila ? fit remarquer Xag, démoralisé.

– Oublie-la un peu elle !

– Oublie-la pour de bon !

Les trois galaxonautes égarés dans l'univers, loin de leur monde, se retrouvaient piégés en orbite d'une planète inconnue. Et ils le resteraient aussi longtemps qu'ils ne parviendraient pas à relancer les moteurs sans faire usage de *Poudre*, le carburant nécessaire au fonctionnement des turbines hyperspatiales.

Cinq cerveaux ne seraient pas de trop pour triompher de cette épreuve tout à fait fantastique... (Suite à un accident domestique survenu dans sa plus tendre enfance, Xag avait perdu l'usage de son cerveau gauche.) Ils se lancèrent dans une longue réflexion destinée à mettre au point un système de propulsion musculaire, comme la multicyclette de ces charlots de bipèdes qu'ils venaient de quitter, et dont ils n'avaient plus le cœur de se moquer...

Le plan, fort simple, était qu'à eux trois, à la force de leurs dix-huit jambes, ils lanceraient le moteur hyperspatial qui propulserait le vaisseau à pédales aux coordonnées on ne peut plus exactes du jardin de Louvila.

– Nous n'y arriverons jamais, crachota Dulle, en perdition.

– Qu'en sais-tu ? s'étonna Rols qui commençait à ébaucher les plans d'une structure amplifiée qui...

– Ça ne marchera jamais !!! hurla Dulle en s'arrachant les antennes. Jamais ! Jamais…

FIN

Les éléphants gris d'Europe et d'Amérique

Andy s'installa dans son fauteuil, il passa une jambe par-dessus l'accoudoir et se détendit de tout son long pour saisir la télécommande sur la table basse. D'un geste machinal du pouce, il alluma la TV, sélectionna *Holochannel N°5* comme tous les jours à cette heure (11 h 45) et il déposa son téléphone sur son ventre.

– L'homme moderne va gagner son beurre, dit-il en mordant dans un biscuit au chocolat pour lutter contre la faim. (Le menu de ses petits-déjeuners se résumait à un assortiment de biscuits et de sodas.) En voiture, Simone !

Calé dans son fauteuil, Andy était comme un pilote de ligne dans son cockpit. Il n'aurait plus à se lever pendant la prochaine demi-heure. Derrière lui, les volets tirés évitaient les reflets intempestifs que, sans eux, le soleil de midi, clair et fort, n'aurait pas manqué de provoquer sur l'écran de sa TV. Un delphiverre comme toujours à portée de la main, sans oublier quelques magazines VV&V[14] étalés sur la table basse pour patienter pendant la publicité.

Andy était fin prêt pour une demi-heure de détente.

La journée commençait lentement, entre cahots et soubresauts, en première vitesse – l'embrayage récalcitrant (comme l'ensemble de ses organes gagnés par la rouille et le cholestérol) ne lui permettrait peut-être même pas de passer la seconde, à aucun moment de la journée. Cela dit, on avance correctement en première, dès lors qu'on n'est pas trop pressé et qu'on s'accommode du raffut du régime moteur.

Lui s'y était fait depuis longtemps.

[14] Votre voiture & vous

Alors que *Vroum, vroum et vroum*, l'émission qu'il ne ratait que pour des questions de vie ou de mort allait débuter dans une poignée de minutes, Andy tendit le bras et se servit une nouvelle delphidose alcoolisée, avant d'octroyer à ses poumons leur deuxième bourdonnement de la matinée. Une heure auparavant, le premier bourdonnement avait immédiatement succédé au réveil, mais il avait précédé sa sortie de plumard, qui s'était faite en chancelant. Pour être prêt à s'en servir immédiatement, sans avoir à le rechercher partout, alors qu'à peine éveillé il n'y voyait pas encore clair, son fumoir traînait sur la table de chevet, là où les intellos posent un bouquin de philosophie.

Andy le fit vibrer quelques secondes en aspirant progressivement. Vrrrrrrrrrrr… (Le son qui s'en échappait était caractéristique des fumoirs modernes et bons marchés. Comme une abeille affolée prise au piège dans un bocal.) L'éclat du foyer illumina son visage déterré. La drogue s'insinua dans sa cervelle, instantanément redorée. Ahhh ! Effet immédiat. Vibrations et réconfort ! Andy lança précautionneusement le tube vide du fumoir sur la table basse et s'appuya à l'accoudoir en gémissant de satisfaction. Il n'avait pas aspiré trop fort pour ne pas alerter les voisins sur ses mœurs fragilisées par un laisser-aller quotidien… (Le cigare à lumière était un fumoir à drogue bruyant comme un sifflet qui, lorsqu'on s'en servait à pleins poumons, s'entendait à travers tout l'étage. Un produit de ce siècle bourdonnant qui laissait peu de place à l'intimité.) Cela dit, l'effet était appréciable.

Il végéta un moment le regard hébété, l'esprit berné par les publicités, puis il retrouva un semblant de concentration lorsque l'émission commença.

Cette émission, se dit-il, c'est toute ma vie...

– *Vroum ! Vroum ! Et trois fois vroum !* annonça Hugues Boniface, grand sourire, en apparaissant à l'écran dans son habitacle de décapotine…

Ce type serait capable d'égayer un mourant sur un champ de bataille.

Andy se rencogna dans son fauteuil, se frotta les mains et accorda toute son attention aux frasques stupides de Boniface.

…Ambiance joyeuse, musique au tempo entraînant et rugissements mécaniques, éclairs de phares passant dans la nuit et jeu de scène impayable du présentateur acteur, le célèbre – le magnifique ! Hugues Boniface, chez lui dans le décor motorisé de *Vroum, vroum, et toujours vrouuuuum !* Un show minutieusement orchestré, toujours en pôle position de l'audimat.

Boniface... Une vermine de présentateur à même pas deux cruz qui, semaine après semaine, s'affichait la bouche en cul de poule dans les pages du *VIP magazine*, fourré dans toutes les réceptions tendance du show business ! Grâce à Elsa qui le côtoyait tous les jours, ou bien à cause d'elle, Andy l'avait déjà vu en vrai ! Eh oui ! Face à face, à quelques mètres à peine l'un de l'autre… Lui Andy, un quidam comme il en existait des millions, et Boniface, une immense star du petit écran, réunis sur le même mètre carré de plancher. Et c'était arrivé plusieurs fois. À chaque fois sans broncher. Andy avait courageusement soutenu le regard blanc et laiteux, comme celui d'un vieux requin en manque d'assurance, de ce sous-produit humain capable de faire frissonner de dégoût même les plus endurcis.

L'émission commença sur les chapeaux de roues. *Vroum, vroum et vrouuum !!!* Le sommaire, lancé rapidement par la vedette, laissa présager un programme passionnant… Ironie totale !...

Si Andy n'avait pas l'énergie requise à un éclat de rire, ses lèvres décolorées s'incurvèrent néanmoins en un sourire simiesque mais sincère.

Foutus amateurs de bagnole ! Maudits soyez-vous tous ! Bande d'ânes bâtés !

Le salon du véhicule hybride de Banaharan IV fut longuement évoqué, exposant notamment des engins terre-ciel de toute beauté, présentés par des nymphomanes recrutées dans les bas-fonds de l'Une ou l'Autre des Diamétrales.

C'était aussi racoleur que savoureux.

Andy eut droit ensuite, sans interruption publicitaire, à une rétrospective de la saison 2087 de *Formule Stand* qui s'était achevée la semaine précédente sur le sacre de Patrick McBright, dit *la Mobylette*, et enfin à une page spéciale sur le Truck-ruck'n'stuck... Cette mode ridicule était la discipline favorite des ados cette année.

C'était ennuyeux à mourir. Sans bourdonnement, ça ne serait pas tenable.

– Que c'est long ! soupira Andy qui attendait impatiemment la chronique de Jack, le jeu pour remporter une bagnole, la fameuse *Sulitzer* décapotine 2.

Un vrai bijou à chérir comme une femme. Au même titre que tout le monde à bord du Multiplexe, tous ceux embarqués dans la même galère que lui-même, Andy pouvait la gagner. Cette fabuleuse décapotine. Avec de la chance, il pourrait la garer au parking dès demain en lieu et place de son tacot rafistolé qui terminerait à la casse ! Ça dépendrait de la question posée, naturellement… et aussi de sa promptitude à y répondre correctement.

Ça se passait en fin d'émission. Jusque-là il fallait se farcir la sale face de Boniface, mais Andy s'était habitué à cet inconvénient. Tout le pays avait dû s'y accommoder.

– Tête à claques ! ronchonna Andy.

Boniface faisait présentement l'éloge des nouveaux *turbos essuie-glaces Sulitzer* qui selon lui se révélaient être aussi efficaces dans le crachin que sous une pluie torrentielle. Il le faisait avec la même passion mystique qu'un savant philosophe aurait eu pour son sujet.

Tandis que l'émission se déroulait normalement, que Boniface s'adonnait à son cinéma habituel en déployant tout son éventail de grimaces, un message de la régie défila en bas de l'écran :

En raison de travaux de maintenance sur nos émetteurs, le réseau de chaînes Holochannel su
uelques perturbations d'image et de son dans la journée du 19 octobre 2087… Veuillez no
ser pour la gêne occasionnée qui ne sera que brève et temporaire… En raison de travaux
tenance sur nos émetteurs, le réseau de chaînes Holochannel subira quelques perturbations…

Andy saisit le message à demi.

La lecture n'était pas son fort et son dernier bourdonnement lui restait sur la rétine comme un verre de contact opaque. Il parvint tout de même à déchiffrer quelques mots sans avoir à chausser ses lunettes – ou ses chaussons pour faire les quelques pas qui le séparaient du poste de TV. *Perturbations…, excuser…, temporaire…* Rien à gagner ? Bah… Andy se foutait pas mal des perturbations hertziennes. Il n'était pas du genre à passer sa journée derrière sa télé. Ça ne le dérangerait pas longtemps. Il ne faisait une exception que pour *Vroum, vroum, et encore vroum !*

Rien ne pouvait le détourner de cette émission quotidienne dédiée à la plus belle conquête de l'Homme et à ses dérivés motorisés au nombre de roues varié…

La plus belle conquête de l'homme restait à faire.

Jack…

La superbe Jack !

Jack arriva enfin devant la caméra à bord d'une voiturette qui, télécommandée depuis les coulisses, fit le tour du plateau avant de s'immobiliser à côté de Boniface. Ouf ! Certains éléments de sa petite voiture s'escamotèrent alors, laissant la belle Jack dans un profond fauteuil aux contours automobiléens. Elle croisa les jambes et fit un signe de la main.

Souriante, comme d'habitude, toute de rouge. Et vêtue de noir et de blanc.

L'émission *Vroum, vroum, et vroum* aurait calé au premier carrefour s'il n'y avait eu que Boniface au volant.

Certes, Jack se contentait d'un petit rôle dans cette émission sur les grosses cylindrées mais sans elle, les vaches, grasses ou faméliques, paissant dans le pré de l'audimat ne regarderaient plus passer la voiture qui terminerait vite à la casse.

Jack était le rayon de soleil de cette émission débile – une émission purement destinée aux mâles ! *Eight Jack* de son nom de scène complet, la belle rousse huit cylindres en V était là pour eux ! La pastille rafraîchissante suspendue au rétroviseur. Pour ces messieurs.

Et aussi pour Andy !

– *Alors ma chère Jack,* lança cordialement Boniface en appuyant son coude sur sa portière. (Il observa sa chroniqueuse, garée à ses côtés.) *Vous allez, comme tous les jours, faire remporter une magnifique voiture* (des images de la décapotine étaient diffusées sur un grand écran derrière les présentateurs) *à un de nos téléspectateurs… Aujourd'hui, une décapotine* Sulitzer *! Rien que ça mes amis !*

– *Tout à fait mon cher Hugues,* reprit Jack. *Une question, une réponse, une voiture, pour l'un d'entre vous.* (Nouvelles images de la voiture, la sublime *Sulitzer* décapotine.) … *La couleur, la ligne, la puissance. La classe absolue.*

Une voiture, qui plus est cette sublime décapotine, est un objet de collection, que dis-je, de séduction ! (Elle récitait bêtement le texte qu'on lui avait préparé.) *Sept portières d'échappement pour une injection améliorée en haute atmosphère, quatre soupapes de réfrigération apaisant continuellement le moteur fiévreux, toujours enclin à foncer comme un guépard… Mesdames et messieurs composez immédiatement le numéro qui s'affiche en bas de votre écran et répondez à cette question pour repartir au volant de la sublime décapotine* Sulitzer…

Le numéro dont elle parlait était masqué par le message du service technique d'*Holochannel N°5* qui défilait toujours avec insistance.

Veuillez nous excuser pour la gêne occasionnée qui ne sera que brève et temporaire… En rais
avaux de maintenance sur nos émetteurs, le réseau de chaînes Holochannel subira quelques p
ations…

– On va le savoir que vous bossez, vous aussi !

Peu importait, Andy connaissait par cœur les chiffres à composer pour parler à sa belle Jack !

Il composa nerveusement le numéro de téléphone lorsque Jack le demanda. Il porta le combiné à son oreille en écoutant la question que dévoila Jack et qui était :

COMBIEN DE TOURS À L'HEURE ?

C'était tout.

– 130 au hasard, murmura Andy pendu au téléphone.

Ça sonnait occupé. Il raccrocha aussitôt et recomposa le numéro. Occupé. Évidemment. Tout le pays était cramponné à son téléphone au même instant. Tout le monde la voulait, cette foutue décapotine.

– Hé ! fit-il à son téléphone. Je veux juste parler à la dame, je me fous pas mal de la voiture. (Toujours occupé.) Bon, tant pis.

Andy lança son téléphone sur la table basse. Le combiné glissa sur les revues et termina sa course sur le plancher où il s'écrasa contre la cage des hamsters. Les deux bestioles sursautèrent et filèrent se planquer dans leur petite baraque en plastique jaune fluo.

– Je lui parlerai tout à l'heure, dit-il en se redressant. (Andy observa ses deux hamsters.) J'espère qu'elle voudra bien prendre l'un d'entre vous !

L'un d'eux s'appelait Mep (la femelle), et l'autre Zeh (le mâle). Andy comptait en offrir un à Elsa et s'ils ne lui plaisaient pas à elle, peut-être que Gus, son vieux chat au museau gris, s'en contenterait.

Veux-tu Mep ou Zeh ?

Pourvu qu'elle réponde : Oh, Andy... Oui !

Andy leur avait donné des noms de divinités martiennes, dénichés dans un vieux bouquin de science-fiction. Il observa les hamsters sortir du noir par le museau. Ils hésitaient. Le téléphone avait terminé sa glissade non loin de leur cage. Comme un météorite tombé dans leur jardin. S'ils sortaient maintenant, et que le téléphone sonnait au même moment, ils seraient bons pour une nouvelle crise de nerfs.

Peu probable, songea Andy en essayant de se souvenir de la dernière fois qu'il avait entendu la sonnerie de son téléphone. Personne ne l'appelait jamais.

Il se retourna vers l'écran de la TV et regarda tranquillement la fin de l'émission – sa chronique terminée, Jack avait manœuvré pour se garer en épi plus loin, laissant les gros plan à Boniface.

– *… Merci de nous avoir suivi aujourd'hui encore !* ronronna Boniface. *On se retrouve demain pour un nouveau numéro de votre émission favorite,* Vroum, vroum, et encore vroum ! *Restez sur notre chaîne ; tout de suite : un nouvel épisode de* Barney, l'âne borné *puis les informations régionales du Multiplexe. Bon après-midi mes anges, et à demain…*

Andy resta dans son fauteuil.

Quelques minutes plus tard, il suivait les aventures du jour de *Barney, l'âne borné* quand les « perturbations » annoncées par le message du service technique défilant en bas de l'écran se produisirent effectivement.

En raison de travaux de maintenance sur nos émetteurs, le réseau de chaînes Holochannel su
elques perturbations d'image et de son dans la journée du 19 octobre 2087…

– Ah tiens oui ! s'exclama-t-il. L'image est en noir et blanc… (Tout était gris à l'écran. De toute façon il n'y avait rien d'intéressant à voir – comme Jack et sa crinière rouge vif par exemple. Barney avait toujours été gris. Gris comme un âne.) Hé mais !!!

L'écran de la TV n'était pas le seul à être passé en noir et blanc. C'était gris partout ailleurs aussi. Tous les meubles d'Andy étaient gris. Les hamsters ressemblaient à deux souris blanches et dehors, toute la ville passa en niveaux de gris. Plus rien n'avait de couleur.

– Mes yeux..., bredouilla Andy en les frottant de toute la force de ses index. Bon dieu, mes yeux !

*

* *

Sur le plateau de *Vroum, vroum et vroum* :

– … Merci de nous avoir suivi aujourd'hui encore ! glapit Boniface pour clore l'émission. (Le moteur de son siège-voiture ronronnait, l'animateur jouait avec sa pédale d'accélérateur au point mort.) On se retrouve demain pour un nouveau numéro de votre émission favorite, *Vroum, vroum, et encore vroum !*

(Boniface gratifia la caméra d'un sourire d'une ampleur majestueuse.) Restez sur notre chaîne ; tout de suite : un nouvel épisode de *Barney, l'âne borné* puis les informations régionales du Multiplexe. Bon après-midi mes anges, et à demain… (Le siège-voiture démarra et entraîna Boniface vers les coulisses tandis que le générique défilait à l'écran. La caméra cessa de filmer.) Alors, ça a été ? demanda Boniface en descendant de voiture. C'était bien ? La prochaine fois on fait l'émission en plein air, hein. L'éclairage est mauvais ici ! Et ces projecteurs me font suer comme un porc.

– Ras le bol..., murmura Elsa en s'extrayant à son tour de son petit véhicule de scène.

Elle en sortit comme d'un étroit side-car et quitta le plateau en trottinant.

Hors antenne, toute l'équipe se réunissait dans la salle attenante au studio d'enregistrement pour bavarder de l'émission, de leurs vacances, de leurs belles-mères… On les voyait s'agiter derrière la vitre comme des virus sur les lamelles d'un microscope.

– Hé ! Jack ma belle, tu prends un verre avec ton idole ? lui demanda Boniface en concoctant pour elle le même sourire qu'il réservait à ses téléspectateurs. (Il était sûr de lui. Cette petite rousse refusait encore de reconnaître d'emblée son charisme génial. Il ne l'avait encore jamais surpris le regard fixé sur lui… Il la suivit vers la machine à café.) Alors, qu'en dis-tu ?

– Non merci, refusa Elsa en accélérant.

Le présentateur vedette s'arrêta net, il tiqua, fit une grimace de surprise, puis de rancune et enfin de dégoût. Il fit un pas en arrière, tourna les talons et partit retrouver d'autres jolies filles plus consentantes – ce qui ne manquait pas dans les parages.

Elsa s'était débarrassée du requin, elle devait maintenant affronter les méduses, les seiches et les petites pieuvres insignifiantes qui rôdaient dans les couloirs autour du seigneur des mers, dans l'océan d'*Holochannel*.

– Oh ! Tes cheveux ma pauvre Jackie, s'exclama Catherine, la maquilleuse déguisée en poulpe sans le savoir, en interceptant Elsa entre le plateau et les vestiaires.

– Quoi mes cheveux ? rétorqua Elsa. (Les tiens sont comme des tentacules poisseux, songea-t-elle.)

– Ils sont tout fripés… Regarde ça ! Tu devrais en prendre soin !

Elsa soupira, repoussa la maquilleuse et se faufila jusqu'à la machine à café, où discutaient bruyamment une dizaine de techniciens agités. C'était, en fait, l'effervescence dans le studio et dans tout l'immeuble.

Les bavardages allaient bon train :

– …

– Ça se passe tout en haut ?

– Oui, au labo radio…

– Alors ? Ça change quelque chose ?

– Bah…, attendez un peu.

– Selon les ingénieurs de *Couleur du ciel*, le changement sera immédiat, pour ne pas dire féerique…

– Qu'est-ce que ça va améliorer en fait ?

– La réception.

– Oui, et la qualité de l'image tridimensionnelle.

– Ah !

– Et les ventes des postes TV triple écrans.

Elsa but son café, corsé et revigorant comme doit l'être un bon café, sous le poste qui diffusait l'épisode du jour de l'*Âne borné*.

Tous ces gens sont chiants, se dit-elle.

Elle préféra observer leurs visages passe-partout plutôt que d'écouter leurs conversations. Pourtant elle ne pouvait faire autrement que d'entendre ce dont ils parlaient. Le nouveau projet holographique d'*Holochannel* baptisé *Couleur du ciel.* Ils n'avaient que cela à la bouche. Ça se passait en ce moment-même, selon eux.

Et c'était sûrement vrai.

Un petit attroupement se forma bruyamment autour d'une personne qui venait d'arriver dans le studio. Elsa se dressa sur la pointe des pieds. C'était Lucile, une des directrices artistiques traînant souvent par là, à la recherche de celui qui saurait être Martial envers elle ! On la disait comme ça… Une mamie du rock'n'roll ! En tout cas, elle descendait tout droit des étages supérieurs. Elle en savait forcément plus. Selon le principe du téléphone arabe, plus on descendait dans le building – plus on s'éloignait des laboratoires d'holographie situés au sommet – moins l'information, voire la rumeur, se révélait fiable. On la pressa donc de questions.

– Alors, ça a commencé ?

– Non, dit-elle. Non, non. Une heure encore. Ils ont dit qu'il fallait qu'il fasse beau.

– Et bien il fait beau !

– …

Dehors, le soleil magnifique de l'automne régnait sur le ciel malgré quelques nuages légers. Très hauts. Presque dans l'espace.

– …

– Bon je rentre chez moi, dit Elsa pour elle-même.

Elle jeta son gobelet vide dans la poubelle et sortit son walkwoman de son sac.

*

Plus haut dans le building d'*Holochannel* – cette flèche de verre et d'acier aux formes torturées qui se dressait dans le centre Multiplexe, les ingénieurs s'apprêtaient effectivement, dans une ambiance tendue, à lancer la dernière étape du programme *Couleur du ciel* – destiné à améliorer considérablement le rendu holographique des émissions TV.

– On va révolutionner l'holographie de salon, avait promis Umberto Arnold, le directeur du projet, en présentant le *prisme* aux journalistes lors de la dernière conférence de presse.

Le cœur de tout le système c'était ce *prisme,* un appareil de son invention servant à canaliser la puissance voltaïque induite par les photons solaires. C'était un décodeur photonique maintenu en liaison constante avec le SIT (Satellite d'Interception Solaire), lancé six mois plus tôt par fusée commerciale.

SI ÇA SE FAIT DANS LES MEILLEURS LABORATOIRES D'OPTIQUE LUMINOLOGIQUE DU MONDE, ÇA SE FAIT FORCÉMENT CHEZ HOLOCHANNEL, proclamait un slogan publicitaire affiché sur tous les murs de l'immeuble.

Le programme déboucherait évidemment sur la production en masse de la nouvelle gamme de TV *Couleurs du ciel*, produite par la branche électroménager d'*Holochannel Industries* et cela pour contrer la percée économique du cartel *Sulitzer Innovation,* toujours menaçant malgré le grand âge de son président…

Holochannel prétendait procéder ce jour-là à des opérations de maintenance technique sur ses émetteurs – comme l'avait expliqué le message diffusé pendant l'émission *Vroum, vroum et vroum !* quelques minutes plus tôt. Les ingénieurs avaient trouvé une solution pour ne pas interrompre les programmes lors de la dernière phase de l'opération *Couleur du ciel.* Heureusement ! Plutôt mourir que d'interrompre volontairement le flux de connerie habituel d'*Holochannel N°5* et de ses ânes bâtés en tout genre ! Le téléspectateur moyen ressentirait seulement une légère gêne passagère pendant le show de ce brave Barney ! Ils en avaient vus d'autres !

Jean-François Jacques tournait en rond dans son laboratoire, entre les ingénieurs et divers opérateurs assignés au projet, tous inactifs derrière leurs pupitres, à leurs consoles. Immobiles. Patients. Tout le monde attendait anxieusement le début de la dernière phase du programme *Couleur du ciel*.

Jacques fit craquer ses phalanges et soupira en observant autour de lui. C'était son laboratoire, ses instruments, ses ingénieurs et ses gobelets de café… Il vivait ici depuis tant d'années qu'il en connaissait chaque recoin et qu'il ne connaissait nul autre endroit. Il avait élu domicile dans ce laboratoire quinze ans plus tôt grâce à de brillants travaux sur l'acoustique holographique et à un beau-père à l'époque extrêmement bien placé dans la hiérarchie d'*Holochannel*. Et aujourd'hui, tout ce qui lui tombait sous les yeux revenait de droit à un autre ! Un ingénieur plus jeune, plus séduisant…

Même moi, songea Jean-François Jacques, je suis sous ses ordres cette fois. Je suis sous ses ordres… (Avec amour, il caressa la lentille d'un instrument fixé sur une table comme un étau.) Pourvu qu'il se plante ! Pourvu que ce charlot se plante et que je retrouve ma place de favori du président ! S'il veut bien montrer le bout de son nez ! Peut-être s'est-il dégonflé…

– Qu'est-ce qu'il fabrique ? ronchonna-t-il en regardant sa montre, puis il s'approcha de la fenêtre et observa le ciel. C'est le moment pourtant, murmura-t-il en remuant les doigts dans le fond de ses poches.

Il se retourna vers l'écran TV qui, installé dans un

coin du laboratoire, diffusait le programme en cours sur *Holochannel N°5*. Jean-François Jacques sortit les mains de ses poches et s'approcha de la TV avec curiosité. Barney l'âne borné était aux prises avec Archy, le chien de berger plus bête que jamais. La dispute qui opposait les deux personnages tira un bref sourire à l'ingénieur profondément morose.

– Ha, ha, ha ! s'esclaffa-t-il. Quel âne bâté !

Jacques s'essuya une larme au coin de l'œil, ce geste lui fit voir l'heure de près. Alors quoi ? s'étonna-t-il en lançant un regard panoramique vers les trois portes du laboratoire. Toujours personne ? Il soupira et un déchirant bêlement l'attira à nouveau vers la TV. Archy poursuivait Barney parmi les moutons… C'était désopilant.

– On ne va pas l'attendre toute la journée non plus !... Où est-il ? Où est Arnold ? gronda Jacques en se retournant, comme une girouette prise dans des rafales opposées. (Il était maintenant franchement impatient et fit signe à un commis qui rôdait dans le studio la tête baissée :) Vous-là, jeune homme ! Laissez ce plateau et allez me chercher Umberto Arnold. Vous le trouverez certainement dans son bureau. Cherchez-le partout dans le cas contraire.

– Bien monsieur ! obtempéra le commis de studio, qui, depuis des mois que durait secrètement le programme *Couleur du ciel*, rôdait autour des ingénieurs en chef qui le dirigeaient. (Ce commis sans aura, sans talent ni avenir, cachait bien son jeu. C'était en réalité un journaliste infiltré de *Sulitzer Informations* œuvrant pour *les Grands scoops de la Gazelle*.)

Le commis se débarrassa du plateau de café qu'il convoyait toute la journée parmi les postes de travail et quitta le laboratoire. Il emprunta des couloirs qu'il connaissait maintenant par cœur et arriva devant la porte du bureau de l'ingénieur en chef, le directeur du projet *Couleur du ciel.* Umberto Arnold. Un type talentueux mais irascible et complètement alcoolique.

Le commis fit le silence, approcha une oreille contre la porte mais n'entendit aucun bruit. Il toqua trois coups secs.

– Ouais ? répondit immédiatement une voix éraillée. (C'était Umberto Arnold qui, manifestement, renversa alors quelque chose.) Ahhh, c'est pas vrai ça ! Bordel !

– Excusez le dérangement, dit respectueusement le commis à travers la porte close. Mais monsieur Jacques vous demande au labo N°1. L'opération *Couleur du ciel* est sur le point de commencer.

Pour son article à paraître dans la *Gazelle de Sulitzer*, le jeune homme enregistrait toute la conversation sur un dictaphone intégré à sa montre. Il n'avait pas encore réussi à sympathiser avec Umberto Arnold et ne savait que très peu de choses à son sujet… L'ingénieur avait eu un départ difficile dans la vie, une naissance assiégée. D'une mère Anglaise et d'un père Italien, le petit Umberto Arnold avait vu le jour trente-cinq ans plus tôt à l'ambassade du Brésil en Chine, lors d'une prise d'otage sanglante qui avait fait la une de tous les journaux à l'époque. Dès lors il se consacra à ses recherches en holographie dans sa famille adoptive, un diplomate Brésilien et une secrétaire Chinoise…

– C'est impossible ! objecta l'ingénieur en apparaissant à la porte.

Une forte odeur d'alcool accompagna le courant d'air lorsqu'il ouvrit la porte, puis également lorsqu'il parla.

Umberto Arnold, le génie de l'optique luminologique, apparut débraillé, les pieds nus plongés dans des chaussons, en peignoir jusqu'à mi-mollet, une cigarette éteinte au coin de la bouche. L'œil vitreux.

L'haleine surchargée. L'ingénieur en chef était jeune, plein d'idées, mais il buvait comme un trou sans fond. Son bureau se trouvait à l'écart pour que, en cas de problème survenu au laboratoire, ses bouteilles de rhum ne propagent pas un feu à tout le bâtiment.

La pièce, que le commis eut le loisir d'entrapercevoir, s'apparentait plus au bar tabac du coin de la rue qu'au bureau d'un ingénieur réputé en holographie et luminologie. Il tira la cigarette de sa bouche, elle resta collée à un bout de sa lèvre. Il s'exclama :

– On ne commence pas une symphonie avant que le maestro n'ait enfilé son pantalon !

– Monsieur Jacques a précisé que c'était urgent, précisa le commis. Il est très nerveux.

– Il est nerveux, hein ?! Je viens, je viens. Je termine mon verre et j'arrive. Ça vous va ? (Arnold replongea dans son bureau mais réapparut immédiatement.) Auriez-vous du feu par hasard ? demanda-t-il en agitant sa cigarette éteinte entre ses doigts tremblant aux phalanges poilues.

Le commis de studio lui tendit du feu en jetant un nouveau coup d'œil à l'intérieur du bureau – il aperçut un magnifique hologramme, posé par terre entre des magazines TV et des feuilles de calculs. Sans doute Arnold le bricolait-il pour se changer les idées...

– Merci ! dit l'ingénieur en recrachant un nuage gris. (Il lui rendit son briquet.) Je récupère le *prisme* et je vous suis. Une seconde.

– Ah vous voilà enfin ! tonna Jean-François Jacques en se détournant définitivement de Barney et de ses pitreries. Vous êtes encore ivre comme un clochard ! lâcha-t-il, méprisant. Ah ! C'est pas vrai ça, faites un peu attention où vous mettez les pieds !

Umberto fit une entrée fracassante dans le laboratoire N°1, il se prit les pieds dans des fils électriques qui couraient au sol comme des cordages sur le pont d'un navire, et se rattrapa à la veste de Jacques. Eh ! la mer est grosse…

– Pardon ! dit-il.

Umberto Arnold déposa sur le coin d'une table l'appareil qu'il portait sous le bras et le disposa de façon à ce qu'il fût correctement présenté face à lui. C'était le *prisme* (qui n'avait rien d'un prisme, mais qui remplissait poétiquement les mêmes fonctions), la pièce maîtresse du programme *Couleur du ciel*. Un boîtier savant relié à d'autres appareillages plus conventionnels de transmission des données ainsi qu'à un parasol infrarouge déployé sur la flèche du building qui disperserait le flux emmagasiné par les bobines du *prisme*.

– Ça va, ça va…, répondit Jean-François Jacques en réajustant son uniforme *Holochannel*. Faites juste un peu attention avec ça. S'il vous plaît. Avec cette sale manie que vous avez de le traîner partout où vous allez...

– C'est ça ! siffla Umberto, en effectuant les branchements nécessaires au bon fonctionnement du *prisme*. C'est le mien, j'en fais ce que je veux !

– Vous auriez tout de même pu vous habiller, fit remarquer Jacques.

– C'est une blouse de chimiste…!

– Ce tissu molletonné ? C'est un peignoir de bain !

– Non, c'est une blou…

– Peu importe, coupa Jacques. Il faut se dépêcher, dit-il en regardant par la fenêtre. Le temps est idéal. Selon Émeline Dahlia de la météo, on a cinq heures de plein soleil devant nous, jusqu'à seize heures.

– Bon ! fit Umberto Arnold en inspirant une grande bouffée d'oxygène – pour le peu qu'en contenait le laboratoire… Alors on commence !

D'un geste de la manche, Umberto s'essuya la bave de la bouche et la morve du nez, puis il se frotta les yeux avant de se concentrer sur sa console de commande et sur son travail... Tout le projet *Couleur du ciel* reposait sur ses épaules en compagnie de ses pellicules.

– Si le président vous voyait comme ça..., siffla Jacques avec dégoût. Votre accoutrement est indigne d'un ingénieur d'*Holochannel*.

– Je l'emmerde votre président, rétorqua Umberto, concentré sur sa tâche. J'emmerde tous les présidents ! Mais plus particulièrement le vôtre... Le flux est correct, murmura-t-il. Comment est le ciel ?

– Impeccable..., commenta Jean-François Jacques. (Il s'adressa à la dizaine d'ingénieurs en attente réunis autour d'eux :) Tenez-vous prêt.

Tous acquiescèrent et se tinrent prêt, comme des sprinters dans leurs starting-blocks.

Umberto Arnold se pencha sur son écran de contrôle et fronça les sourcils. Il avait la mine soucieuse du type qui revient du supermarché, certain d'avoir oublié quelque chose, mais incapable de se souvenir quoi. Une bricole pour Janine, certainement... Umberto ne pouvait se défaire de cette impression étrange, qui aujourd'hui l'avait insidieusement poussé à boire dès le réveil. Il était en forme, certes, après avoir, depuis le petit-déjeuner, entamé une bouteille de rhum dont il ne restait qu'un fond à midi... Le carburant du penseur.

Toute son attention n'était plus portée qu'à l'écran.

– Bon allez-y, ordonna Umberto. Tant pis pour cette bricole. Commencez.

– Le bleu ! annonça un ingénieur subalterne.

– OK, fit Arnold. Continuez !

– Rouge.

– OK.

– Vert.

– OK. Go, murmura Arnold en actionnant précautionneusement le *prisme*.

Le dispositif se mit en action, bourdonnant comme quelque chose d'inquiétant. Toute la pièce clignota et un événement imprévu arriva.

– Hé mais !!! J'ai la berlue ou quoi ?!?

– Regardez dehors ! C'est pas croyable !

– Monsieur Arnold ! appela un ingénieur accoudé à la fenêtre. Vous avez vu ça ? Tout est gris !

– Hé mais ! répéta bêtement Umberto Arnold. Voilà donc ce que j'ai oublié… (Il sortit un flacon de rhum de sa poche et but une rasade.) Bon dieu ! fit-il en s'essuyant la bouche.

Tout était gris, oui… Depuis le rhum jusqu'au ciel. Arnold termina sa bouteille et éteignit le *prisme*, mais cette action désespérée ne changea rien.

Tous les ingénieurs avaient le regard tourné vers lui. Ils attendaient une pensée, des instructions, une ligne de conduite, mais ils n'eurent qu'un rot, des excuses, et son dos qui s'éloignait en titubant.

– Dévier… les rayons solaires…, murmura Umberto Arnold, délirant et inspiré. Puiser avec le satellite de diffusion globale… l'énergie chromatique pure de l'étoile…. Je vais travailler sur le problème ! assura-t-il avant de claquer la porte du laboratoire derrière lui, laissant tout le monde à l'intérieur muet de surprise.

– Qu'est-ce qui se passe ? demanda un ingénieur.

– Ouvre les yeux ! lui répondit un collègue en désignant la fenêtre grise et le ciel gris. Ouvre les yeux, pauvre daltonien !

– Non mais je vois bien ce qui se passe, je n'y comprends tout simplement rien !

Le léger désagrément visuel prévu par les responsables de la chaîne s'avéra en fait total et général. Il n'y eut soudain plus une seule couleur au monde. Pour personne. Voitures grises, blanches et noires. Feux de circulation monochromes, herbe grise et ciel gris. Nuages blancs.

Le reste était noir…

GRIS !!!

*

* *

Elsa avait l'esprit préoccupé en traversant les couloirs puis le hall. Quelque chose n'allait pas autour d'elle. (L'émission avait-elle été si mauvaise ? Non, c'était autre chose.) Elle remarqua que tout le monde se regardait dans le blanc des yeux, comme dans les pires (dans le sens les plus stupides) films d'horreur où les gens se changent en zombies et se retournent contre vous sans raison… Est-ce que ça va le faire ? se demanda-t-elle. Vont-ils me sauter dessus ? Ce n'est pas l'heure de Barney ? Pourquoi ne sont-ils pas tous derrière leur TV, comme des pièces manœuvrées. Comme des ânes bâtés.

Avec son walkwoman en marche, Elsa n'entendait que sa musique ; les conversations autour d'elle lui échappaient. Alors elle observa, en marchant vers la sortie, tous ces gens qui n'avaient pas l'air méchant, juste stupide, comme d'habitude… Aucun *virus* dans l'air… Personne n'allait se transformer en zombie. Pourtant, même si elle ne parvenait pas à mettre le doigt dessus, quelque chose la dérangeait elle aussi.

Avec le rock brillant et inspiré des *Nathan Kingstown bouchery* à fond dans les oreilles, elle passa tout ce vilain petit monde en fouillant dans ses poches à la recherche des clés de sa vieille Bentley S4… Peut-être dans le sac à dos ?... Ah oui.

Elsa plissa les yeux lorsqu'elle franchit le seuil de la grande porte.

– Ça alors ! (Elle se figea face à la ville. Grise. Jamais cette ville n'avait été aussi grise ! Ce qui était franchement anormal, c'était que les enseignes des bars et des banques l'étaient aussi ! Grises !) Hé là ! fit-elle en ôtant ses écouteurs de ses oreilles.

Le virus ! songea-t-elle médusée. Je suis devenue daltonienne ou quoi ?

– Bon dieu, c'est quoi ce cirque ?!? s'écria un passant.

– Ça vous le fait à vous aussi ? demanda un autre en se frottant les yeux.

– Oui ! confirma un troisième en jouant avec ses lunettes. Je ne vois plus aucune couleur !

– Qu'est-ce qui se passe ?

– Monsieur ? Voyez-vous les couleurs ? Non ? Vous non plus ! C'est à peine croyable !

– Mais enfin que se passe-t-il ???

Gris !!!

Le monde se dilua, en tous lieux, en niveaux de gris. Aussi instantanément que la lumière s'éteignant dans une pièce sans fenêtre.

Partout, coqs et punks firent face au même fléau. Leurs habitudes bouleversées, leurs crêtes méconnaissables, sans couleur, ils se mirent à faire n'importe quoi. Les coqs chantèrent le soir, les punks le matin. Et ce ne fut pas, pour tout le monde, le seul désagrément.

Un clochard passa près d'Elsa en titubant, il prétendit poursuivre l'éléphant gris qui lui avait chipé sa bouteille de vin. Un éléphant gris ! Croyez-vous ça ?!

Il n'en démordait pas et bifurqua au coin de la rue, en suivant les empreintes du pachyderme dépigmenté imprimées dans la chaussée.

Plus que tous les clochards du monde, habitués à différencier le rouge du blanc à l'odeur, plus que tout le monde dans le Multiplexe, le président Pimprenelle, de nature colérique, trouva la situation fâcheuse. Il était furax. La mine soucieuse, l'échine courbée et les mains nouées dans le dos. Une veine bleue se gonflait sur sa tempe. Dans son cabinet, il désignait derrière lui le drapeau gris, blanc et gris en trépignant comme une poupée mécanique déréglée. Rendez-lui ses couleurs ! ordonna-t-il. Tout ce gris ne me dérange heureusement pas pour reconnaître et chasser les indésirables, mais le drapeau ! Tout de même ! C'est intolérable.

Au Ooolball et partout ailleurs, c'était désormais comme aux échecs, les blancs contre les noirs.

Au coin de la rue du Canal de Matesson-Véronique, à deux pas de l'appartement d'Andy, tout était aussi gris que partout ailleurs. Et même plus encore. Le fleuriste de *1001 roses*, assis sur son tabouret, abattu comme un lièvre criblé de balles que le chien de chasse n'aurait pas retrouvé et dont le cadavre insignifiant serait resté se décomposer seul dans l'herbe imprégnée de sang, observait autour de lui sans trouver nulle part la plus infime lueur d'espoir. Un petit quelque chose à quoi se rattraper. Non, rien ! Son magasin puait la fadeur. Terne. Gris. Les camélias, les rhododendrons, les roses…, les grises ! Tout était gris… Blanc, noir et gris.

C'était insupportable.

– Les grises !!! cria-t-il en fondant en larmes. Et toutes ces belles cou… cou… couleurs…, Oh… Mon dieu ! Pourquoi ? Mais que se passe-t-il ???

Le fleuriste, désemparé, écrasa entre ses mains tremblantes les fleurs qui avaient, la veille encore, été tellement belles… colorées. Le gris, c'est tout juste bon pour un divorce ! Il bouscula les pots, qui se renversèrent par terre et se brisèrent… Il s'agenouilla parmi les morceaux de grès, dans la terre étalée parmi les fleurs écrasées…

– Tout est fini !!! cria-t-il en sanglotant. Je suis fini…

Il donna un coup de poing dans une pile de bouteilles d'engrais qui après avoir rebondi contre le mur s'écroulèrent sur lui. Il en prit une, dévissa le bouchon et huma le parfum du liquide…

Son tempérament suicidaire fit le reste. Il respira un grand coup avant d'arrondir ses lèvres autour du goulot puis, en songeant à son chat, il leva le coude et éclusa le flacon.

Juste au-dessus du magasin de fleurs *1001 roses*, dans l'appartement du premier étage, Monsieur René, comme l'appelaient tous ceux qui ignoraient son nom de famille, un vieux bonhomme solitaire, devait, pour lutter contre son diabète tenace et son cholestérol insistant, prendre trois pilules roses et trois pilules bleues, matin, midi et soir. Tous les jours de sa vie, que cette médication entretenait laborieusement.

Dans le fouillis gris qu'il traversait comme tout le monde ce jour-là, le petit vieux se trompa. Il prit six pilules bleues et eut à peine le temps d'aller jusqu'à sa porte et de dégringoler dans les escaliers, avant de s'évanouir en vomissant sur son veston.

Par chance, un pompier, appelé par un client du fleuriste d'en dessous pour un horrible accident ou un dramatique suicide, remarqua des vomissures s'égouttant depuis le palier du premier. Il vit le vieillard étendu dans les escaliers et lui porta immédiatement assistance.

Avec à son bord un fleuriste mort et un vieillard mourant, l'ambulance des pompiers roulait à tombeaux ouverts, se faufilant adroitement dans les embouteillages du Multiplexe en mordant dans les couloirs de bus et parfois même sur les trottoirs, toute sirène hurlante et gyrophare tournoyant.

Au carrefour de la rue du Canal Matesson-Véronique et de l'avenue du Multiplexe-Cayenne qui ne présentait aucun danger et qu'il aborda sans ralentir, l'ambulancier donna un grand coup de frein, il agrippa le volant et ferma les yeux.

Elsa pila aussi, mais c'était trop tard. Le choc ne pouvait pas être évité. Les deux véhicules dérapèrent l'un vers l'autre dans un silence religieux.

Jusqu'à l'inévitable impact.

Klaaaaang !!!

L'ambulance bigorna sérieusement l'aile droite de la Bentley, qu'elle repoussa violemment contre un poteau. Elsa ôta les écouteurs de ses oreilles, qu'elle laissa pendre sur ses épaules en compagnie de ses cheveux roux et elle sortit de sa voiture sans dissimuler sa colère.

– Le feu était vert pour moi ! C'est de votre faute ! s'écria-t-elle. (Elle avait bien mémorisé la position des feux avant de prendre le volant. Le vert en bas, le rouge en haut. Et le orange, comme mes cheveux, au milieu.) Vous n'avez pas fait attention ! Je ne suis pas idiote.

– Enfin madame ! rugit l'ambulancier par sa vitre ouverte. (Il sortit le bras et tapa contre la portière du plat de la main. À plusieurs reprises.) C'est une ambulance ! (Il désigna le toit de la camionnette.) Avec le gyrophare et la sirène ! Véhicule prioritaire !!!

– Oh, c'est pas vrai ! fit Elsa, brusquement pâle. Ah oui. Évidemment. (Avec sa musique dans les oreilles, elle n'avait pas entendu la sirène de l'ambulance.) Je suis désolé... Je ne sais pas quoi d...

L'ambulance, très pressée, fit une marche arrière en laissant son pare-chocs sur place puis, sirène hurlante, elle reprit sa route vers l'hôpital avec ses deux patients à son bord.

Heureusement qu'ils ne m'ont pas reconnue, songea Elsa en faisant le tour de sa voiture, tandis que la circulation s'écoulait autour d'elle comme l'eau d'une rivière autour d'un caillou. *Vroum, vroum, et Boumm !* Ça les aurait fait rire...

– Ma pauvre Bentley ! fit-elle dépitée face à l'ampleur déprimante des dégâts.

La voiture était salement amochée.

Elsa poussa le pare-choc de l'ambulance sur le bas-côté puis elle remonta dans son véhicule et tourna la clé de contact en redoutant le pire. La voiture démarra heureusement mais elle parcourut difficilement les quelques centaines de mètres qui restaient à faire. Le moteur émettait un bruit inhabituel. Et quelque chose raclait sur le bitume.

– Ooooh, non ! À peine à trois cent mètres de l'appartement. Quelle malchance ! (Elsa se gara en bas de chez elle, quitta son véhicule cabossé, ferma la portière, qui coinça un peu – la tôle avait été déformée, elle insista, ça passa.) Trop bête ! dit-elle. Oh, que j'aimerais pouvoir la réparer toute seule ! Peut-être que Andy me donnerait un coup de main… Il s'y connaît forcément un peu en mécanique, avec sa vieille bagnole... Et puis c'est un gars. Toutes ces conneries l'amusent...

Elsa croisa sa voisine et ses clébards sur le palier. (Elle n'avait qu'une envie : se détendre. Mettre un peu de *Nathan Kingstown Bouchery* sur sa chaîne Hi-Fi, rêver de son génial leader Newton Ancombe, boire un café et faire vibrer son fumoir un instant.)

– Oh ! Ma petite Elsa, chevrota la voisine en tirant sur la laisse de ses deux affreux cabots noir et blanc. Je ne t'avais pas reconnue avec cette couleur ! (Elle lui toucha les cheveux. Elsa recula.) Oh, moi ça ne change pas grand-chose ! J'ai les cheveux blancs depuis longtemps…

– Il faut absolument que j'aille tout de suite aux toilettes, fit Elsa pour couper court à la conversation. Bonne promenade madame !

– Ouf !

Elle trouva enfin le calme dans son appartement. Elle se mit à l'aise, caressa le crâne de hibou de Gus, son chat, qui l'observa sans bouger, comme une statue posée sur l'accoudoir du canapé, puis elle passa dans la salle de bains où elle se changea.

Appuyée au lavabo, face au miroir :

– Et voilà, dit-elle en touchant ses cheveux. Terminé la couleur. (La sonnerie de la porte retentit.) Ça doit être Andy, glissa-t-elle à Gus qui se frottait maintenant contre ses mollets. J'arrive ! cria-t-elle. (Elle bouscula le chat et ouvrit la porte.) Salut Andy.

– Colonelsa ! fit Andy, au garde-à-vous. Lieutnandy au rapport... Oh ! Tu es toute grise…

– Eh ! Toi aussi…

– Tu verras quand tu auras mon âge, avertit-il, contrarié. Petite partie d'échecs, aujourd'hui ?

Andy et Elsa avaient l'habitude de jouer au Rollball, un jeu de plateau, une variante d'Othello, où le but était d'aligner des pions colorés.

– Oui, pourquoi pas, dit-elle en souriant. (Non, pas de Rollball aujourd'hui, ni non plus d'échecs, sauf si tu as apporté ton jeu !) J'allais faire du café. Tu en veux ?

– Oui ! Bien noir.

– Ha, ha, ha ! Ça marche.

Andy s'installa sur le canapé et alluma la TV. Gus vint se frotter contre ses genoux.

– Tu viens de rentrer ? demanda-t-il en grattant les oreilles du chat.

– Oui.

– Je t'ai vue tout à l'heure.

– Ah oui, où ça ? demanda Elsa.

Andy alluma la TV sur *Holochannel Info* et se prépara un petit bourdonnement avec le fumoir d'Elsa. À la TV, on comparait déjà cette journée avec la *Catastrophe discrète*, arrivée quelques années auparavant sur Ex-Carifar.[15]

Je t'ai vu avec ton petit ami, songea-t-il… Vous formez un joli couple. Malheureusement. Il te convient sans doute mieux que moi…

– Je t'ai vue à la TV, dit-il. Dans *Vroum, vroum, vroum*. Tu n'étais pas coiffée comme ça.

Andy fit bourdonner le fumoir et le reposa délicatement sur la table basse.

– Ah non ? s'étonna Elsa.

– Non. Pas du tout.

– L'émission que tu as vue était enregistrée, expliqua-t-elle. Sans doute la semaine dernière. (Elle se retourna vers lui.) Bon alors, tu n'as pas un petit poème pour moi ce soir ? Un afro-rythme, un vers ou deux et puis on lit ? Non ?

– Non… (Oooh, tu es magnifique quand tu dis ça, songea-t-il. Je t'aime ! Tu es comme l'astronide au cou d'une jeune mariée[16], alors que je ne suis qu'une orchidée, sans même un mort sur qui veiller… Oooh, divine Elsa ! Vivre sans toi la vie ponctuée par le supplice des jours qui passent…) Je n'ai rien pour toi ce soir, avoua-t-il finalement. Non… (Non, com-

---

[15] Voir *Les naufragés de la Maria*.

[16] Voir *Astronides*, dans *Un dernier homme, pour la route ?* (II)

ment lui sortir de pareilles conneries ?)

– Dommage. (Elle lui servit son café.) Tu dis stop.

– Stop ! Merci.

Puis elle s'installa dans son fauteuil le dos tourné à l'écran TV pour se préparer à son tour un bourdonnement.

– Boniface est vraiment con, lança-t-elle en tassant la drogue au fond du réceptacle en tube. C'est un porc. (Elle porta le tube à sa bouche et aspira. *Vrrrrrr…* Le bourdonnement fut discret. Elle ne l'en apprécia pas moins pour autant. Après une petite pause satisfaite, elle poursuivit :) On était sur le plateau et, entre deux prises, je soupire en croisant les jambes. (Elle reproduisit son geste et soupira.) Tu vois. Pfffff… Comme ça. Hugues me dit d'un air sec : Ne fais pas ça. Je pensais qu'il m'avait entendue soupirer… Mais il montrait mes genoux. Ne croise pas les jambes ! C'est ce qu'il me disait ! Je les ai décroisées et j'ai pensé lui demander s'il n'avait pas une cigarette.

– Ah ouais ! Comme dans ce vieux film...

– Je n'ai rien dit, avoua Elsa, mais quel trou du cul.

– Ça se voit très bien à l'écran, approuva Andy.

– Oui, mais dans le studio, précisa-t-elle, quand tu es à côté de lui, en plus ça se sent !

– Ha, ha, ha !

– Ha, ha, ha !

– Ahhhh...

Ils suivirent quelques instants le cours de l'émission TV, puis Andy prit un air grave pour annoncer :

– Le fleuriste du bas de la rue s'est suicidé. Tout à l'heure dans sa boutique. Il a bu de l'engrais.

– Quoi ?! Oh non !

– Si… (Andy tira un nouveau bourdonnement, puis tendit le fumoir à Elsa, qui se pencha pour l'attraper, choquée d'apprendre le drame.) Je passais devant son magasin, les pompiers étaient là. Il a saccagé sa boutique avant de boire une bouteille d'engrais. C'est à cause des couleurs…

– Je n'y faisais même plus attention, réalisa Elsa en observant autour d'elle.

– C'est sombre chez toi, constata Andy.

Elsa tira un second bourdonnement du fumoir, puis elle le rendit à Andy qui n'en demandait pas tant – il le porta à sa bouche et le termina en une fois. Elsa se leva en titubant, contente, elle alla jusqu'à la fenêtre en regardant autour d'elle, comme si elle cherchait son chat ou bien une couleur oubliée dans un coin de la pièce. Elle s'accouda au rebord de la fenêtre d'où elle observa la ville. Les buildings effilés et les voies de circulations tracées en spirale autour de leurs flèches argentées... Gris et grises…

– On se croirait dans du rétrofuturisme, dit-elle songeuse.

– Du quoi ? fit Andy en préparant un nouveau *bourdonnement.*

– Du rétrofuturisme ! répéta Elsa comme si c'était évident. Comme des vieux clichés de l'avenir ! Viens voir par toi-même, si tu ne me crois pas.

Il se leva et regarda par la fenêtre, elle avait raison. Tout était plus gris que jamais, comme sur les vieilles photographies de leurs arrière-grands-parents.

– Tu as raison, dit-il.

– Comme d'habitude, répondit-elle.

– Un petit delphiverre ? proposa-t-il.

– Oui, merci… Oh, je ne t'ai pas dit !

– Quoi ?

– J'ai eu un accrochage avec ma Bentley !

– Non !... Tu es en tort ?

– Hélas oui…

– Ohhh...

Ils passèrent un moment devant *Holochannel N°5* en discutant des chauffards et des arnaques des garagistes, puis ils zappèrent sur *Sulitzer Informations* et en apprirent plus sur l'incroyable disparition des couleurs.

L'Anomalie Chromatique (sur cette chaîne, le phénomène avait un nom) s'était produite exactement le jour où les ingénieurs d'*Holochannel Industries* avaient procédé à une expérience holographique dans leurs laboratoires célestes. À la minute près, quasiment. Grâce à un journaliste infiltré dans les rangs Channelistes, les médias extérieurs au réseau *Holochannel*, en l'occurrence *Sulitzer Informations*, firent le rapprochement et diffusèrent l'information…

– La maintenance technique est habituellement effectuée de nuit, affirma le journaliste de *Sulitzer Informations* infiltré parmi une équipe de commis de studio du projet *Couleur du ciel*… Cela devait se passer en plein jour car l'expérience utilisait la lumière du soleil comme unique source primordiale d'énergie.

– Du très grand travail d'investigation ! ironisa Andy.

– Pfff !

Elsa éteignit la TV, saisit la télécommande de sa chaîne Hi-Fi et pressa une touche au hasard.

Bien qu'elle eût toujours préféré se servir dans les jardins des bourgeois lorsqu'elle désirait des fleurs plutôt que de les acheter, Elsa repensa au fleuriste avec tristesse. Elle ferma les yeux et se concentra sur la musique.

– Tu veux manger en ville ? demanda Andy.

– Tu m'invites ? rétorqua Elsa.

– Si tu étais ma petite amie, je t'inviterais.

– Si tu m'embrassais, je serais ta petite amie.

– Ah oui ?

– Oui.

*

Pluie torrentielle ou soleil éclatant, le monde continuait d'être gris. Rien n'y faisait. Que pouvait-on y faire ? Et que se passait-il réellement ? Sans réponse, les plus éminents spécialistes s'observaient dans le blanc des yeux avec perplexité. Ils ne s'exemptèrent cependant pas de toute réaction. Suite à tous les problèmes liés à la décoloration du monde, un comité international fut créé pour étudier les solutions les moins inefficaces à mettre en œuvre. Il fallait tout revoir. En noir, en blanc et en vitesse. Les nomenclatures, les codes, les habitudes. Les réflexes… Et les robes des membres féminins de la commission.

C'était une épreuve pour bon nombre de personnes. Les daltoniens le furent un peu plus encore et même si les aveugles ne remarquèrent pas la différence, peintres et fleuristes se donnèrent la mort par milliers.

Le président s'était lui aussi suicidé face au drapeau entièrement gris, ce qui souleva une vague de joie dans tout le pays.

Pendant ce temps-là, dans son laboratoire d'*Holochannel*, Umberto Arnold affrontait une sévère dépression nerveuse. Il buvait son vin et terminait gris tous les soirs. C'était d'un triste. Il n'avait plus quitté son bureau depuis une semaine, et son fauteuil depuis trois jours. Tout ce dont il avait besoin s'étalait devant lui sur le plateau de son bureau, dans ses tiroirs entrouverts, ou à ses pieds, autour de son fauteuil… Il n'avait jamais tant bu. Les bouteilles vides roulaient entre les appareils dernier cri, sur des feuillets couverts de calculs diffractométriques d'une importance autrefois vitale…

– Tout cela est absurde ! s'exclama-t-il en observant les schémas du *prisme* étendus sur son bureau. Cette grisaille est illogique.

Il déposa son verre devant lui et incita son cerveau à la réflexion… Pense ! Pense !

L'appareil servant à canaliser la puissance voltaïque des photons solaires avait eu un raté. C'était évident. Toute cette grisaille n'était pas prévue au programme. Qu'est-ce qui a pu clocher ? Quelque chose a forcément cloché !

Son cerveau, qui rabâchait cette question depuis trois semaines, ne lui fut pas immédiatement d'une aide précieuse. L'ingénieur se laissa hypnotiser par un rayon de lumière qui passait à travers son verre vide, déposé sous son nez. Un fond d'alcool diffusait encore dans la pièce le parfum agréable du delphinarhum. Et puis, bien que bercé par les reflets de son visage sur le verre, son œil perçant se fixa sur son schéma, sans contourner le verre, que la lumière traversait. Si le verre avait été un trou noir, une étoile morte effondrée sur elle-même, se dit-il amusé, avec l'envie de le remplir à nouveau, mon regard aurait pu atteindre directement les schémas du *prisme* posé derrière… Le verre déformait le schéma, c'était une évidence. Comme une loupe inclinée. Un ingénieur, même épuisé, doit-il faire l'effort de bouger légèrement son corps pour mieux voir son schéma ?

Les connections adéquates se firent soudain d'elles-mêmes dans sa cervelle noyée d'alcool et une idée géniale lui vint à l'esprit. Il n'allait pas résoudre le problème, mais il allait en créer un autre, plus embarrassant encore. Ha, ha, ha ! Embarrassant pour ces enfoirés de chez *Sulitzer Innovation* qui avaient refusé sa candidature pour un poste d'ingénieur – Umberto, un génie dans son domaine (sans doute jalousé par Sulitzer lui-même) s'était rabattu sur les plus offrants : *H5*.

Ce seront eux qui profiteront de mes futures recherches…) Il remplit son verre, en but la moitié, et le remplit à nouveau, puis il débarrassa son bureau de tout ce qui concernait *Couleur du ciel*, pour se plonger dans un nouveau projet.

Les *Binocouleurs* ? Binoculaires… Les lunettes chromatiques ? Hmm… Je trouverai un meilleur nom plus tard, se dit-il.

Il prit un crayon et remplit des feuillets de notes exaltées.

Pendant que les neurones d'Umberto s'activaient, baignés d'éthanol, les ingénieurs d'*Holochannel* tentèrent eux aussi, sous la direction de Jean-François Jacques, pendant trois semaines et dans la nervosité, de remédier au problème…

– Je crois plutôt que c'est désespéré, affirma Umberto Arnold à Jean-François Jacques lors d'une réunion à laquelle il ne participait que par hasard. (Il était sorti de son bureau à la recherche d'un tire-bouchon.) Je vais vous laisser faire. Moi, je planche sur un projet personnel. *Binocouleurs*, messieurs ! Oui, vous avez bien entendu. Voyez le monde à travers vos *Binocouleurs* ! Les lunettes permettant à tous ceux qui les portent de voir le monde à nouveau en couleur… Car c'est ce qui compte ! Retrouver la joie de vivre. Un peu de gaieté. Et ça paiera les frais de justice !... Parce que vous pouvez me croire, il y en aura certainement, lança-t-il enfin, en disparaissant dans le couloir. Tout est de notre faute !

Sa voix résonna dans la salle sur laquelle sa déclaration avait instauré un silence général.

*

* *

Un beau jour qu'il faisait un temps de chien, de la pluie et du vent par bourrasques déprimantes, les couleurs revinrent inexplicablement. Cette journée morne et pluvieuse fut la plus colorée qu'on ait jamais vue. Les couleurs réapparurent comme elles avaient disparu – en un instant.

– OOOOH ! s'écrièrent en chœur tous les Multiplexois. Regardez ça ! Regardez ! Ce sont les couleurs ! Ce sont elles ! Elles sont de retour ! Ohhh ! C'est fabuleux, c'est magnifique !

C'était miraculeux. (Si cela avait eu lieu un jour ensoleillé, certains n'auraient peut-être pas supporté le choc de ce brusque retour chromatique !) Cela arriva à 9 h 45 à la montre d'Elsa, qui à cette heure matinale se trouvait dans la rue, à quelques pas du building d'*Holochannel*. Elle assista au retour des couleurs alors qu'elle courait pour se mettre à l'abri de la pluie.

À terre ou en l'air, les décapotines et les aérovions pilaient et klaxonnaient. Même de l'aérovoie passant en spirale entre les buildings, très haut dans le ciel, on entendit des flots d'injures lancés d'un véhicule à l'autre. *Bouge ta poubelle ! Les horaires, c'est plus important que les couleurs, ducon !* Les piétons eux aussi s'arrêtaient et observaient le ciel d'un gris très coloré. Émerveillés. Tellement soulagés. La pluie fouettait leurs visages réjouis.

Mais ce n'était pas le cas de tout le monde.

– Alors quoi ? demanda une petite vieille agrippée à son parapluie que le vent tentait de lui enlever. (Elle se rendait bien compte, à l'attitude des gens autour d'elle, qu'il se passait quelque chose d'important, même si elle n'arrivait pas à savoir quoi.) Qu'est-ce qui a changé ? Vous voyez les couleurs ?

demanda-t-elle. Ooooh, mais pas moi ! Pas moi ! Je vois gris ! Pourquoi est-ce que je ne les vois pas ?

– Attendez un peu madame, lui conseilla Elsa, ça va revenir. Ne vous affolez pas.

– Oooh, fit la vieille, incertaine. Nooon... Je suis sûre que non...

Elsa pinça les lèvres.

– Enlevez vos lunettes, soufflez sur vos verres et remettez-les, suggéra-t-elle. Ça marche pour les consoles de jeu…

– Comment ? chevrota la vieille.

– Je suis attendue, excusez-moi.

Elsa la laissa et entra dans l'immeuble d'*Holochannel* qui, lui aussi, avait retrouvé toutes ses couleurs comme un mourant soudainement revigoré par une rasade d'alcool.

– Bonjour madame, lui dit le vigile en souriant de toutes ses dents. Vous avez vu tout ce chambardement !

– Bonjour, répondit Elsa. Je vois ça ! (Le hall était rempli de monde, on installait des tables et des chaises, on s'activait comme des fourmis autour d'un morceau de sucre roux.) Qu'est-ce qui se passe ici ?

– C'est un pot donné en l'honneur des couleurs, révéla le vigile, c'est organisé par la section développement. L'ingénieur-professeur Jacques vient de l'annoncer. Ils sont en train d'installer les tables. Le professeur Jacques prétend connaître un endroit où trouver une quantité infinie d'alcool en un rien de temps. (En fait le temps nécessaire pour convaincre Arnold de lui céder quelques caisses de sa réserve personnelle.) Il est assez savant pour *créer* du vin, non ?

– Oui, sûrement ! répondit Elsa en s'avançant vers cette petite troupe excitée, comme des dizaines de poules pataugeant dans la boue.

Et ça papotait, ça riait, ça caquetait ; on se serait vraiment cru pour le coup sur Ex-Carifar juste après la *Catastrophe discrète*. Tout le monde bavardait gaiement. Et l'attroupement enflait de minute en minute. Les gens descendaient des étages, ils arrivaient par toutes les portes. On avait dû annoncer, jusqu'aux derniers étages, qu'une distribution gratuite d'alcool avait lieu dans le hall.

Elsa avait envie d'un café.

*

Andy n'était pas debout depuis longtemps. Il venait à peine de tirer son premier bourdonnement du fumoir lorsque sa vision se remplit de couleurs. La TV, allumée et laissée en sourdine sans spectateur toute la nuit durant était à nouveau, ce matin, tout en couleurs. Et alors qu'il se préparait un nouveau bourdonnement pour fêter l'évènement, une annonce pour *Vroum, vroum et vroum !* passa entre diverses autres publicités.

– Ooooh ! fit Andy en voyant Jack en couleurs.

Elle resplendissait de rouge pour la première fois depuis si longtemps ! Elle rayonnait.

On ne voyait qu'elle. Elle éclipsait tout ceux qui, dans son ombre, l'entourait.

Andy aspira rapidement, ne tirant du fumoir qu'une vibration bancale (bourdonnement préparé à la va-vite, ou tube encrassé ?) qui ne lui apporta pas grand-chose de plus qu'il n'avait déjà. Il se leva (Ah, si finalement), faillit se rasseoir – il y renonça courageusement et enfila une veste. Il faisait un temps horrible et Andy n'affrontait que rarement le monde extérieur avant quatorze heures, mais ce matin, il devait sortir ! Il devait voir la ville en couleur. C'était la fête ! Peut-être serait-ce jour chômé ! Et il devait la voir. Voir Elsa en couleur ! Au plus vite.

*

Dans son bureau transformé en porcherie, Umberto Arnold testait un prototype prismatique de ses *Binocouleurs*, qu'il portait sur le nez, lorsque tout redevint coloré autour de lui. Il s'en rendit compte en ôtant les lunettes qu'il avait conçues.

– Hé là ! s'exclama-t-il.

Il comprit vite que son travail n'avait servi à rien. Les couleurs avaient fait leur réapparition avant qu'une seule paire de lunettes ne se soit vendue – ni même fabriquée.

– Oh non, soupira-t-il tristement.

Arnold but, il but à n'en plus finir. Il enchaîna les bouteilles, en apnée. Il força le liquide à remplir son estomac. Cela dura vingt minutes, il termina douze bouteilles de delphinarhum.

Et il s'y noya.

*

Dans la capitale en deuil, au palais présidentiel :

– Oh, Arthur ! Mon doux Arthur ! (Accablée de tristesse, Claire Pimprenelle, l'épouse du président, était à genoux sur le tapis face au portrait du président défunt.) Tu aurais dû être plus patient ! Tu aurais dû avoir confiance ! (Elle était aussi inconsolable que Juliette ou que la femme de Dracula.) Et tous ces gens qui se réjouissent de ton trépas ! Oooooh ! Mon doux Arthur !... (Il lui venait déjà l'idée d'une mélodie..., un vibrant hommage à son tendre mari... Une mélodie lancinante jouée à la guitare, un texte poignant et inspiré comme elle savait si bien les faire..., puisque c'était son métier d'écrire des chansons.)

*

Monsieur René, le petit vieux du coin de la rue du Canal de Matesson-Véronique, était de retour chez lui après un séjour à l'hôpital où il avait subi un lavage d'estomac et plusieurs dialyses. Il fut franchement mécontent de ce qu'il trouva à son retour dans son immeuble autrefois tranquille et coquet : un type avait profité de son absence, du coin de rue bien placé et du décès du fleuriste, pour installer un concert-bar 24H/24 sous son appartement.

Par contre, il se réjouissait du retour des couleurs ce matin-là, car il s'apprêtait justement à prendre ses pilules. Trois pilules roses, donc, et trois pilules bleues. Les dosages n'avaient pas changé. Monsieur René avala cinq bleues et trois roses avant de s'effondrer sur le plancher. C'était encore raté ! Il tapa du poing contre le sol. Sa bouche remplie de bave mousseuse ne parvenait qu'à gémir. Il happait l'air comme un poisson frétillant rejeté hors de l'eau par une vague, ou par un pêcheur. Il frappa jusqu'à épuisement, mais ses coups se perdaient dans les basses de la sono du bar, en dessous. Personne ne l'entendrait. C'était sans espoir...

Il se résigna à franchir le seuil de l'au-delà.

C'eut été un jour merveilleux pour tous, si les fleuristes et les peintres qui s'étaient donnés la mort par milliers avaient ressuscité. Cela n'arriva pas. Et malgré le rétablissement chromatique – qui était incontestable, de très nombreuses personnes, en majorité des personnes âgées, continuèrent de s'apitoyer et d'affirmer ne pas distinguer les couleurs… Tout était fondamentalement redevenu comme avant.

*

– Ah non, ce n'est pas comme avant ! se plaignit un type qui empestait l'aftershave. Regardez là ! Cet endroit est resté monochrome.

– Pas *exactement* comme avant, admit son voisin. J'en conviens.

– Pas du tout vous voulez dire ? Vous n'êtes pas d'accord avec moi monsieur ?

– Hein ? fit Andy, surpris.

– Les choses ne sont pas exactement comme elles l'étaient avant. Vous ne trouvez pas ?

– Ma foi, répondit Andy en exprimant d'une manière aussi désinvolte que possible toute l'ampleur du désintérêt que sa question lui inspirait

Les gens auraient toujours quelque chose de quoi se plaindre (sinon à quoi bon vivre ?).

Andy n'assista heureusement pas à la fin de leur conversation. Il descendit du bus au Centre-Multiplexe et trottina jusqu'au building d'*Holochannel* où il arriva à onze heures… Il contourna une mamie restée grise qui pleurait assise sur le trottoir devant la grande entrée du bâtiment.

Elle sanglotait bruyamment.

– C'est toujours tout gris, disait-elle.

Andy ne prêta aucune attention à ses lamentations. Il entra dans l'immeuble d'*Holochannel* et se mêla à la foule réunie dans le hall. Il joua des coudes pour se frayer un chemin jusqu'au buffet tout en recherchant parmi les têtes dodelinant celle aux cheveux orange vif d'Elsa.

Elle le vit avant lui.

– Andy ! s'exclama-t-elle. Qu'est-ce que tu fais ici ?

– Je viens voir Boniface, répondit Andy en se rapprochant d'elle. Pardon madame. J'ai deux mots à lui dire. Mais il n'est pas là. Excusez-moi.

– Ah non ? fit Elsa. Il n'est pas là ? Comment tu sais ça ?

– J'ai demandé.

– Il n'est pas là ? répéta Elsa, étonnée. C'est vrai qu'on ne l'a pas vu ce matin !... (Elle se retourna vers des techniciens de l'équipe qui discutaient joyeusement.) Max ? Hé Max, qu'est-ce qui se passe ? Où est Hugues ?

– Il a un problème, dit Max, le chef caméraman de l'émission VV&V qui se servait au banquet… On va peut-être devoir faire sans lui.

– C'est génial ça !

– Ouais !

Elsa se retourna vers Andy.

– Qu'est-ce que tu fais là ? Tu ne venais pas voir Hugues, j'en suis sûre.

– Non, je voulais te voir toi, ma chérie, dit Andy. Te voir en couleur. Ça faisait si longtemps ! (Il la prit dans ses bras puis recula et la regarda.) Tu es ce qu'il y a de plus éloigné du noir et blanc, tu sais. Tu es lumineuse… Hum…

– Bon… Bon…, et tu veux un café ? demanda-t-elle en montrant son gobelet. Il y a de l'alcool, si tu préfères.

– Oui, j'aime autant, dit-il en relevant la tête.

Quelqu'un descendait bruyamment les escaliers métalliques. Comme le vent qui apporte un orage, on l'entendait distinctement se rapprocher. Un type bien informé, fringué d'une chemise écossaise délavée, s'arrêta à une dizaine de marches du bas des escaliers et s'accorda une seconde pour reprendre son souffle.

– Écoutez-moi ! haleta-t-il. J'ai une terrible nouvelle à vous annoncer…

Tout le monde se retourna vers lui en murmurant.

– Hugues Boniface est au plus mal ! annonça-t-il.

– Comment ?!?

– Mais que lui arrive-t-il ?

– Hugues ?

– Que se passe-t-il ?

– Il paraît qu'il est à l'article de la mort, répondit l'informateur essoufflé…

– Non !!!

– Oh, seigneur ! Aujourd'hui, en plus… Un jour si merveilleux.

– Oh, il nous emmerde ! s'exclama quelqu'un qui parlait pour la moitié des personnes réunies là. Il veut juste se rendre intéressant, je vous le dis !

– Enfin ! Un peu de respect tout de même !

– Max ! appela Elsa. Et pour l'émission ?

– Il est hors circuit, dit Max. On va vraiment devoir faire sans lui.

– Super !

Sans être à l'agonie, son état ferait l'objet d'un énorme dédommagement des assurances. Boniface, qui après être revenu à la TV noir et blanc comme tout le monde, avait voulu faire encore plus fort et revenir au muet !, touché de plein fouet par une vilaine crise d'aphonie, il dut laisser sa place à sa chroniqueuse... Car *Vroum, vroum et vroum !* devait poursuivre sa route.

Jack prenait en main l'émission. Et peut-être définitivement, si elle parvenait à maintenir l'audimat.

Car en plus de ses mauvaises vocalises, le ténor prétendait toujours voir en gris. Alors qu'en trois minutes, un test psychologique aurait démontré l'inverse… Il se bornait à affirmer voir les choses en gris pour qu'on le plaigne et qu'on s'occupe de lui. Il se comportait comme un enfant attardé.

Il n'était donc pas dans les affres de l'agonie.

Andy se rapprocha encore d'Elsa, qu'il prit par la taille, et lança un coup d'œil vers Max.

– Qui est ce type ? demanda-t-il sèchement.

– Ah ! s'emporta Elsa en se dégageant de l'étreinte d'Andy. Fous-moi la paix ! Casse-toi.

– Ha, ha, ha ! s'esclaffa Andy. Je blaguais.

Andy serra cordialement la main du caméraman avant de partir à la recherche de Hugues Boniface. La grande étoile. Il était peut-être quand même quelque part. Silencieux et terrifié dans un coin sombre…

– Je vous laisse, dit-il. Je vais chercher quelque chose à me mettre sous la dent.

– C'est ça, répondit Elsa.

Quelques minutes plus tard, la cavalcade d'une estafette empressée résonna à nouveau dans les tubes d'acier des escaliers. (Andy se retourna et attendit de voir ce qui allait se passer.) Le type en chemise écossaise réapparut sur le palier. Il était en nage. Épuisé d'aller et venir pour annoncer les mauvaises nouvelles. Il claqua dans ses mains et attendit un instant que les conversations futiles s'interrompent. Il apportait certainement des nouvelles de Boniface. Bonnes ou mauvaises, cela dépendrait de ce qu'il dirait. Et de ce que vous inspirait Boniface.

L'Écossais changea complètement de sujet et prit tout le monde à contrepied.

– Monsieur Umberto Arnold, le grand ingénieur, vient de se suicider au sommet du building !

– Oh ! Seigneur...

– Quelle journée !

– Et pour Boniface ?

– Oui, avez-vous des nouvelles de Boniface ?

– Comment va-t-il ?

– ...

– La vie continue, murmura Elsa en glissant un demi cruz dans la machine à café. Sauf pour *le grand ingénieur...*

En guise de recueillement, pour honorer la grandeur de ceux qui avaient œuvré pour la prospérité de la firme *Holochannel*, tous les téléviseurs dispersés dans le hall s'allumèrent de concert sur le programme en cours : *Vroum, vroum et vroum !* Boniface y faisait son numéro. L'émission avait été enregistrée quand sa voix portait encore...

Tout le monde dans le hall observa un silence religieux, se rapprocha les uns des autres, solennellement. À l'écoute du célèbre Hugues Boniface, injustement fauché par l'aphonie... Ils suivirent l'émission d'un bout à l'autre puis, comme tous les jours sur *Holochannel* N°5, ce fut au tour de Barney l'âne borné d'assurer le show.

La Terre était redevenue bleue.

FIN

Entre les diamétrales

La décapotine jaune citron freina brutalement devant l'entrée principale de l'Hôtel des ventes du musée Korstrika.[17] Le léger dérapage au stationnement, un effet voulu par le pilote, était destiné à attirer l'attention sur son engin.

Quelques badauds passaient en effet à ce moment-là sur le trottoir. Ils s'attardaient devant le musée ; amateurs d'art ou non, tout le monde était amateur de bolides luxueux.

Ils se retournèrent donc vers le véhicule, une décapotine *Sulitzer* Méca 1600 de toute beauté, jantes en acajou, pare-chocs en caoutchouc et propulsion supermachinale. Une voiture superbe, digne des plus riches super-nobles de la ville. Admirable. La portière s'ouvrit, chacun retint son souffle ; une odeur de noix de coco s'échappa de l'habitacle tapissé d'un cuir de dauphin d'élevage de grande qualité.

Carpel Arnaud posa ses semelles sur la chaussée et referma la portière en humant les senteurs de l'après-midi. Ses narines frémirent de satisfaction. Un vent léger circulait entre les buildings, comme une rivière coulant entre des piquets de bois plantés dans le sable. Il inspira profondément les fragrances carbonées du jour puis il fit quelques pas pour contourner son véhicule et, tout en observant la mêlée de cinq ou six cadres dynamiques réunis sur les marches du perron, à une dizaine de mètres de lui, qui, tout en lançant périodiquement des coups d'œil dans sa direction, semblaient hésiter entre franchir la porte

---

[17] Rival contesté de Narcisse del Lornstrimple. Voir *Le clone de Lornstrimple*, dans *Nouvelles en vrac* (VIII)

du musée ou s'en aller, Carpel se dirigea vers la grande entrée de l'Hôtel des ventes, aujourd'hui comme toute cette semaine réservé aux anciens élèves des Arts-magnifiques de l'Une. Carpel imagina ces gens hésitants, timides à l'idée de venir lui demander un autographe.

Quel prestige, se dit-il, d'être secrètement admiré !

Carpel ne se trompait pas complètement. Il était bien le sujet de leur conversation, mais en réalité, ces personnes le confondaient avec un autre… Ils ne murmuraient pas : « Oh, regardez ! C'est Carpel Arnaud ! », ils murmuraient : « Oh, regardez ! C'est Max Venturi, non ? », ainsi que : « Quelle décapotine ! Ça doit être Max Venturi, c'est sûr…»

Carpel afficha un sourire hautain.

Avant d'entrer dans le bâtiment et de se soustraire définitivement à la lumière du jour – la seule qui fût digne d'un artiste de son rang, son instinct de peintre le poussa tout naturellement à la contemplation de son environnement. Ne serait-ce qu'un moment. La nature est tellement belle lorsqu'elle est fortuite comme un bouquet de gratte-ciels. Les buildings, lourdement dressés vers le ciel bleu ciel, brillaient de mille reflets. Et les chatoiements sur les carrosseries des décapotines qui se croisaient en altitude formaient des étoiles filantes supermachinales zigzaguant comme des frelons parmi les fleurs. Carpel rechercha dans ce merveilleux panorama, une couleur, l'ombre d'une lumière inusitée qui lui inspirerait une nouvelle œuvre…

La Diamétrale était radieuse par cet après-midi d'été.

Banaharan, la planète de la schizophrénie galactique, tournait sur son soleil en un an et autour d'elle-même en dix-neuf heures. Elle ne portait sur sa surface éclairée (par le savoir) que deux villes. L'Une et l'Autre, les Diamétrales. Opposées. Il y faisait bon vivre, autant dans l'Une que dans l'Autre.

On trouvait également sur Banaharan des mines par milliers, et des rails parcourant un désert interminable et stérile (où il faisait bon mourir) peuplé de créatures sordides, velues et non éloquentes... Hors les murs d'une grande ville, le monde n'était qu'ignorance et obscurantisme. Le soleil n'y brillait jamais – ou s'il le faisait, c'était un effort inutile de sa part.

Peu en verve, Carpel renonça avec morosité à toute inspiration artistique. Rien de ce qu'il voyait ne lui inspira quoi que ce fût. Il s'arrêta face à une vitre qui lui reflétait son visage harmonieux.

Son beau visage s'illumina d'un sourire.

Comme tous ceux de son rang, il était particulièrement coquet. Attentif à sa présentation. Il portait aujourd'hui une carmagnole prune dont le col cranté blanc et beige était fermé par un lacet en laine, un pantalon en lin à cuissardes doubles et de confortables bottines aux pointes boisées. Une épingle à cravate en argent serrait le long ruban de satin gris qui lui entourait le col. Une touche de rouge sur les lèvres, une pointe de noir sous les yeux, dont les longs cils recourbés lui demandaient, chaque jour, près de dix minutes d'entretien. Une chaîne en or plongeait dans la poche droite de sa carmagnole, où se cachait une montre à gousset provenant d'un héritage familial.

Carpel Arnaud, super-noble déchu pour fornication non réglementaire, et de surcroît multirécidiviste, était un jeune bourgeois sûr de lui et de son immense talent artistique. Intelligent, beau, élégant. *L'homme à tout plaire*, comme il se définissait généralement avec simplicité dans les soirées VIP qu'il fréquentait.

Quand on lui demandait dans ces mêmes soirées avec un soupçon de condescendance s'il vivait de son art, Carpel répondait : Mais oui ! Et j'achète moi-même mes pinceaux ! Puis il partait en riant à gorge déployée. S'il n'avait pas encore percé, ce n'était qu'une question de volonté à laquelle il se promettait de trouver rapidement une réponse énergique…

Il entra dans l'Hôtel des Ventes, l'esprit perturbé malgré le grand soleil… (Son seul impératif était de rentrer dans ses frais ; après avoir dépensé beaucoup d'argent pour assurer cette enchère, il s'était mis le couteau sous la gorge. Les temps étaient particulièrement difficiles pour les super-nobles déchus, Carpel devrait bientôt vivre à crédit s'il ne réalisait pas une bonne vente aujourd'hui.)

Il traversa un petit couloir plongé dans une ambiance feutrée – moquette molletonnée sur le sol et sur les murs, puis il poussa la porte de la salle des enchères. (Il connaissait bien les lieux et y évoluait comme chez lui.) Sur l'estrade, un artiste (c'était plus un mendiant qu'un véritable artiste) décrivait timidement une de ses œuvres, dont les enchères avaient atteint…, au moment où Carpel se glissait discrètement au-delà du dernier rang, un quidam du public leva la main – il surenchérissait à hauteur de 380 cruz.

380 cruz… C'est très peu, jugea Carpel en songeant aux prix que lui-même exigeait de son travail ; mais en regardant mieux l'œuvre proposée, même de loin, depuis le fond de la salle, il songea que ce type, dont la main s'agitait au-dessus de sa tête, faisait montre d'une grande générosité, ou bien que son aisselle le grattait. 380 cruz pour cette horreur dénuée de toute originalité ?!...

Bien que ce fût leur principale vocation de le faire, les Arts-magnifiques ne laissaient échapper que très peu de bons artistes. Ils n'avaient laissé échapper qu'un seul génie ! Moi-même ! se dit fièrement Carpel en atteignant la porte de service, donnant accès aux bureaux administratifs. Il lança un dernier coup d'œil à l'artiste sur l'estrade. Guère plus doué qu'un âne bâté ! conclut Carpel en poursuivant son chemin vers la loge du directeur, Charles-Hercules de Banaharan.

Il s'arma de courage parce qu'il allait lui falloir jouer serré avec Charles-Hercule, et il poussa une première porte, celle de l'antichambre des quartiers administratifs. À sa grande surprise, il se retrouva spectateur d'une rixe enragée, opposant deux types quelconques, vêtus assez simplement, à l'allure laborieuse, qui se disputaient un lot de toiles sous emballage plastique.

Leurs styles – aussi bien artistiques que vestimentaires, étaient en effet très proches l'un de l'autre.

– Bonjour messieurs, murmura Carpel en contournant prudemment les deux artistes en colère.

– Mais enfin je vous dis que c'est ma toile !!! disait l'un d'eux sans prêter attention à son arrivée. Je me souviens parfaitement l'avoir peinte ! L'été dernier, dans mon petit atelier qui donne exactement sur ce paysage. (Il désignait la toile qu'ils tenaient chacun par un côté du cadre.)

Carpel zieuta dans la pièce à droite et à gauche, il vit ses propres toiles, celles qu'il avait confiées au musée, entreposées avec les œuvres d'autres artistes – tableaux et sculptures, dans l'attente d'être mises aux enchères dans quelques instants maintenant en ce qui le concernait.

– C'est impossible ! objecta l'autre, puisque c'est la mienne ! C'est ma signature ici, pas la vôtre !

– Ne dites pas n'importe quoi, bordel !

– … !?

Ils ressemblaient à deux ivrognes se disputant un verre à moitié vide sur le comptoir d'un bouiboui, à quelques minutes de la fermeture.

La secrétaire de Charles-Hercules de Banaharan – une femme charmante habituée à ce genre de querelle, dut relever les numéros de code de chaque tableau et consulter ses fichiers pour les départager. La bagarre ne s'arrêta pas pour autant, les artistes se servirent de leurs œuvres pour se molester, violemment, au risque de tout détruire autour d'eux...

Carpel était abasourdi. Ses propres toiles, des œuvres de génie valant tous les trésors de l'univers, entreposées dans la pièce-même où ces deux fous s'entretuaient.

Bien que furieux, ce fut néanmoins respectueusement qu'il toqua à la porte du directeur.

Une décoration appropriée plongeait le bureau du directeur du musée, Charles-Hercules de Banaharan (son vrai nom demeurait mystérieux, probablement Georges Perrac, ou Emmanuel Lombertini…), dans une ambiance fastueuse. Tableaux de maîtres, sculptures rares, tapis touffus et bibelots précieux. Une musique électronique légère en fond sonore.

Les épaisses rouflaquettes qu'il portait sur les joues rejoignaient la monture de ses lunettes octogonales, légèrement fumées, qui glissaient jusqu'au bout de son nez, là où de larges narines les arrêtaient. Son nez en cloche, épais et tordu, lui valait bien des sobriquets péjoratifs. Il portait aujourd'hui un caraco à carreaux, dont les longues manches moulantes dissimulaient ses bras poilus, et une perruque à double bigoudis sur le crâne. Une parure de boucles d'oreille perçait chacun de ses côtés.

– Carpel Arnaud ! s'exclama-t-il de sa grosse voix, qui tenait de la sirène de paquebot. Tu arrives à point ! (Il lui tendit d'abord sa main, que Carpel prit et secoua, puis un feuillet gribouillé en colonnes.) Voilà la mise à prix de tes tableaux. Je viens de la terminer. Vérifie, je te prie.

Carpel saisit le feuillet, tira une chaise et s'assit, les jambes croisées. Il se releva immédiatement, s'approcha du bureau, choisit un crayon dans un gobelet et retourna s'asseoir de la même manière.

Il haussa les sourcils, soupira, barra. C'est une plaisanterie ? Une pièce à 130 cruz ? Charles-Hercules lui jouait un mauvais tour ? Carpel éleva les enchères de départ pour chacun de ses tableaux, puis il rendit le feuillet au directeur.

Charles-Hercules vérifia.

– C'est exigeant, remarqua-t-il.

– Plus encore que tu ne le crois. Mes œuvres valent le prix que j'en demande, s'enorgueillit Carpel.

– C'est toi qui décides, fit Charles-Hercules avec désintérêt.

Il écarta le feuillet corrigé dans un coin de son bureau et lui tendit la facture de ses prestations pour la vente du jour, à laquelle il ne pourrait y avoir aucune correction possible.

Carpel l'examina avec morosité.

Il la mit dans sa poche et tourna les talons, puis comme il restait bien quarante-cinq minutes avant son entrée en scène, et suivant la stratégie qu'il avait pris l'habitude de suivre, il se posa un doigt de poils sous le nez, une moustache d'apparat, et un chapeau sur la tête, il déplia une canne télescopique qu'il gardait dans la poche et s'y appuya comme un vieil homme, puis il se rendit dans la salle, trouva une place et assista à la prestation de son concurrent.

– Ai-je entendu quelqu'un dire 220 cruz ? demanda l'artiste sur l'estrade. 220 cruz ? répéta-t-il timidement dans le micro. Pour cette superbe représentation de la ville depuis le 278ème étage du Centre Lornstrimple.

Certainement pas moi ! songea Carpel. Espèce de rigolo !

Le public n'eut aucune réaction.

– 210 cruz une fois, 210 cruz deux fois... 210 cruz... trois fois ! Adjugé au monsieur du premier rang pour 210 cruz...

– Courage fiston, lui souhaita ce dernier en s'approchant de la scène pour recevoir son lot.

Tout ça c'est de l'art microbien, estima Carpel. 210 cruz ? Autant dire à peine de quoi s'acheter un cure-dent. Ah !... L'art microbien ! Pour ce qui est de la peinture microbienne : celle des autres. Dégoûtante. Tous ces microbes qui badigeonnent furieusement sans talent ni inspiration. Ceux qui infectent le travail des vrais artistes…

Nanti d'une certaine notoriété dans le milieu aristo-artistique, Carpel pouvait prétendre vendre ses toiles 1000 cruz minimum. Et de ne surtout pas les présenter lui-même ! Comme un vulgaire vendeur de poisson ! Cette fois-ci, Carpel s'était offert le forfait complet avec gestion logistique des toiles, disposition sur scène et commentaires, plus conduite des enchères par un professionnel agréé et payé au pourcentage. Le grand jeu, quoi.

Trente minutes de plus suffirent à dégoûter le peintre microbien qui replia ses gaules passé ce délai et remballa en vitesse ses toiles invendues, il fallait faire de la place sur l'estrade pour les prochains exposants. En tout cas, son problème de loyer n'était pas résolu. À moins qu'il ne vive dans une poubelle.

– Tu repasseras, cher confrère ! murmura Carpel en étendant les jambes loin devant lui. Bon ! À mon tour…

Carpel observa sa montre. Ok, il passerait à l'heure prévue. Dommage. Aucune ristourne pour retard n'était envisageable… Il comptait observer attentivement la prestation du commissaire-priseur dont il avait loué les services, afin de réclamer une remise à Charles-Hercules, s'il ne faisait pas correctement son travail.

Le commissaire arriva sur l'estrade en compagnie de deux employés sous classés qui manipulaient le chariot dans lequel, sous un drap protecteur, étaient disposées dix œuvres de Carpel. Il s'avança jusqu'au pupitre et se baissa vers le micro.

– Mesdames et messieurs, déclara-t-il, la vente aux enchères numéro 21 B va débuter dans quelques secondes. Je vous prie de patienter.

– Allons bon, grogna Carpel. Pourquoi ne commence-t-il pas tout de suite ? (Il regarda sa montre et gigota sur son siège, gênant son voisin par la même occasion.) Pardon monsieur, s'excusa-t-il. Seulement je suis impatient. Les œuvres de cet artiste sont réputées. J'ai fait un long trajet…

– Je suis là pour Max Venturi, coupa l'autre en regardant sa montre, arrogant comme cela n'était pas permis de l'être…

Carpel haussa les épaules et retourna sa colère contre le commissaire-priseur qui tergiversait sur l'estrade, comme un mannequin sur un podium… Celui-ci se retourna enfin vers le micro et dit après avoir largement sourit :

– Tout le monde ici connaît Carpel Arnaud. Un peintre du paysage et de la nature urbaine. De l'Homme moderne dans son élément naturel. Un visionnaire, idéaliste certes, mais doué d'une passion communicatrice. (La salle murmurante écoutait l'orateur.) Mais si ! Vous le connaissez, le super-noble de la tristement célèbre famille Arnaud-Richard-Martin. Déchuuu… (Ohhh ! fit l'assistance.) Pour fornication abusive. (Ha, ha, ha !) Hélas, il n'est pas parmi nous aujourd'hui. Il aurait certainement mieux su que moi vous présenter son travail. Mais allons-y pour cette première pièce.

– Non mais il est cinglé ?! fulmina silencieusement Carpel, rouge comme un fruit mûr – il fut le seul à ne pas rire.

– Mesdames et messieurs, répéta le commissaire, la première pièce de cette vente est cette superbe toile intitulée *Souvenirs*. (Avec l'aide des employés sous-classés du musée, il sortit une toile du chariot et la déposa sur le chevalet de présentation…) Cette première œuvre dont la mise à prix de départ est fixée à 850 cruz représente le plus vieux building de la ville, entouré comme vous le voyez d'un halo temporel imaginaire, où dansent de vieilles charrettes datant d'une époque où l'intelligence artificielle des véhicules ne planait guère qu'au-dessus des plus hautes pâquerettes… Ce superbe paysage urbain, teinté de fantastique a été réalisé à la peinture magnétamatique. C'est une œuvre datant de la fin de l'année dernière... Nous disons donc 850 cruz ! (Carpel leva sa canne.) 850 cruz ici pour le monsieur à la canne et au chapeau. Allons ! Qui dit mieux pour cette superbe toile, dont le support à lui seul doit valoir 200 cruz ? Allons, allons !

– Hmmm…, grogna Carpel. Cesse de faire le singe et conduit les enchères sérieusement…

– 900 cruz ! (Quelqu'un avait levé la main pour 900 cruz. Carpel leva immédiatement sa canne et surenchérit.) 950 cruz…

– 1000 ! fit le type.

– 1100 ! enchaîna Carpel.
– 1150 !
– 1200.
– ...

En surenchérissant habilement par-dessus ce type qui semblait tout particulièrement apprécier son tableau (peut-être habitait-il l'immeuble en question), Carpel parvint à le lui vendre 1600 cruz. À ce stade, il n'osa plus surenchérir, sentant que le client perdait patience et s'apprêtait à renoncer… Carpel avait mené l'enchère contre un unique adversaire, qui sans lui, aurait eu le tableau pour 800 cruz.

Sa technique échoua ensuite trois fois de rang. Trois tableaux pour lesquels Carpel fut le meilleur enchérisseur. Il avait vu trop gros, il avait été trop gourmand. Il devrait acheter ses propres toiles et régler le pourcentage du commissaire-priseur. Aussi pour la suite, il s'appliqua à rester prudent, à ne pas pousser ses adversaires trop loin dans leurs retranchements monétaires…

En restant discret dans l'assistance, il *vendit* deux tableaux à 700 cruz, et un dernier à 1100 cruz.

Pas terrible… Mais tout de même 3400 cruz dans la poche.

Cela rembourserait à peine les frais de location de la salle, du commissaire, de la décapotine et de tout le reste. Un plein tiroir de reçus.

Tout comme les artistes microbiens, les génies s'en sortaient souvent difficilement… Sauf Max Venturi, naturellement. Carpel se leva et quitta la salle en même temps qu'une dizaine de personnes, mais la vente continuait avec un nouvel artiste. Lui aussi venait présenter ses œuvres en personne. Il prenait timidement position sur l'estrade.

Carpel ôta sa moustache d'apparat et son chapeau, puis il rejoignit les loges où il retrouva le commissaire-priseur.

– Alors mon brave, s'enthousiasma celui-ci en venant vers Carpel, je ne vous savais pas ici présent. Tout cela n'est pas si mal, n'est-ce pas ?

Quoi ? songea Carpel. Pas trop mal ? Quatre malheureux tableaux pour pas un rond ? Et tout le reste au placard ? Il avait envie de lui coller quelques gifles, cependant il prit la main qu'il lui tendit et la secoua gentiment.

– Vous avez fait une belle vente, insista le commissaire. Félicitations. Un vieux monsieur vous en a acheté plusieurs, et à bon prix.

– Quoi ? Oh ! Carpel songea que le commissaire avait bien vendu dix tableaux, dont six au même type, très généreux, apparemment amateur d'art.

– Comment était-il ? demanda Carpel.

– Chapeau, moustache et canne.

– Oh ! Bon.

– Merci, dit le commissaire-priseur. Je suis payé, je m'en vais.

Le commissaire sortait à peine du bureau de Charles-Hercules. Plus moyen de réclamer une ristourne pour incompétence… Carpel le regarda s'éloigner, puis il rentra dans le bureau de Charles-Hercules, où il toucha son chèque, retranché de tout ce qu'il devait. Il récupéra 873 cruz. (Le fruit de la vente, moins ses dettes de location.)

– Seulement 873 cruz ? fit Carpel, préoccupé.

– Désolé, on a eu un filou. Le type qui t'a acheté six toiles. Il s'est évaporé. Tu sais que ça arrive.

– Oh, oui… Je sais.

– Je vais te dire une bonne chose, murmura Charles-Hercules sans relever le nez du formulaire qu'il remplissait. Tu devrais te diversifier.

– Comment ça ?

– Beaucoup d'artistes sont allés peindre la Nature sauvage…

– Oui, acquiesça Carpel, et ils n'en sont jamais revenus !

– Peut-être parce qu'ils ont trouvé là-bas un paradis qu'il n'ont pas désiré quitter !

– Mon œil ! Ils ont contracté la fièvre sauvage… Ou rencontré des créatures féroces. Non. La ville est assez grande pour s'y perdre jusqu'à la fin de sa vie. Et ses merveilles sont infinies...

– Pffff…, soupira Charles-Hercules. La fièvre sauvage… Et puis quoi encore ? De toute façon, ici c'est fichu pour toi. Tu es un super-noble déchu. Excuse-moi. Alors, si la Nature sauvage te fait peur, tu devrais essayer à l'Autre. C'est un conseil d'ami. Ils ont un point de vue diam… non, je dirais radicalement opp… non, je dirais différent. Ton style plairait là-bas.

– Tu crois ça ? L'Autre… Pourquoi pas ?…

– Moui, confirma Charles-Hercules

– Pourquoi ?

Charles-Hercules le lui expliqua et arrangea tout.

– Laisse-moi tes invendus, je les fais envoyer là-bas. J'ai mes contacts. Le cousin d'un beau-frère. Tu les rejoindras.

– Bon… Je vais y réfléchir.

Charles-Hercules déchira une feuille de son carnet et la tendit à Carpel.

– Voici un devis des frais à venir, dit-il. Si tu envisages un séjour à l'Autre.

*

* *

Après de longues nuits d'insomnies, d'interminables journées de stress et de doute, au matin du départ c'était l'excitation qui dominait.

Peut-être, se dit Carpel en rangeant son matériel de peinture dans sa valise (plusieurs toiles pliables, un coffret de pinceaux et de couleurs escamotables, etc), peut-être peindrais-je un petit quelque chose dans le train. Un siège, un cendrier, un couloir. On verra. Alors, je prends tout avec moi.

Il termina son delphinarhum et referma sa valise après y avoir lancé un paquet de cigarettes au plomb. Il appela un taxi et monta sur le toit de son immeuble où il attendit en fumant. Pour se rendre à la gare, le taxi lui coûtait moins cher que la location d'une décapotine, ou même d'un vélo.

Le taxi se posa sur le toit du bâtiment quelques minutes plus tard. Carpel s'y engouffra et referma la portière derrière lui. Le taxi mit les gaz et s'envola. Derrière la vitre du bolide qui empruntait une voie intermédiaire, Carpel scruta la ville.

Ses sentiments, inspirés par le départ vers l'inconnu, étaient empreints de tristesse et de regret. Il ne se rendait compte qu'à la veille de sa fuite qu'il restait tant de choses à voir ici avant de songer à explorer d'autres lieux… Tant à faire ici avant de partir…

Charles-Hercules a-t-il raison de m'envoyer à l'Autre ? Que vais-je trouver là-bas ?

Carpel s'engageait comme les courageux pionniers des grands espaces, dans un voyage initiatique à la recherche d'une muse, d'un style et d'un mécène… La vie est toujours remplie de promesses pour l'optimiste. Pour le pessimiste aussi, mais elles sont moins agréables à voir venir.

« Va ! avait dit Charles-Hercules. Va faire ne serait-ce qu'une vente là-bas. Et tu verras si ton style trouve un public… »

Un florilège de ses œuvres était donc parti la semaine précédente par convoi postal. Carpel accordait une totale confiance à Charles-Hercules qui avait tout organisé. Et tout ce qui voyageait de l'Une à l'Autre le faisait par le train. Les lettres et les hommes.

Le taxi se posa sur le parking de la gare.

Carpel prit son sac et emprunta l'ascenseur pour rejoindre le hall. La gare était immense. D'un tapis roulant à l'autre, Carpel se rapprocha de son point d'embarquement, qu'il trouva sans mal. Il avait déjà peint cet endroit remarquable. Il y avait traîné plusieurs semaines par le passé, aussi n'était-il pas perdu, bien que de nombreuses choses différaient par rapport aux souvenirs qu'il en gardait. Dont la preuve étaient ses toiles, qu'il n'avait pas toutes vendues. Loin s'en fallait !

Carpel retrouva vite son quai d'embarquement, où de nombreux voyageurs patientaient déjà. Discutant, fumant, buvant, riant… pleurant. Le train ferry, lui, sommeillait encore.

Carpel marcha aussi joyeusement que possible le long des wagons. Bien qu'un si grand voyage n'avait rien d'une perspective rassurante, les lieux, merveilleux et propices à l'évasion artistique de l'âme du peintre, l'enchantèrent. Notamment ce superbe train ferry XF2 qu'on avait doté, avec l'accord du cartel Carifan de *Sulitzer Innovation*, du troisième modèle de turbine supermachinale. Turbine supermachinale reconnue pour sa fiabilité absolue. On pouvait aisément effectuer trois à quatre allers-retours de l'Une à l'Autre sans qu'il ne se révélât nécessaire de plonger le nez dans les circuits supermachinaux de la propulsion. Ils avaient vraiment fait des progrès en quelques années, niveau fiabilité supermachinale. Depuis que le vieux Sulitzer avait rendu les armes...) Sa coque, flanquée des couleurs emblématiques du XF2, portait les marques d'un voyage, si ce n'est terrible tout du moins difficile à travers d'immenses contrées désertiques qui ne laissent guère les voyageurs passer impunément. La Nature sauvage de l'Intervalle... Les infinies campagnes désertiques...

Carpel imaginait le train fonçant au plus vite vers l'Autre pour s'échapper de l'enfer intermédiaire qu'était l'Intervalle entre l'Une et l'Autre... 800 km/h de moyenne ! Il était évident que la bête mécanique ne s'attardait pas là où il ne fallait pas. De l'Une à l'Autre, elle fonçait tête baissée.

Puisque je suis un peintre, fameux dessinateur, et puisque j'ai face à moi le plus beau des modèles, se dit Carpel, je vais immortaliser l'instant. Il trouva un endroit agréable, où la foule des voyageurs était dispersée, posa sa valise sur laquelle il s'assit et sortit son carnet de croquis. Il commença en premier lieu par reproduire le train ferry – c'était un engin tout à fait impressionnant, lorsqu'on se retrouvait assez proche de lui pour le toucher bras tendu. Quatre à cinq mètres de haut, pour plusieurs centaines de mètres de long... Et un charisme tout high-tech... Carpel traça ensuite des lignes entrecroisées pour synthétiser les structures extérieures de la gare... Des poutrelles d'acier, des enchevêtrements de poutres et de poteaux, des quais durs et droits, faciles à tracer sur le papier, guidant le reste du dessin dans une perspective nette et fuyante..., et quelques silhouettes humanoïdes... hésitantes...

Dix minutes avant l'heure du départ, Carpel avait quasiment terminé son dessin, il ne restait que les ombres ou les couleurs à rajouter.) Il embarqua dans son wagon de première classe, situé tout à l'avant du convoi, trouva vite sa place et y prit ses aises, son carnet sur les cuisses. Malheureusement, une dame vint rapidement s'asseoir près de lui.

– Enfin Georges ! chuchota-t-elle. Il y a un type à côté de moi !

– Ça va ma puce, répondit son mari. Ne t'inquiète pas, je suis juste derrière.

Carpel fit semblant de ne pas avoir entendu. (Cela dit, il faillit bien rire en entendant quelqu'un appeler cette dame *ma puce*… Elle était énorme. Son double-menton à lui seul devait bien peser dix kilos.) Il ramassa un peu ses affaires et observa son ticket – il irait dormir au wagon lit à partir de quinze heures. (Chaque passager était autorisé à emprunter les wagons-lits selon le forfait qu'il avait choisi…)

– Bonjour monsieur, dit la grosse dame en s'installant près de lui.

– Bonjour, marmonna Carpel.

Il se retourna vers le hublot, poursuivant sa contemplation de la gare. Sa main gribouillait distraitement une zone du dessin, une grande zone sombre qu'il grisait légèrement, sans trop y penser. Il sentait le regard de sa voisine sur son carnet. Il l'entendait soupirer. Elle n'aimait pas son style.

Ding… ding… dong !... Ici le commandant Nanarama. Vous avez pris place à bord du train ferry N°655 effectuant la liaison d'Une Diamétrale à l'Autre en trente heures sans escale sauvage. Mesdames et messieurs je vous souhaite un excellent voyage dans l'Intervalle.

Le train s'ébranla.

Le ronronnement des turbines supermachinales s'accentua. Il partit lentement et, imperceptiblement, il accéléra, quittant la gare et passant, au gré des ponts et des tunnels, d'un quartier à l'autre de l'Une, qu'il devait traverser comme un pépin traverse un fruit, avant d'affronter l'immensité désertique intermédiaire.

La tempe appuyée contre la vitre, un nuage de buée sous le nez, Carpel observait la ville défiler lentement, les paupières lourdes. Il s'endormit vite et sommeilla une heure. Sans ronfler, sinon la voisine lui aurait refilé quelques coups de coude dans les côtes. En tout cas elle ne se gênait pas pour bavarder avec son époux, assis derrière elle…

C'est ça la première classe ? se demanda Carpel en s'étirant.

Il bâilla et observa par la vitre. Toujours la ville. Une banlieue quelconque, avec ses buildings et ses arrêts de bus. Le train ne s'arrêtait que dans les principales stations urbaines, puis ensuite, c'était le grand bond dans l'inconnu.

Carpel referma son carnet de croquis et glissa son crayon dans la poche de sa chemise.

– Pardon, dit-il en se levant.

Sa voisine ramassa ses jambes en grimaçant.

Carpel s'extirpa de sa place et arpenta le wagon en observant attentivement autour de lui. Les sièges et leurs accoudoirs, les cendriers, tous les agréments divers (aération, pochette de rangement, tablette rabattante, plafonnier d'appoint, etc.) Tout passait à l'examen attentif de son œil expert et entraîné. Pour l'instant, rien ne convenait. Il observait également les gens, parfois ça lui plaisait de peindre un portrait… Mais personne ici n'avait le physique approprié. Carpel traversa les wagons comme s'il se baladait en ville, par un après-midi d'été, au bord de la chaussée où circulait sans interruption le tramway… (Après une heure trente de voyage, le train lancé à 300 km/h, quittait enfin l'Une. Dehors, les immeubles excessivement bas furent bientôt remplacés par la rase campagne.)

Alors qu'il déambulait dans le couloir central, et qu'il n'avait rien remarqué d'intéressant dans le train, ni personne de remarquable, son regard fut attiré par le paysage rapide qui défilait derrière les hublots. Il se pencha au-dessus des quatre cuisses de deux personnes qui protestèrent vivement, le repoussant de concert, puis il retourna à sa place où il poursuivit son observation intriguée de l'extérieur. C'était la Nature sauvage.

L'Intervalle...

– Pardon madame !

Il sortit son matériel de peinture, en gênant conséquemment sa voisine, qui lui adressa un regard blanc d'indignation. À quoi joue ce type ? se demanda-t-elle. Ne va-t-il pas me gâcher mon voyage ? Entacher ma quiétude ! Elle se retourna vers son époux.

– Georges ! Viens donc voir ce que le type à côté de moi est en train de faire ! Il est cinglé !

– Allons ma puce, ça doit être une sorte d'artiste.

Carpel observa le paysage en rouspétant. Il défilait trop vite. C'était trop rapide. Ce n'était pas si bien, finalement. Passé l'effet de surprise…, le dépaysement, l'attrait exotique de l'Intervalle s'amenuisa. Rien ne valait la ville et son infinie variété. Progressivement lassé par la Nature, il observa autour de lui, les sièges, le couloir, les lampadaires... Bof. Non, non, non !...

Rien ne l'inspirait décidément.

Il observa son reflet dans la vitre.

Un autoportrait ? Oui, pourquoi pas...

Puis, petit à petit, il apprécia de nouveau le paysage extérieur (peut-être plus attrayant que tout à l'heure effectivement – et sa vue s'habituait à la vitesse. Il parvenait à accompagner un instant le mouvement du décor en laissant fuir son regard à la même vitesse…). Puis, ses doigts caressèrent le manche de son pinceau. Et d'un seul coup, ce fut l'illumination... Tout ce qu'il voyait l'enchantait à présent. Il n'avait jamais ressenti cela. Carpel jubilait. Quel paysage merveilleux ! Propice à l'électrisation du vert, qu'il appréciait tant pratiquer.

Il sortit une assiette en faïence de son sac à main, la déposa sur la tablette rabattante de son siège puis il déroula sa toile en observant le merveilleux paysage défilant. Qu'est-ce que ça représente ? Ça va trop vite.

– Oh ! J'ai vu un animal ! J'aurais voulu le revoir ! Pour le peindre ! (Carpel cogna son pinceau contre la vitre…) Arrêtez le train ! Arrêtez ce foutu train !!!

– Mais enfin ! Vous n'êtes pas bien ? s'exclama sa voisine, en s'écartant de lui.

– Pardon ! fit Carpel en se retournant.

Il renversa son assiette, bouscula la dame et bondit dans le couloir central, sans perdre des yeux *l'endroit où il avait cru voir un animal.* Mais c'était déjà beaucoup trop tard… Il partit néanmoins à sa poursuite vers l'arrière du train.

Alors qu'il faisait le zouave avec sa toile, ses pinceaux et ses couleurs, comme un alcoolique ivre (les mouvements du train lui imprimaient cette démarche scabreuse) et que les passagers commençaient à se plaindre après son passage, Carpel ressentit toutes les vibrations mystiques émanant de la Nature sauvage, que les vitres du train ne filtraient pas entièrement.

Quel moment intense ! Le paysage de l'Intervalle, si merveilleux, défilait à une vitesse qu'il ne pouvait malheureusement pas suivre. Son regard ne pouvait englober que des instants fugitifs ! Carpel ne parvenait pas à assimiler un panorama stable qu'il pourrait ensuite reproduire. Il entrevoyait cependant de nombreuses merveilles… C'était étourdissant. Carpel n'en revenait pas.

Pourquoi ai-je tant tardé à découvrir tout cela ?!?

Par contre, les passagers ne réagirent pas.

Carpel ne s'étonna pas de leur absence d'intérêt. Tous ces vauriens sans imagination préféraient bouquiner ou causer entre eux, plutôt que de s'intéresser au paysage. Ils ne s'intéressaient même pas aux jolis petits plafonniers..., ni même aux vide-poches parfaitement intégrés au dessin des fauteuils...

La fièvre sauvage…, c'était peut-être cela… L'appel des contrées barbares…

En courant, Carpel trébucha contre le tibia d'un type qui somnolait les jambes étendues en travers du couloir. Il fut franchement déséquilibré, d'autant qu'il se déplaçait, assez vite et lestement, dans le sens inverse de la marche, et il s'effondra sur une passagère qui n'eut pas le temps de se protéger avant que Carpel ne plonge sa tête dans sa poitrine et que ses mélanges de couleurs lui maculent sa robe…

– Ooooh !!! hurla-t-elle d'une voix haut perchée.

Près d'elle, l'époux se mit dos contre la vitre, effrayé comme si Carpel avait renversé sur sa grasse épouse un quelconque acide extrêmement corrosif.

Dans le wagon, tout le monde avait entendu le cri perçant. Les passagers s'étaient levés, le bout de leurs doigts sur les appuis-tête, debout pour observer de quoi il en retournait un peu plus loin. (Les gens bien élevés chuchotent dans le train. Les autres parlent à haute voix et se permettent même de téléphoner. Si celle-là avait décidé de hurler, cela voulait dire que quelque chose arrivait. Un viol ? Un serpent échappé d'un sac ? Tout était possible sur le trajet menant de l'Une à l'Autre.)

– Mais enfin Thierry ! glapit la dame. Tu ne vas rien dire !

– Pardon madame, dit Carpel en se redressant.

Pour cela, il posa les mains sur les cuisses de la bourgeoise.

Carpel s'excusa à nouveau. Il récupéra son assiette et ses pinceaux en lançant un coup d'œil agacé vers la jambe du malotru qui l'avait fait trébucher…

– Fichez le camp d'ici ! hurla la dame, qui se mit à pleurer en constatant le triste état de sa robe… Oooh mon dieu ! Thierry ! Va tout de suite prévenir un contrôleur ! intima-t-elle à son époux, qui obtempéra immédiatement.

Le Thierry en question essuya ses larmes et l'embrassa, puis il partit chercher un contrôleur pour se plaindre vertement. Il se dirigea vers l'avant du train pour ne pas avoir à rattraper le peintre débile qui était parti vers l'arrière.

Carpel poursuivait sa course effrénée vers l'arrière du train, essayant vainement de saisir un détail du paysage et de le capter ; quelques secondes pourraient suffire pour en extraire l'essence, pour en faire une toile. Un truc abstrait probablement. Comment reproduire de telles choses sinon ?

Carpel arriva bientôt en deuxième classe. Sa déraisonnable cavalcade continuait de plus belle. Peut-être ne pourrait-elle s'arrêter qu'au dernier wagon ?

– Hé ! Mais faites attention !
– Pardon.
– Oh ! Tu veux que je t'aide ?

C'était perdu d'avance, mais Carpel refusait de laisser filer ce fantastique panorama. Il courut dans l'allée centrale et bouscula de nombreux voyageurs.

– Pardon monsieur, s'excusa-t-il.
– Hééé !
– Attention, vous !
– Espèce de connard ! Reviens un peu par ici !
– Désolé, je ne fais que passer...

– Enfoiré !
– …

Ici en deuxième classe, les gens se faisaient face genoux contre genoux, ils étaient accoudés les uns aux autres, et ils parlaient à tort et à travers. Maniant l'insulte comme un super noble manie le vers. Carpel s'en foutait, on avait la même vue de la Nature sauvage ici ou ailleurs. Mais rien n'était palpable ici non plus ! Ça défilait aussi vite devant que derrière... Près de 800 km/h ! Autant dire un brouillard teinté d'ombres et de couleurs bavant les unes sur les autres… Ses yeux n'en pouvaient plus de lutter avec la fuite de ce modèle merveilleux…

Le train circulait sur des rails magnétiques d'une largeur de plusieurs kilomètres. Il ralentissait périodiquement à 400 km/h pour négocier un virage par exemple, ou pour diverses autre raisons – les éléments individuels formant la Nature sauvage de l'Intervalle semblaient alors jaillir du dégueulis de couleurs et de formes… Des étendues colorées, entrecoupées de talus et de routes étroites…, des montagnes ? Des arbres par millions…, et des grottes peuplées d'autochtones non éloquents.

Un peu comme dans ce wagon de seconde classe.

Carpel se faufila dans le couloir central, en bousculant ceux qui n'y circulaient pas assez vite, ceux qui dépassaient de leurs sièges et ceux qui tentaient de l'arrêter. Avec ses fesses bossuées, il effleura la tête d'un passager somnolent qui n'apprécia pas du tout le spectacle que lui offrit son réveil. Il repoussa violemment le postérieur de Carpel et regarda son propriétaire droit dans les yeux, lorsque celui-ci se retourna pour voir ce qui se passait dans son dos.

– Hé là attention vous ! fit Carpel.
– Dégage de là , pouilleux !

Le passager – veste perfecto badgée, bras tatoué, jeans troués, lunette de soleil sur le front et diamant dans la narine, s'assura que Carpel s'éloignait et se renfonça dans son fauteuil en grognant tout un chapelet d'insultes.

– Tocard !

– Hé ! Regarde ce qu'il fait..., murmura l'un de ses deux voisins qui arboraient le même look débraillé.

Ils observèrent le peintre arpentant le couloir, s'arrêtant face à la vitre, griffonnant sur un carnet, puis poursuivant sa course sous les protestations des passagers…

– J'ai bien envie de me dégourdir les doigts ! s'exclama l'autre.

– Déplie ta guitare, approuva le premier en déroulant son synthé. (Il actionna l'armature de maintien et l'instrument resta droit sur ses cuisses.) On va se faire un petit bœuf.

– Ok.

– Tout hurli, tout hurla !

– Cela va de soi.

– On va réveiller un peu les bourgeois.

– Ha ! Ha ! Ha !

– Hurliiii ? entonna le joueur de synthé.

– Hurlaaa !!! répondirent ses deux camarades à l'unisson.

Le trio voyageait léger… Leurs instruments supermachinaux, qu'ils avaient dépliés de leurs poches comme des paires de lunettes, étaient munis d'amplis intégrés d'une puissance assez élevée pour jouer confortablement du hurli hurla n'importe où.

Ils commencèrent doucement, puis ils s'enflammèrent comme des princes hurli hurla. Comme le hurli hurla se doit d'être joué ! Debout sur les sièges libres, effrayant femmes et enfants… Tout hurliiii, tout hurlaaaa ! Sans s'arrêter de brailler, ils chipaient les affaires des gens et les jetaient en l'air, en hurlant des airs barbarock déments. Ils avaient une totale maîtrise du jeu de scène hurli hurla.

Hurliii ! hurlaaa ! La ! La !

Carpel n'en revint pas en apercevant leur manège (l'art microbien pullule en classe 2 !), il leur tourna le dos et poursuivit sa quête du paysage ultime, ou de l'animal inconnu qui gambaderait derrière les hublots… Mais les musicos décervelés le suivirent dans sa déambulation, semant le désordre et le chaos derrière eux. Et cela le troublait dans sa poursuite de la sérénité.

Trop c'est trop !

Les passagers, outrés de la tournure que prenait le voyage par la faute de quelques excités, se plaignirent auprès des contrôleurs, qui avaient déjà reçus la plainte similaire d'un mari agacé pour une agression à la peinture en première classe… Il se passait toujours quelque chose pendant le voyage de l'Une à l'Autre.

Les gêneurs furent bientôt arrêtés par trois contrôleurs costauds qui les acculèrent dans un sas. Quelques passagers de belle carrure leur prêtèrent main-forte. Et les quatre trublions, même s'ils se débattirent comme des beaux diables, furent définitivement maîtrisés et mis hors d'état de nuire.

Le contrôleur en chef – responsable entre autres choses de la sécurité, prit la décision devant eux, que les *marioles* seraient expulsés du train, après avoir passé un long moment dans une pièce sombre, privés de nourriture et d'eau.

Carpel ravala sa fierté et supplia le contrôleur. Il fit vibrer en lui les plus profonds sentiments d'humanité, de charité, de compassion ; aussi profonds qu'ils puissent être enfouis, Carpel tenta de les excaver.

– J'ai une femme et deux fils en bas âge, mentit Carpel les yeux rongés par la tristesse… Ce sont ces tarés qui ont mis le bordel dans votre train ! s'exclama-t-il en désignant les trois barbarockeurs débiles. Je ne suis qu'un peintre ! Un doux et honnête peintre ! Que pourrais-je faire de mal ? Déranger qui ? Je peins en silence ! Non ! Vous vous trompez. Ce sont eux les *marioles*. Je n'ai rien à voir là-dedans… (Carpel vit que le contrôleur commençait à douter. Il en remit une couche :) Je suis un super-noble de l'Une, de la famille Arnaud. Vous ne sauriez, dans ces conditions, mettre ma parole en doute. Pourquoi mentirais-je ?

– Bon, bon…, fit le contrôleur à demi convaincu. En attendant, vous trois, entrez vite là-dedans.

Deux contrôleurs costauds poussèrent les trois musicos débraillés, privés de leurs instruments, dans la cabine de dégrisement… Une soute à bagage, servant à transporter les barbarockeurs, les ivrognes, les fous, les cochons et les poules… à l'écart des passagers normaux.

– Je n'ai absolument rien fait, répéta Carpel en reculant, petit à petit, pour échapper à cet enfer, pour retourner s'asseoir à sa place, et se faire oublier…

À cet instant et alors qu'il allait y parvenir, un groupe de voyageurs passa dans la coursive – ils se rendaient peut-être au wagon restaurant.

– Eh, regardez ! Que se passe-t-il ici ? murmura l'un d'eux en voyant les contrôleurs pousser les trois musicos dans la chambre noire.

– Oh ! fit une dame. C'est lui, c'est ce fou, ce drogué pervers !

La dame sur laquelle Carpel avait renversé sa peinture faisait partie du groupe de voyageurs. Sa robe était encore maculée de taches colorées…

Elle désignait Carpel du doigt.

Le contrôleur fit un pas vers Carpel et lui saisit le bras.

– Cet individu vous a ennuyé madame ?

– Oh, oui !

– C'est exact, reprit son époux, qui la tenait par la main. Il a agressé mon épouse ! Et de nombreux autres voyageurs ! C'est un danger public…

– Il y a erreur, fit Carpel, outré, lorsqu'il sentit la poigne du contrôleur se raffermir sur son bras. C'est un malentendu !

Carpel fut jeté au cachot avec ses trois comparses de rixe. Pour eux, la suite du voyage se déroulerait dans l'isolement et l'obscurité. Les musicos entamèrent alors un bavardage désespéré.

– Qu'est-ce qui va se passer ? chuchota l'un d'eux.

– Où nous emmène-t-on ? demanda un autre.

– Ça va aller, ce n'est pas la mort, dit le dernier. Eh, le peintre ! Vous êtes par là ? demanda-t-il en lançant sa jambe devant lui à l'aveuglette.

Carpel plissa les yeux (il ne voyait absolument rien) et fit un pas de côté, ayant clairement entendu les mouvements du barbarockeur assis par terre, avec ses frusques râpeuses, se débattant comme le cinglé de microbe qu'il était pour taper dans le vide. Carpel ne répondit pas. Qu'il parle et les trois musicos tourneraient en même temps leurs têtes dans sa direction, comme trois oisillons débiles. Ils se jetteraient sur lui, et le dépouilleraient de son talent. C'est ainsi qu'agissent généralement les microbes. Ceux-là taquinent la clé de sol, et ne lui font d'ailleurs guère honneur… Mais d'où viennent-ils ? Ces types-là traînent dans les banlieues grises… Ils ne risquaient pas de profiter des merveilles de son talent… tout résolument tourné vers la représentation visuelle du monde.

Une bande de défroqués. Tout ça c'était bien de leur faute. Qu'avait-il lui-même à se reprocher ?

Avoir bousculé un type, avoir renversé de la peinture sur une vieille peau ? Et après ? Ce sont ceux-là qu'il faut blâmer. Ces crétins de musiciens… avec le cirque qu'ils ont fait…

– Tu crois qu'on va aller en prison ? fit une voix timide, apeurée.

– Toi oui, hélas ! Avec ta tête et ton casier rempli de têtes comme la tienne...

– Et toi aussi, Sumo. Toi aussi.

La chambre noire s'illumina soudain, après plusieurs minutes (heures ?) de réclusion aveugle. La porte s'ouvrit. Carpel fut immédiatement sur ses gardes. Les trois musiciens lui lancèrent un regard dégoûté, dès qu'ils le virent, debout, collé à la cloison, blanc de terreur…

La porte s'ouvrit en grand.

– Alors les gars ! fit le même contrôleur costaud qui les y avait fourré. Comment ça se passe ? On s'est un peu calmé ?

– Ce sont eux qui ont troublé l'ordre public, répéta Carpel qui sortit dignement de la chambre en clignant les yeux.

Les trois musicos se relevèrent en grognant.

– Pas si vite mes gaillards, tempéra le contrôleur. On ne vous laisse pas là-dedans mais on vous débarque au prochain arrêt.

– Oui, comme tout le monde ! À l'Autre…

– Non, on s'arrête en chemin. Pour vous.

– Quoi ?

– Vous prendrez un autre train, quand vous aurez réglé vos problèmes psychologiques.

– Où sont mes affaires ? demanda Carpel, à présent fou d'inquiétude. Rendez-moi mes affaires. Ma peinture ! Mes pinceaux !...

– Vous les récupérerez bientôt, lui assura le contrôleur. On va vous les apporter.

Le train ralentissait perceptiblement. Le paysage extérieur devenait plus clair…, plus horrible à voir… C'était catastrophique. Entre deux contrôleurs, Carpel le découvrait à présent... C'était effarant. Une totale désolation...

– Vous n'allez tout de même pas nous laissez ici ?

Le seul lieu (habitable et civilisé) qui existait hors de l'Une, sur cette planète, était l'Autre. Ici dans l'Intervalle, c'était la mort assurée. Peut-être même en quelques minutes…

– On arrive dans une petite gare de tri, indiqua le contrôleur.

– Mais c'est absolument impossible ! s'emporta Carpel. (Outré, il désigna les musicos :) Eux, des misérables pouilleux microbiens, oui, pourquoi pas, qu'on les jette sans prendre la peine de ralentir le train ! Mais moi !!! s'indigna-t-il. Un super-noble ! Non, non, non ! Vous ne pouvez pas me laisser ici... On va tous attraper la fièvre sauvage et on va y rester.

– Pfff, la fièvre sauvage…, persifla le contrôleur. Vous prendrez le prochain convoi pour l'Une ou l'Autre. Vous voyagerez certainement avec des porcs et des poulets, dans la fiente et le raffut, comme ça, vous pourrez vous laisser aller vous aussi.

– Oh, non ! geignit Carpel. Vous ne pouvez pas me faire ça... Ohhhh...

*

* *

Le train XF2 grinça longtemps avant de s'immobiliser devant le quai d'embarquement d'une ancienne gare de l'Intervalle.

À travers les hublots du train, ce fut toute la désolation d'un monde perdu qui s'afficha. Horreur ! Une zone infestée de bactéries, de bacilles mortels et de moustiques se chargeant de les véhiculer d'un organisme à un autre, dans le but pernicieux de tout gangréner...

Si je mets un pied dehors, réalisa Carpel en cherchant autour de lui une échappatoire, je suis mort.

Ses yeux glacés reflétaient la terreur qui l'envahissait tandis qu'il réalisait ce qu'on lui réservait.

Lorsque le vacarme supermachinal de la locomotive disparut, on n'entendit plus dehors que le vent qui sifflait et des volets qui claquaient. Ainsi qu'un téléphone qui, quelque part, sonnait avec insistance. Sans espèce de ménagement, Carpel et les musiciens furent débarqués sur le quai de la petite gare de transit où régnait une ambiance d'apocalypse.

Craignant que l'air ne fût toxique, Carpel retint sa respiration.

Lui et les trois musiciens se regroupèrent comme des loups effrayés, tenus en respect par les contrôleurs. Le vent fouettait leurs jambes. Il faisait un froid de canard… Carpel frissonna en observant autour de lui. Ça le tuerait de peindre un endroit pareil… Vraiment horrible. Un environnement détestable. Le quai grinçait sous ses pieds. À moitié en bois, à moitié en briques, des pousses d'herbes folles avaient élu domicile entre les interstices du plancher. Le tout était posé à la va-vite sur des remblais de pierres entassées les unes sur les autres. Le quai donnait accès à un bâtiment grand comme des toilettes publiques, à peine mieux fréquenté, entouré de quelques arbres, d'autant de poteaux métalliques, et de diverses structures branlantes dressées vers le ciel. Antennes, éolienne, lampadaire, etc. Une route quittait la station et se perdait à l'horizon entre les dunes de sable du désert.

On apercevait tout de même quelques baraques éparses, ci et là dans le paysage désolé, comme quoi tout n'était pas complètement mort.

Un vieux bonhomme sortit de la gare et vint à leur rencontre. Bancal, vieux, oublié. Un vieux de la vieille, qui n'avait jamais vu un train pareil s'arrêter ici.

– C'est un XE3 ? demanda-t-il en s'approchant de l'engin, qui ronronnait encore, moteur au ralenti.

Il ôta ses lunettes, en nettoya les verres avec un pan de sa chemise et les remit sur son nez.

– XF2 l'ami, répondit le contrôleur en chef en saluant son collègue de campagne.

– XF2 ! siffla le vieux, vraiment impressionné. Incroyable ! Mais que venez-vous faire ici ! Mon télégraphe fonctionne mal, la fin de votre transmission était brouillée…

Pendant que les cheminots bavardaient chemin de fer comme des bouchers-charcutiers auraient parlé bout de gras, Carpel et les musicos se disputèrent violemment. (Chacun rejetant sur l'autre tous les torts.) Profitant de la confusion qui arrive toujours bien vite après une petite bousculade, Carpel s'écarta des musicos qui se battaient maintenant entre eux, ça leur suffisait, et il remonta discrètement à bord du train ferry. Il eut le temps de faire dix mètres à l'intérieur, en longeant les parois, avant qu'un contrôleur le remarque à travers la vitre depuis le fond du wagon. Carpel le vit venir vers lui, aussi discrètement que possible, mais aussi vite que nécessaire…

Et il avait la carrure d'un Ooolballeur de blocage.

Carpel savait qu'il ne passerait pas. Alors qu'il hésitait entre tenter sa chance contre le mastodonte et ressortir la queue entre les jambes, il entendit le message diffusé aux passagers pour les rassurer sur les causes de cet arrêt imprévu et momentané à mi-chemin de leur voyage :

« Mesdames et messieurs, ici le commandant Nanarama, votre pilote. Nous effectuons actuellement une escale médicale afin d'évacuer un passager victime d'une intoxication alimentaire. Il s'avère qu'il avait apporté son propre sandwich, aussi nous vous invitons à continuer de vous restaurer sans crainte dans nos différents wagons restaurant. Merci. »

– Non ! hurla Carpel en se débattant furieusement lorsque le contrôleur lui saisit le bras. Laissez-moi ! Je vous en prie !

Carpel parvint à échapper aux prises du contrôleur, qui fit un bond en arrière, prêt à intercepter le fuyard, de quelque côté qu'il choisisse de filer.

– Viens un peu par là ! (Le gaillard en avait vu d'autres. Il évitait les coups portés au hasard par le resquilleur qui, blotti dans un coin, agissait comme tous les resquilleurs.) Vous ! appela le contrôleur en interpellant un passager passant par là. Fermez cette porte, qu'il ne s'échappe pas ! (Il se retourna vers Carpel. Son œil brillait d'une flamme chasseresse.) Allez, viens par là !

Carpel fonça tête baissée. Il parvint à décocher un violent coup de poing au menton du contrôleur. En fait, celui-ci était parvenu à esquiver le coup et le punch de Carpel n'avait pas suffi pour le faire reculer.

Après avoir fermé la porte, le passager fit du zèle et proposa son aide au contrôleur qui devait faire face à la fureur de Carpel, frappant devant lui au hasard. Et il y mettait une incroyable volonté, comme si sa vie en dépendait. Le passager donna un violent coup de pied dans les chevilles de Carpel, comme si celles-ci avaient été une balle de Ooolball. Carpel perdit ses appuis au sol, en même temps qu'une douleur aiguë lui traversa la jambe comme une décharge électrique. Déséquilibré, il glissa et mordit la poussière.

– Merci l'ami, dit le contrôleur au passager qui

fit un pas en arrière en boitant. (Il s'était fait mal au pied en frappant Carpel.)

Le contrôleur s'agenouilla sur le thorax de Carpel et lui saisit le col. L'indiscipliné ne ferait plus d'histoire.

– Merci encore ! dit-il.

– C'est tout à fait normal, répondit le passager en quittant la coursive sur une jambe.

Le contrôleur saisit Carpel par le bras, qu'il passa derrière son épaule, et le porta à l'extérieur.

– Ne fais plus d'histoires, l'avertit-il, ou bien ça risque de mal se terminer pour toi.

– Un problème ? demanda le contrôleur en chef. (Il était, en compagnie d'un adjoint, toujours en pleine discussion avec le chef de station et il s'étonna de voir son collègue musculeux descendre du train et déposer Carpel sur le quai.)

– Celui-ci a voulu remonter à bord, expliqua-t-il en se frottant les mains.

Carpel gisait à ses pieds.

Le contrôleur acquiesça. Il s'entretint un moment encore avec le chef de gare, échangeant des instructions quelconques, puis lui et ses collègues prirent congé. Ils remontèrent à bord du train ferry en empêchant les resquilleurs de les y suivre. Claudiquant, Carpel s'agrippa à la main courante de l'écoutille avant que la porte ne se referme derrière eux.

Le train démarra lentement, puis accéléra brutalement.

Carpel, désespérément accroché à la rambarde, se trouva d'abord happé, il tint ferme quelques secondes puis il lâcha et fut propulsé à terre. Il roula dans le sable et se redressa en pleurant, vit le train filer sans qu'il n'y ait rien à faire. Il se retourna et s'assit parmi les herbes folles et maladives. Rongées par la sécheresse et le mauvais sol…

Par la fièvre sauvage...

Il s'étendit sur le dos et pleura face au ciel nuageux puis, tête basse, il revint vers la gare en se dépoussiérant. Tout son corps était recouvert d'égratignures, ses cheveux pleins de sable, ses magnifiques vêtements déchirés… Il récupéra ses affaires avant que les trois musicos n'y mettent le nez et se les approprient, et il les porta piteusement jusqu'à la porte de la gare.

– Ils se sont donnés du mal pour vous déposer ici ! estima le chef de gare en observant le superbe train XF2 qui disparaissait à l'horizon. Vous devez être des gens importants. Que venez-vous faire par chez nous ?

– Pas grand-chose, répondit Carpel d'humeur particulièrement mauvaise.

– Puis-je vous offrir un café ?

– Non merci, déclina Carpel. Je suis allergique.

Les trois amis musiciens acceptèrent l'offre et suivirent le chef de gare dans sa petite masure ferroviaire. Où il leur servit un café revigorant.

Carpel se mit un peu à l'écart pour rassembler ses esprits et faire le point sur sa lamentable situation. Il faut tout d'abord appeler Charles-Hercules pour le mettre au courant de tout ce bordel, se dit-il. Il faut rapatrier mes toiles de l'Autre à l'Une immédiatement !

Carpel observa autour de lui, chercha un endroit où s'asseoir. Il trouva un banc, sous une fenêtre de la gare. Quelle galère ! L'horizon était aussi décourageant où qu'il regarde. Il se tourna vers la cabane. (Comment appeler cela autrement ? un étage à peine – était-ce une mezzanine, un grenier ?, et puis un petit parking à vélo…, un hangar ridicule… Et pourtant c'était tout une gare !...)

Il posa sa main sur son front – pas de fièvre, il contrôla ensuite son pouls. Il redoutait déjà d'avoir contracté cette foutue fièvre sauvage, mais s'il était essoufflé et si la sueur trempait sa chemise, c'était d'avoir courut bêtement après un train dont la vitesse de croisière avoisinait avec les 800 km/h, plutôt que par la faute d'une quelconque bactérie locale.

Carpel entra finalement dans la gare et s'y promena en quête d'un modèle, de quelque chose à peindre. Il ne trouva rien d'intéressant. Tout était vieux et poussiéreux. On se serait cru en l'an 2000. Les musicos et le chef de gare étaient attablés face à leurs tasses fumantes et la radio diffusait, entre les interférences, un discours quelconque. Peut-être le journal, ou un feuilleton radio.

Après avoir consulté son planning punaisé au mur, le chef de gare apprit aux naufragés du rail qu'ils pourraient vraisemblablement tous embarquer en fin de semaine dans un convoi de couettes et d'oreillers en plumes. Le train cargo allait de l'Une à l'Autre en sept jours.

– C'est génial ça ! s'enthousiasma un musicien. On sera à l'aise dans les coussins !

Carpel, qui poursuivait sa quête d'un sujet digne de lui, se laissa envahir par la colère et le désespoir. Il lui faudrait attendre toute une semaine ici ? Avec ces porcs !

– Vous n'avez même pas une poire ou une tomate dans vos placards ?!? s'indigna-t-il. Il n'y a rien à peindre ! Juste des boîtes de conserve... Je m'en vais sur le champ !

Carpel devait quitter cet endroit maudit – qui ne lui inspirerait jamais rien, il lui ferait peut-être même aspirer une bactérie, ou un terrible virus mortel – il décida de rentrer à pied, en suivant les rails. Rentrer par ses propres moyens.

Il partit sans attendre une seconde mais l'épuisement le gagna vite : s'il insistait pour faire le voyage à pied, il y passerait le reste de sa vie, et mourrait dans l'Intervalle. Il s'arrêta après une heure de marche, à environ cinq kilomètres de la gare, en rase campagne (il voyait toujours, derrière lui, le petit bâtiment de la station ferroviaire incliné par la fatigue) et il observa la montagne. Depuis une heure qu'il marchait à bonne allure, elle était toujours là… Elle ne bougeait pas. Elle était aussi immobile qu'un building. Posée sur le monde.

– Quelle couleur est-ce ça ? murmura-t-il en scrutant son versant ombré.

Il s'assit par terre et ouvrit son sac. Il en sortit son matériel et peignit… la montagne… les couleurs, la vallée, les arbres, le roc, une petite cabane, à mi-hauteur d'une falaise escarpée… Il peignit les rails magnétiques qui faisaient se dresser les cheveux sur la tête lorsqu'on les traversait et qui serpentaient au premier plan de son tableau… La Nature sauvage ! Qu'il peignit durant de longes heures exaltées.

Il ne bougea pas de toute la journée.

Lorsque le soleil se coucha, la lumière ne fut plus correcte, aussi Carpel se releva et rangea son matériel. Il observa autour de lui et réunit quelques cailloux sur le sol afin de marquer sa position. Le point de vue de l'observateur. Il avait l'intention de revenir…, dès le lendemain, après une bonne nuit de sommeil.

S'il décidait de rester ici quelques temps et de renter plus tard à bord d'un train de passage, il lui faudrait trouver une solution pour se fournir en toiles et en peinture. Car, toute réflexion faite, ces lieux ne manquaient pas de merveilles qui rendaient brusquement ses anciennes œuvres aussi fades, tristes et polluées que la ville.

Oui, se dit-il, je vais rester ici un moment… Le tout est de s'habituer. De ne pas « regarder vers le bas ».

Il rentra vers la gare.

Carpel y rejoignit les musicos, qui jouaient, tout hurli tout hurla, un morceau de leur répertoire, en sirotant du delphinarhum. Le vieux chef de station, sur sa chaise à bascule, les écoutait, un antique tube fumoir bloqué entre les lèvres. Il ne le faisait plus vibrer comme au temps de sa jeunesse mais il en profitait toujours à sa manière… Il le tendit à Carpel, qui le prit et s'assit sur le banc, près de son rocking-chair.

Vrrrrrrr[18]…

FIN

[18] Bourdonnement caractéristique du fumoir – voir *Les éléphants gris d'Europe et d'Amérique.*

Le goûter entre amis

1

Pat bondit du bus à peine la porte entrouverte puis il dévala la rue Lornstrimple avec, sous le bras, un panier de biscuits recouvert d'un torchon blanc. Allez, plus vite ! Son costume du mercredi allait puer la sueur – d'autant qu'il l'avait porté la veille, mais il était encore en retard pour le goûter. Aussi il se pressa et lorsqu'il arriva enfin devant le 144 de la rue, il se retrouva complètement essoufflé.

Pat s'assit sur le muret d'enceinte de la belle bâtisse de trois étages qui accueillait le goûter et s'accorda une pause. Cylindrique, la résidence était divisée en anneaux d'appartements. Il ne restait pas une place libre sur le parking. Tout le monde était déjà arrivé ! (Et il y avait peut-être d'autres goûters organisés dans l'immeuble.) Pat aurait préféré être en avance, bien sûr. Arriver parmi les premiers, c'est idéal. Pour n'avoir ainsi qu'une ou deux personnes à saluer, puis recevoir en leur compagnie, à son aise, le reste des invités. Arriver en avance signifiait rester plus longtemps, par définition, mais c'était pire encore d'arriver en retard et d'avoir tous les regards braqués sur soi.

Pat vérifia l'heure et l'adresse indiquées sur sa convocation. Il avait dix bonnes minutes de retard mais au moins était-ce bien ici. L'adresse était correcte. Il ne s'était pas trompé cette semaine !

Lorsqu'il eut reprit son souffle, il pressa le carillophone au nom de son hôte indiqué sur sa convocation, Denis Masson, et attendit nerveusement une réponse en regardant son panier de biscuits. Comme d'habitude, cookies et petits cakes aux fruits confits.

Pourvu qu'ils plaisent, espéra-t-il.

Inquiétude modérée. Ses cookies avaient rarement déçu au cours d'un goûter.

– *Grrr… Oui ?… Grrr*, grésilla la voix du carillophone.

– C'est Patrick ! dit-il. Je suis invité. Désolé pour le retard.

La porte se déverrouilla.

– *Grrr… Entrez. Grrr… Premier étage, sur votre gauche. Grrr… Vous êtes le dernier,* précisa la voix cybernétique.

Pat soupira et poussa la porte. Il grimpa lentement jusqu'au premier étage. On l'attendait à mi-chemin. Son hôte du jour se trouvait sur le palier – grand, bien habillé, belles chaussures, il portait le collier à la pastille blanche autour du cou. Celui du maître de cérémonie.

– Vraiment désolé pour le retard, s'excusa Pat, essoufflé en arrivant à sa hauteur.

– Je vous en prie l'ami, dit l'autre. Ce n'est rien. Ça arrive à tout le monde. On a commencé sans vous, bien sûr. Je suis Denis.

– Patrick. Appelez-moi Pat.

Ils échangèrent une poignée de main et Denis guida Pat vers son appartement, dont la porte était restée ouverte.

Denis la referma d'un coup de talon et fouilla dans le tiroir d'une commode. Il en sortit le collier au médaillon vert.

– Tenez cela pour vous, dit-il. Voilà mettez-le… (Il lui tendit le collier) et moi je vais vous débarrasser de ceci. (Il prit le panier et souleva le torchon.) Des cookies ! Excellente idée ! Le vert vous convient pour le collier ? Tous les amis sont là, dans le salon. Vous trouverez une place. Allez-y, je vous rejoins. Je vais mettre vos biscuits dans une soupière.

– J'espère qu'ils ne sont pas trop cuits, dit Pat en enfilant le collier vert.

– Ils ont l'air parfaits, le rassura Denis en passant dans la cuisine.

Pat se retourna vers la porte entrouverte du salon, il respira un grand coup et la poussa.

– Bonjour tout le monde, déclara-t-il en entrant dans la pièce. Veuillez excuser mon retard.

La table basse formait le centre de la scène. Quatre personnes étaient assises autour, sur le canapé ou sur des fauteuils d'apparence confortable. Tous les regards se tournèrent vers lui et trois personnes se levèrent pour l'accueillir. Pat s'approcha timidement et salua d'abord la plus proche d'entre-elles.

C'était un grand brun à la coiffure disciplinée. Raie sur le côté. Petits verres teintés sur le nez. Son costucravate ne lui allait pas. Trop ample. Une longue cigarette éteinte était coincée entre ses lèvres et il portait le collier rouge autour du cou. Il n'avait l'air de rien.

Poignée de main.

– Patrick. Pat, pour les amis.

– Bonjour Pat, répondit son nouvel ami. Moi c'est Franck.

– Enchanté. Pardon.

Pat se faufila peu commodément entre Franck et la table pour saluer la personne suivante.

– Ce n'est rien, dit Franck en se rasseyant discrètement.

Le suivant était un petit bonhomme, gras et dégarni. Il portait une chemise en tissu écossais et un pantalon blanc. Son collier, à moitié perdu parmi les carreaux de sa chemise, avait la pastille bleue.

Poignée de main.

– Mon nom est Kyle, dit-il. Ravi de faire votre connaissance.

– Moi de même, répondit Patrick. Pardon.

Kyle se rassit et ramassa ses jambes. Il échangea quelques mots avec Franck tandis que Pat s'avançait vers une jolie fille. Une belle rousse qui jouait avec la pastille mauve de son collier en attendant de lui être présentée.

– Je m'appelle Sonia, dit-elle en souriant.

Ils échangèrent une bise. Pat respira son parfum agréable.

– Bonjour, bredouilla-t-il alors qu'il avait voulu dire : « Sonia, tu es rayonnante. »

Mais ça n'était pas sorti.

Il baissa les yeux et s'avança vers le dernier convive.

Installé dans le sofa, celui-ci se leva au dernier moment, le dominant brusquement de toute sa prestance physique. Il était boudiné comme un bœuf dans une chemise trop serrée. Chemise moulante et pantalon en tweed vert. Mauvais genre. Ce type était aussi baraqué que Willy Schwarzeblezzer, le célèbre culturiste qui, selon certains spécialistes du cinéma d'action, était parvenu on ne savait comment à dévier Vénus d'un demi-degré de son axe orbital. (L'exploit avait fait sensation à l'époque, juste avant la sortie en holobande de son film *Hercule contre les mercenaires de Vénus*.) Le collier rose reposait sur ses pectoraux.

Pat lui tendit la main. Monsieur Muscle la saisit et l'écrasa dans sa poigne.

– Je suis Ted, dit-il en serrant comme un boa. Teddy Bear pour ces dames.

Pat résista vigoureusement, Ted finit par lâcher.

– Enchanté Ted, dit Pat en remuant ses doigts douloureux.

Il s'installa entre Ted et Franck, face à Sonia.

Au centre de la table basse, entre les tasses et les assiettes de tartines et de brioches, entre les jus de fruits plutôt rouges (jus d'orange et de pamplemousse), le minuteur avait automatiquement capté l'arrivée tardive dans l'assemblée du collier vert. La couleur rouge clignotait sur le cadran du minuteur – indiquant que les amis s'étaient arrêtés au cours de la période rouge afin d'accueillir le retardataire.

Le minuteur, métronome des goûters officiels, était un petit dispositif conique, comme un gyrophare multicolore posé entre la théière et les plateaux de gâteaux, égrenant les couleurs aléatoirement et cliquetant les secondes imparties à chacune d'entre elles. Ça demeurait somme toute un bête minuteur, comme on s'en sert pour mesurer la cuisson de son steak. À la fin du temps imparti à une couleur, il s'illuminait comme un sapin de Noël avant de s'arrêter sur une nouvelle couleur. Lorsque cette couleur était la vôtre – celle de votre collier, vous deveniez le centre de la conversation. C'était juste et équitable. Grâce au minuteur, on parlait autant de l'un que de l'autre, même des plus timides.

Denis revint de la cuisine les bras chargés. Il apportait un nouveau plat de pâtisseries, un pot de glace à la vanille et une soupière de cookies.

– Vous avez fait connaissance ? demanda-t-il en se débarrassant de son chargement sur la table.

Il s'installa entre Franck et Pat.

– Voulez-vous une crêpe, Pat ? demanda Sonia. Nougat caramel. C'est ma spécialité.

Pat accepta de bon cœur – il ne ferait rien qui puisse décevoir son amie. Il offrit à son tour de ses cookies à tout le monde. Chacun en prit un, il aurait été impoli de refuser.

– Allons, servez-vous donc ! s'exclama Denis. Biscuits, thé, marmelade, choisissez. (Il écarta un plat et manipula le minuteur.) C'était à toi, Franck, dit-il en déclenchant le mécanisme du dispositif qui se remit en route, égrenant à nouveau le temps qui restait imparti à la couleur rouge.

*

Les regards se tournèrent vers Franck.

Ce dernier déposa sa cigarette dans le cendrier. Il se passa la main dans les cheveux et reprit son récit au point exact où il l'avait laissé avant l'arrivée de Pat.

– …Et donc, quand ils m'ont dit qu'ils voulaient changer le système de sauvegarde, poursuivit-il en grimaçant, je leur ai dit de faire comme chez *Silex*. Au diable les sauvegardes ! Il suffit d'avoir un peu de jugeote, et de la mémoire.

– De la mémoire vive ? demanda Denis en trempant un cookie dans son café.

– Oui, confirma Franck. RAM, tout a fait. (Il s'interrompit pour rire doucement.) Toujours est-il que Léonard Garth, le chef de service, a prétexté que la perte des données avait été fatale à *Silex*. Je crois qu'il se trompe. Il n'est pas plus malin qu'un autre.

Denis et Kyle opinèrent. Ted s'en foutait royalement. Sonia écoutait poliment mais n'intervint à aucun moment. Pat n'y comprenait pas grand-chose. Il avait raté le début du récit de son ami et il avait les jambes trop lourdes d'avoir couru contre le temps pour se fatiguer à prendre le train en marche. Apparemment, à ce qu'il crut y comprendre, Franck travaillait dans une firme rivale de *Silex corp*, gérant de parcs nucléaires privés. Après…

Discrètement, il observa autour de lui. Sonia, du coin de l'œil. Charmante fille. Jolie rousse dont les yeux bleu clair se tournèrent brusquement vers lui. Pat détourna aussitôt le regard. Elle l'avait vu ! Il regarda ailleurs : charmant aussi l'intérieur de Denis qui, si l'on se fiait aux apparences, aimait certainement recevoir ses amis chez lui. Il possédait des meubles couverts de livres, des boiseries cirées percées de portes et de fenêtres, des lampes sur pied, un fauteuil Louis XIX (semblait-il) et des bouquets fleuris dans chaque coin de la pièce. Tapisseries, lustres, rideaux, comme neufs. Un abat-jour recouvrait avec coquetterie la moindre ampoule. Dans le fond de la pièce, un écran holographique diffusait une vue fixe et presque statique d'une merveilleuse forêt. Tout était impeccable. Ni crasse ni poussière. Aucune odeur douteuse.

– *Silex* demeure l'une des premières firmes du Multiplexe-H, confirma Denis en consultant son livret de culture générale.

– Comment ont-ils pu assurer leur production sans les sauvegardes ? demanda Kyle avec un air d'intelligence dans la voix.

– Tout le monde s'en rappelait ! expliqua Franck en riant. (Il goûta à son café et reprit :) Je pense avoir la carrure pour passer chef de section. Il y a un concours dans six semaines.

– Mais les actions de *Silex*, dit Kyle, ne cessent de desc...

– Non ! intervint Franck, satisfait que son ami aborde le sujet. Enfin si, elles baissent. Naturellement. Mais moins rapidement que toutes les autres ! Et c'est grâce à... Ah !

La sonnerie bourdonnante du minuteur l'interrompit en plein milieu de sa phrase. Le dispositif entama la sélection aléatoire d'une nouvelle couleur. Franck se tut, récupéra sa cigarette dans le cendrier et s'appuya contre son dossier. Il semblait très satisfait de son récit. Tant mieux pour lui.

*

Voyant que le minuteur ne rayonnait pas de sa couleur rose, Ted soupira ostensiblement. Il se renfonça dans le sofa en grommelant et joua avec la boucle de sa ceinture. Le minuteur brillait de l'éclat mauve. Sonia portait le collier mauve autour du cou – elle n'arriva pas à le cacher.

Denis se tourna vers elle.

– C'est à toi Sonia, dit-il en posant délicatement sa tasse sur la table. Alors, qu'as-tu d'intéressant à nous raconter ? Quelque chose à propos du bébé peut-être ? C'est pour bientôt ?

Sonia dissimula son ventre, émue… et fit signe que non. (Pat avala de travers. Sonia était enceinte. Il n'y avait pas fait attention. Il l'avait juste crue un peu enrobée. Quel âne !…) Elle n'avait rien écouté de l'histoire de Franck. Sonia n'avait pas le moral à écouter les autres et encore moins à parler d'elle. Mais il le fallait bien. Puisque c'était son tour.

– De quoi pourrais-je bien vous parler ? dit-elle en ramenant nerveusement ses cheveux roux derrière son oreille gauche.

Pat prit un autre de ses cookies et le trempa dans son café sans la quitter des yeux.

– Je travaille chez *Staccato Store*, commença-t-elle. Je tisse des rameaux de magnétostores. (Elle observa autour d'elle. Il n'y avait pas de magnétostores chez Denis.) Vous voyez ce que c'est ? (Comme tout le monde opinait, elle poursuivit :) Alors voilà, je travaille avec un type énorme et flasque. (Elle marqua une brève pause dans son récit, puis reprit :) Sa bouche est comme l'orifice mou des poubelles. (Elle hésita.) Les collègues disent que c'est un vampire, ou un zombie. Une sorte de monstre.

Pat avala une nouvelle fois de travers.

Denis et Kyle frémirent à ces mots.

– Un vampire ? répéta Denis. Ça alors…

Denis et Kyle entamèrent une discussion savante, sur les vampires et leurs mœurs particulières, d'où Sonia elle-même fut plus ou moins exclue. Elle fit d'ailleurs tout pour se faire oublier. Franck conserva une attitude courtoise, il opina de temps à autre, mais ce ne fut pas le cas du culturiste qui émit des borborygmes agacés à chaque fois que les mots *vampire* ou *zombie* étaient prononcés par ses amis.

Pat, surtout intéressé par le décolleté de Sonia, ne s'intéressa pas plus que Ted à la conversation. Ce décolleté est sans doute inaccessible, estima Pat à regret, elle n'est pas tombée enceinte toute seule.

Elle a l'air de s'ennuyer, songea-il. Elle est ailleurs, mais je ne sais où…

On pouvait pourtant la solliciter à tout moment pour exiger un éclaircissement ou l'arbitrage d'un désaccord virulent entre ses amis.

Sonia taisait sa réelle inquiétude et inventait des histoires à dormir debout pour détourner l'attention. Car une chose affreuse dont elle ne voulait parler à personne l'obnubilait : le bébé qu'elle attendait patiemment, depuis maintenant cinq mois, serait un mutant – ou, tout du moins, lourdement handicapé. Elle en était sûre. Bon nombre de nouveaux-nés l'étaient. D'horribles mutants. C'était dans l'air du temps. Cela la préoccupait nuit et jour mais elle n'en parlerait pas, surtout pas à des amis. C'était trop personnel. En préférant inventer des histoires fantastiques, elle prenait le risque de se trouver mal à l'aise face aux sourires de commisération de ses amis. Face à des questions auxquelles elle ne pourrait pas répondre. Que se disent-ils ? Savent-ils que je raconte n'importe quoi ? Oui, sans doute. Mais de quoi parler...

– ... ? demanda Denis.

Sonia se figea. Denis la regardait droit dans les yeux.

– Excusez moi, qu'avez-vous dit ? demanda-t-elle, extrêmement gênée.

– Le voyez-vous manger des choses comme des pâtisseries, des crêpes, des sandwichs ? répéta Denis, un peu étonné par l'attitude distraite de son amie. Un vampire ne se nourrit que de sang et de chair fraîche, n'est-ce pas ? Ce n'est pas cela ?

Denis sollicitait une confirmation, ou une infirmation de ce qu'il avançait. Personne n'en savait rien cependant Kyle opina dans son sens.

– Probablement..., lâcha-t-il sans grande conviction.

– Ton histoire ne tient pas debout, intervint le culturiste en soupirant. Évidemment, dit-il à ses amis enthousiasmés par toutes ces âneries, il ne vous viendrait pas à l'esprit de parler philosophie ! (Il se lança alors un bref étalage de ses connaissances dans le domaine – connaissances se résumant apparemment aux titres d'un bon nombre d'ouvrages en effet philosophiques.) Connaissez-vous Nietzsche ? demanda-t-il. Aimez-vous Brahms ? Avez-vous lu Platon ? Schopenhauer ? Peut-être au moins Spinoza ? Non ? Des zombies ! railla-t-il. Pourquoi pas des cyclopes ?

Déstabilisée pour de bon, Sonia devint pâle comme un linge. Le café s'agita dans la tasse au bout de son bras tremblant. Elle posa la tasse et eut une bouffée de chaleur. Ses lèvres tremblèrent. Elle fit le vide intérieur jusqu'à ce qu'elle entendît la voix de Pat. Son ami venait à son aide.

– À propos de philosophie, intervint-il, j'ai gribouillé l'autre jour quelques mots sur un essai philosophique que j'ai nommé *Théorie du drogué*. Cela dit je peux encore lui trouver un meilleur nom…

– Ça ne sera pas difficile, ricana Ted.

– Ah oui ? fit Sonia, soulagée qu'on ne la fixe plus dans le blanc des yeux. Vous êtes philosophe ?

Franck, Kyle et Denis se tournèrent eux aussi vers Pat.

– Vraiment ? demanda Kyle en grignotant un biscuit.

Ted soupira et frappa son poing droit dans sa main gauche.

– Ce n'est pas son tour ! rugit-il. Vous parlerez de ces bêtises lorsque ce sera son tour !

– Mais Ted, c'est toi qui a commencé à en parler, rétorqua Denis. (Puis, voyant que son ami n'en démordait pas :) Bon. Sonia, c'était ton tour. Et il te reste… (il se pencha pour consulter l'écran analogique du minuteur) quatorze minutes.

Un silence gêné s'installa. Franck fit grincer plusieurs fois son briquet avant de parvenir à en tirer une flamme avec laquelle il alluma sa cigarette. Il toussa. Denis l'imita. Pat n'osait pas soutenir Sonia. C'était son amie, oui mais tout le monde ici l'était. Et, arrivé en dernier, c'est lui qui la connaissait le moins. Il ne fit rien mais le trouble évident de Sonia le mit franchement mal à l'aise. Elle ne dirait plus un mot… La pauvre… Quel enfoiré ce monsieur muscle, songea-t-il. Et on ne peut pas le corriger ! À trois contre lui peut-être. Mais un scandale en plein goûter serait malvenu.

Après d'interminables minutes de silence entrecoupées de toussotements embarrassés, Denis, en hôte prévenant, augmenta le son de la radio qui diffusait un air à la mode.

Puis, salvateur, le minuteur sonna à nouveau.

*

Et ce fut au tour de la couleur verte.

– C'est moi ! dit Pat en sentant son pouls s'accélérer.

L'embarras le gagna car il ne lui était rien arrivé de passionnant depuis un bon moment. De quoi allait-il leur parler ? Boulot ou zombies ?

– Alors, parlez-nous de cet essai philosophique, suggéra Denis.

– Ah, oui ! Oh, ce n'est pas grand-chose, prévint Pat. Quand Ted a parlé de philosophie, cela m'y a fait penser. Mais ce n'est peut-être même pas de la philosophie… Juste des bêtises.

– Évidemment, dit doucement Ted.

– En fait, il s'agit d'analyser deux énoncés, reprit Pat en rassemblant ses souvenirs. C'est bête, j'aurais dû apporter le bout de papier sur lequel j'ai noté tout ça.

– C'est sûr ! fit Ted, moqueur.

– Le premier énoncé définit *l'altruisme « individuel » temporel*, (qui consiste en gros à considérer son moi futur comme une personne différente de son moi présent, comme peut l'être un passant dans la rue) le second est son opposé, *l'altruisme « classique » intemporel*. (Celui que tout le monde connaît bien. Le passant dans la rue, justement.) Ça illustre la maxime « Aide-toi et le ciel t'aidera. » Sans mes notes, je ne pourrai pas vous en parler clairement…

– Il a oublié son carnet ! railla Ted en le pointant du doigt. Allez, fumiste. Parle donc d'autre chose…

Tous les amis lancèrent un regard réprobateur au culturiste qui, peut-être bien levé du pied gauche – mais ce n'était pas une raison valable, se montrait impoli et agressif envers Pat. Ne serait-ce qu'en le tutoyant comme il le faisait.

– Quelle est la raison de votre retard ? demanda alors Denis, pour satisfaire au vœu de Ted, qui désirait visiblement que l'on aborde un nouveau sujet.

En tant que maître de cérémonie et porteur du collier blanc, Denis avait autorité sur tous ses amis. Il devait, après le minuteur, s'assurer que tout se passe au mieux entre eux. Sous son toit, c'était sa responsabilité.

– J'ai raté le bus, répondit simplement Pat.

– Vous n'aviez qu'à venir en aérovion, rétorqua Ted en le regardant droit dans les yeux. (La tournure que prenait la conversation lui convenait.)

– Mon aérovion ne démarre plus depuis trois semaines, dit Pat.

Ted rit à gorge déployée.

– Ha ! Ha ! Ha !

– C'est le démarreur qui ne fonctionne plus, rajouta Pat en ignorant l'éclat de rire de son ami. Je m'en passe, et tout le monde devrait en faire autant. À part ça, que vous dire ? Je suis ingénieur acousticien. J'ai d'ailleurs un collègue qui habite au 31de la rue[19].

– Au 31 ? demanda Denis, surpris.

– Oui, acquiesça Pat. C'est une petite maison. Vous l'avez peut-être remarquée récemment, car mon collègue a fait l'objet d'une peine de deux se-

[19] Voir *Bonjour, ingénieur acousticien 41 AA*, dans *Un dernier homme, pour la route ?* (II)

maines de prison à domicile. Alors il avait les barreaux aux fenêtres et tout le tremblement.

– Bien sûr ! fit Denis. Tirelli Pimpon je ne sais plus trop quoi ! Ha, ha, ha !…

Il était de bon ton de se moquer des repris de justice.

– Ha ! Ha ! Ha ! rajouta Ted sans aucune retenue.

– Il ne travaille plus, rajouta Pat. Sa femme l'a quitté, on n'a plus de nouvelles depuis un moment. J'ai entendu dire qu'il s'était engagée avec une formation de Ooolball. Enfin... On a un boulot intéressant. (Il rajouta de la chantilly sur sa part de tarte.) Sinon, je joue de la guitare. J'ai même un nom de scène, dit-il en rougissant : L'Étang d'art/l'Étendard. Ça s'écrit des deux façons. Je joue seul, mais j'enregistre plusieurs instruments et je mixe le tout sur ordinateur. Et sinon je dessine beaucoup. Je fais des portraits dans les foires les jours où je ne travaille pas. Parce que j'ai horreur de la plage. (Pat remarqua la grimace de Ted, qui devait pour sa part y passer beaucoup de temps.)

– Ah oui ? fit Sonia. Ingénieur, philosophe, musicien et portraitiste ?

– Heuu... Oui, approuva Pat. Je pourrais faire votre portrait. Si vous voulez.

– D'accord, acquiesça Sonia, ravie.

Pat se tourna vers son hôte.

– Auriez-vous une feuille blanche et un crayon ?

– Et bien..., hésita Denis en réfléchissant. Je crois que oui. (Il se leva et fouilla dans le tiroir d'une grande étagère.) Vous allez vraiment dessiner maintenant ?

Il ramena quelques feuilles et un stylo bille.

– Oui, pourquoi pas ? Dites, vous n'avez pas autre chose ? (Pat montrait le stylo en grimaçant.)

– Non.

– Tant pis.

Pat prit un magazine sous la table (Un *VIP magazine* dont l'acteur Cruz faisait la couverture) et y posa une feuille blanche. Il observa alors Sonia. En clignant des yeux. En savourant chaque détail de son visage. Elle lui offrit un merveilleux sourire. Il avait maintenant une bonne raison de la dévisager. Des cheveux roux ondulés caressant ses épaules, des yeux et des sourcils aussi clairs que sa peau, des lèvres fines, un sourire rayonnant malgré une dent cassée, de jolies petites oreilles rondes sans boucles. Et plus bas, plus bas… Pat ne faisait malheureusement qu'un portrait.

– On n'a pas toute la journée, grogna Ted en regardant sa montre.

– Je suis habitué à dessiner vite, dit Pat. On doit faire vite dans les foires. Les gens ne font que passer, ils sont pressés.

Pat commença son dessin. (On a au moins dix-huit minutes, songea-t-il.) En quelques coups de stylo, un visage prenait forme sur le papier. C'était Sonia tout craché.

Et pendant ce temps-là, les amis discutaient autour de la table.

– …

– … C'est une des rares filles, affirmait Franck, à qui je ne dirai pas : Nous deux, c'est juste pour le sexe, sinon c'est impossible.

– …

– … Les Chinois sont cannibales, dit Kyle.

– Ils mangent des hommes ? demanda Denis. Je n'en savais rien.

– Pas des hommes ! Des chiens ! Ca-nin.

– …

– … La vie ne m'a fait aucun cadeau, grogna Ted. Quand bien même, reprit-il, j'ai tant d'argent que je peux tout m'offrir !...

– …

– … ils font ce shampoing-là à usage quotidien. Pour forcer les gens à consommer plus, toujours plus…

– Certaines personnes apprécient de prendre une douche chaque jour…

– …

– Hé ! s'exclama Sonia en poussant le cendrier sous la cigarette de Franck. Excuse-moi, Pat ! dit-elle en reprenant la pose. Seulement Franck met sa cendre sur la table.

Ted tiqua et adressa un regard supérieur au quarantenaire chétif assis à côté de lui.

– Vous m'admiriez, lui lança-t-il. Avec vos verres teintés qui dissimulent mieux que vos actes votre regard braqué sur moi en permanence !

– Que dites-vous ? s'indigna Franck en terminant sa cigarette et en l'écrasant dans le cendrier. Vous êtes dingue !

– Regardez plutôt ce que vous faites, conseilla Ted en lançant un regard dégoûté vers le cendrier. Ça vous évitera d'en mettre partout.

Franck tourna la tête. Il mouilla son doigt sur ses lèvres et récolta les quelques cendres tombées sur la table entre les miettes de quatre-quarts.

– Ce n'est rien, intervint Denis en le voyant faire. Laissez donc !...

– C'est presque fini, dit Pat.

Une minute plus tard, il tendit le dessin à Sonia.

– Formidable ! se réjouit-elle. C'est vraiment ressemblant ! Je peux le garder ?

– Bien sûr, dit Pat. C'est pour vous.

– Vous avez pris des cours de dessin ? demanda Kyle qui admirait à son tour le dessin.

– Non, répondit Pat.

– Vous n'en faites pas un autre ? demanda Kyle en jetant un coup d'œil à sa montre.

– D'accord, obtempéra Pat. Je vais faire le portrait de Denis, pour le remercier de son accueil chaleureux.

– Oh, oui. Après tout, pourquoi pas ? acquiesça Denis en prenant une pose digne. Comme ça, c'est bon ?

– Très bien, confirma Pat. Je fais juste le visage.

– Tas de vauriens ! murmura Ted en se mordant les lèvres pour ne pas en dire plus.

Ensuite, il se relâcha, soupirant bruyamment. Affligé par ce qu'il voyait. Il prit un magazine qui traînait et l'enroula. Il le garda à la main comme une matraque. Après la piètre performance de Sonia, voilà qu'à nouveau le goûter était victime d'un gêneur. Après les mensonges éhontés et les zombies de cette vilaine rouquine, voici venues les manières excentriques de ce Patatras. Ted avait pensé avoir Denis de son côté, mais il se rendait compte maintenant que celui-ci faisait le jeu de cet imbécile de dessinateur.

Si on devait faire le portrait de quelqu'un, il fallait que ce soit le sien. Son physique parfait en tous points était le seul à mériter les honneurs d'une reproduction. C'était lui le plus beau ! Sa musculature équilibrée, terriblement puissante, percutante et séduisante, avait de quoi faire rêver les dames... Un ensemble harmonieux.

– Ce qu'il fait n'est pas habituel, se plaignit-il. Ce n'est pas régulier... Il doit parler ! Le goûter est avant tout un dialogue. On n'a pas à s'abîmer les yeux avec ces gribouillages.

– Êtes-vous myope ? interrogea Sonia en riant.

Ted vit rouge. Il n'était ni myope ni daltonien. Qu'avait-elle à mettre en doute ses capacités physiques ? Elle-même n'avait rien d'une playmate. Avec son énorme ventre déformé ! On aurait dit qu'elle l'avait gonflé d'eau ! Le dessin de Pat était affreux, sans intérêt. Ni Denis ni personne n'était aussi beau que lui ici. Ted n'en pouvait plus d'attendre que l'on parle enfin de lui !

– Ça va..., je regarde, fit-il en fronçant les sourcils.

Il prit sa tasse entre les mains et observa le dessin que Pat réalisait avec application. Denis et Sonia paraissaient fascinés par le premier, dont ils commentaient encore certains détails. Kyle observait celui que le dessinateur achevait.

Pat termina le portrait de Denis, puis celui de Franck. Il s'attaqua ensuite à celui de Kyle. Dix-huit minutes passèrent, le minuteur s'illumina de rose.

– Je le terminerai plus tard, promit-il à Kyle. Gardez le croquis.

*

– Le rose, enfin ! s'exclama Ted en attirant sur lui tous les regards.

Pat déposa son crayon sur sa feuille et se servit un thé. Il servit Sonia et Denis, puis il prit une crêpe en clignant un œil à l'attention de Sonia.

– Alors Ted, allez-vous nous parler philosophie ? demanda Franck en jouant avec son briquet.

– Non ! À quoi bon ? Vous n'y comprendriez rien, répondit Ted. Je ne veux pas être élitiste…

– Pat comprendrait peut-être, suggéra Sonia.

– Ça m'étonnerait ! répondit sèchement Ted.

Il soupira d'indignation. Le tissu de sa chemise se tendit (si c'était encore possible) sur ses épaules et sur son biceps puissant lorsqu'il se pencha en avant pour saisir une madeleine dans la soupière. Il regarda la viennoiserie comme un objet précieux.

En le voyant faire, Pat songea que Monsieur Muscle n'était peut-être pas complètement ignare, qu'il allait parler de souvenirs d'enfance ravivés par l'odeur d'une madeleine, qu'il allait vraiment engager la conversation sur un sujet philosophique, qu'il parlerait peut-être de l'inconscient collectif…

Finalement non, il dit :

– J'espère que ça ne va pas me faire grossir.

Ça lui donnera peut-être des flatulences, songea Pat sans faire part de ses réflexions. *Prouuust, prouuust !* Cependant, il rit tout seul et on le remarqua. Il dit à la place, en désignant la corbeille de fruits :

– Une grappe de raison, mon cher Sophocle ?

– Quoi ? fit Ted en fusillant son ami du regard. Non. Non, non…

Le culturiste trempa sa madeleine dans son café et en croqua un tiers, en gardant une main en coupelle sous son menton pour ne pas faire pleuvoir de miettes sur son pantalon.

– J'aimerais parler philosophie avec vous, dit-il la bouche pleine. Mais vous n'y connaissez rien, enchaîna-t-il, borné. Alors à quoi bon ? (Il se tourna vers Denis :) Ces madeleines sont très bonnes, quoiqu'un peu sèches et farineuses. J'aime la philosophie, la musique puissante, les belles voitures et les belles femmes ! Ha ! Ha ! Ha ! (En riant, il exhiba une bouchée de madeleine recouvrant encore sa langue…) Ha, ha, ha ! (Il parvint à communiquer son rire à quelques-uns de ses amis, puis il s'appuya contre l'accoudoir du sofa en jouant avec le col de sa chemise entrouverte.) Aucun de vous n'y comprendrez rien, insista-t-il en se massant le ventre.

Son regard pénétrant était fixé sur Sonia qui elle-même contemplait les motifs de la moquette et ceux du service à thé de Denis.

Ted préféra évoquer la beauté de sa musculature et les réactions admiratives qu'elle suscitait lorsqu'il daignait l'exhiber, plutôt que de philosophie. Il admit sans honte qu'il était pudique pourtant il fit une exception pour ses amis.

Il se concentra, les yeux fermés, la respiration coupée, comme un maître en arts martiaux s'apprêtant à réaliser un enchaînement.

Les amis réunis autour de la table sentirent que quelque chose d'inhabituel se préparait. Du moins perçurent-ils tous la solennité, l'intensité du moment.

Ted leva les bras et fit des rouleaux comme un nageur de crawl. *Craaaac !* Le tissu de sa chemise craqua brusquement sur ses épaules et ses biceps, laissant apparaître des muscles tendus sous une peau cuivrée, tandis qu'il poussait un long râle satisfait. Ted ôta sa chemise déchirée en arrachant les derniers lambeaux de tissu qui reposaient sur ses épaules.

– Admirez ! Créatures jalouses, ricana-t-il. Un buste imberbe et hâlé. Une fragrance musclée !

Cependant il remarqua immédiatement le petit manège de Sonia et de Denis – qui continuaient de regarder les dessins de Patatrac – alors même qu'il leur révélait tant de choses importantes sur la nature de sa musculature.

– Ça alors, c'est inadmissible ! explosa Ted.

Il se redressa et s'appuya d'une main dans un plat pour arracher le dessin qu'il chiffonna.

– Hé ! fit Kyle. Mon portrait…

Ted lui lança un regard méprisant et lui jeta la boule de papier au visage. Ses pectoraux frémirent. Il était furibard et pointa son doigt sur Denis. Le collier blanc.

– Ce goûter va nous coûter cher, prévint-il en grognant comme un bouledogue.

Ted avait raison et Denis le reconnut aisément. C'était chez lui que tout cela arrivait. La responsabilité lui incombait. Il s'excusa et se tourna vers ses amis.

– C'est vrai qu'il a des muscles impressionnants, admit Denis en prenant une nouvelle part de gâteau à l'orange. Un corps d'athlète. Et quel bronzage !

– Vous l'avez remarqué ! fit Ted, satisfait.

Sonia demeura réfractaire à tous les arguments visuels du bodybuilder.

– Vous faites des UV ? demanda-t-elle pour dire quelque chose.

– Non, fit sèchement Ted. Et vous, vous fréquentez les fitness club ? À vous voir, certainement pas !

– Vous prenez des anabolisants ? demanda Pat.

– Non.

– Des stéroïdes ?

– Bien sûr que non, répondit Ted, de plus en plus agacé. Bandes de singes, lâcha-t-il. Quelqu'un veut-il faire un bras de fer ? Non ? Ha, ha, ha !

Ted se moqua allégrement de ses amis (sa carotide se gonflait jusqu'à son biceps) – tous des misérables gringalets, aussi laids que faibles... et à force d'être pressé par les autres, Kyle, qui paraissait le plus à même de rivaliser avec Ted au moins une demi-seconde, finit par accepter le duel. Les duellistes firent de la place sur un coin de la table et y posèrent les coudes. Leurs mains s'enlacèrent et, en un geste brusque, Ted triompha. Moins d'une demi-seconde lui fut nécessaire. Kyle poussa un cri reflétant bien sa douloureuse surprise puis il bascula de son siège.

Denis et Franck l'aidèrent à se relever.

– Ça va mon vieux ? Rien de cassé ?

– Il m'a tordu le bras ! geignit Kyle en pressant son coude contre son flanc. Ça fait mal !!!

– Ha, ha, ha ! s'esclaffa Ted en se levant. C'est toujours comme ça. Mon bras est comme un piston. Il écrase les moucherons. Ha, ha, ha ! Ha ! Ha ! Ha !

Il sortit du salon en roulant des omoplates et se rendit dans le vestibule, là où les amis avaient laissé leurs vestes et leurs affaires. Il entendit quelqu'un dire à côté : « Il a le droit de s'en aller comme ça sans rien dire ? C'est sa couleur pourtant. » C'était la voix de cette petite vermine blafarde et maigrichonne de Patatrac. Ted prit une pochette plastique dans son sac et revint au salon en l'ouvrant. Il laissa l'emballage sur le guéridon et enfila la nouvelle chemise qu'il contenait. Neuve. Moins moulante que la première. Plus confortable. Il faisait toujours comme ça. Une première chemise, très moulante, qu'il déchirait par dilatation musculaire, pour impressionner ses amis, et une seconde, plus ample, pour terminer l'après-midi classe et décontracté.

– Vous vous êtes rhabillé, constata Pat.

– Ce n'est pas une mauvaise idée, approuva Sonia.

Étourdi par la remarque désobligeante de la seule femelle présente, Ted se laissa tomber dans le sofa et commença un bref résumé de ses conquêtes féminines, avant d'enchaîner sur celui de ses exploits sportifs. (Il était champion régional de surf, de volley et de moto-cross.)

Cela sembla durer jusqu'à la fin du goûter.

La table se vidait progressivement des gâteaux, glaces, crêpes, cakes, etc., que Denis apportait régulièrement de la cuisine afin de ne jamais laisser ses amis sans confiseries.

– Prenez donc un petit pain, proposa-t-il. C'est bourratif.

– Ah oui ! approuva Pat. Comme un pull-over roulé en boule dans un sac à dos…

Ted fit la grimace. (Lui pliait soigneusement ses chemises et ses costumes dans une valise en croco !) Je vous parlais de cette petite masseuse thaïe, dit-il. Vous n'écoutez rien ?

En effet, songea Pat. Qu'est-ce que c'est que cette histoire de masseuse thaïe ?

Ces dix-huit minutes roses semblèrent durer une éternité mais elles eurent heureusement une fin.

Après l'intervention de Ted, celle de Denis puis le Moment libre, où chacun s'adonna à quelques minutes d'activité libre (Ted feuilleta VV&V, les autres se réunirent autour de Kyle qui ne pouvait plus bouger le bras sans pousser des hurlements de douleur – Ted lui avait visiblement foulé un muscle, ou cassé un os, mais Kyle préférait attendre la fin du goûter pour aller chez son médecin), vint donc ensuite le Moment du jeu obligatoire. Denis réunit alors ses amis devant un grand placard qu'il ouvrit en grand. Deux des étagères qu'il contenait étaient couvertes de jeux de société. Franck siffla. Tout le monde laissa échapper un petit signe d'admiration. Du jeu de cartes au jeu de plateau, tous ses amis purent se concerter et choisir celui qui leur plaisait le plus.

– Petits chameaux ? demanda Denis.

– Nous sommes six.

– Je veux bien jouer en équipe, fit savoir Sonia.

– Moi aussi, dit Pat en lui effleurant le bras. On s'associe ?

– D'accord, acquiesça Sonia. On prend les bleus.

– Non ! intervint Ted. J'ai toujours les bleus…

– Tu joues en équipe, Ted ? demanda Denis.

– Non, pourquoi ?

– Et toi Kyle ?

– Oooh, moi je ne joue pas…, gémit Kyle en se massant le bras. Je ne pourrai même pas lancer les dés et…

– Alors on fait équipe, décida Denis.

*

Ils terminèrent la partie de petits chameaux à six heures moins dix. Denis et Kyle remportèrent la victoire, devant Franck, Ted, et l'équipe Pat et Sonia bonne dernière.

À dix-huit heures, le goûter chez Denis prit officiellement fin. Le minuteur bourdonna une dernière salve de lumière et s'éteignit définitivement. Comme il le faisait à peu près au même moment dans tous les foyers du Multiplexe accueillant un goûter.

Devant la résidence, tous les amis se saluèrent et se souhaitèrent mille bonnes choses pour la suite. C'était un adieu. Sans nul doute définitif. Ted ne s'attarda pas. Il monta dans sa capsule coupé-bulle et s'envola en faisant rugir son moteur.

Kyle possédait une jolie berline à ailettes munie d'un double réacteur *Sulitzer*. Il fit un vague geste de la main et démarra. Il était déjà loin.

Denis prétexta avoir un peu froid et remonta vite chez lui. Il croisa un autre groupe d'amis qui descendaient en parlant et en riant, terminant eux aussi un goûter.

Pat se tourna vers Sonia.

– À un de ces jours j'espère, dit-il.

– Oui, peut-être, répondit-elle. À bientôt. Merci encore pour le dessin.

Elle s'éloigna à pied, descendant la rue Lornstrimple sur laquelle la nuit commençait à tomber.

– De rien.

De rien, rien, rien…

Pat remonta vers l'arrêt de bus.

Frank grimpa dans son 4x4 aux chromes éclatants, le moteur ronronna et le véhicule passa silencieusement près de Pat. Son ami ne lui adressa pas un regard. Mais il était dix-huit heures passées et ni Kyle, ni Franck, ni – surtout pas – Ted, n'avaient à le raccompagner chez lui. Il n'y avait aucune raison qu'ils le fassent. Pat les considérait pourtant comme ses amis, excepté Ted qui n'était rien de plus qu'une *connaissance* à oublier au plus vite.

Assis dans l'arrêt de bus, Pat regretta de ne pas avoir raccompagné Sonia, qu'il s'était contenté de regarder partir seule. Il ne la reverrait sûrement jamais.

Comme la majorité des gens, Pat n'avait pas d'ami fixe. Il se ressourçait auprès de ses amis occasionnels, ceux qu'il voyait aux goûters, une fois par semaine. Toujours différents. Pat ne s'était jamais attaché à l'un d'entre eux et n'avait jamais souffert par leur faute.

Un jour, il avait croisé un type dans la rue, Pat ne se souvenait pas de son nom mais il avait parfaitement reconnu son visage. C'était un ami. Ils s'étaient ignorés et avaient poursuivi leurs chemins sans se saluer. Pat était content d'avoir des amis, il en aurait toujours, quels qu'ils soient.

2

Le mercredi suivant vers onze heures du matin, Pat se préparait déjà pour le goûter – il avait ouvert trois paquets de biscuits briochés et des cookies, comme d'habitude, et il en avait rempli son panier en osier recouvert d'un torchon blanc – lorsque sa boîte aux lettres sonna, l'avertissant qu'il avait reçu un message.

Il ouvrit la boîte et jeta un coup d'œil au carton d'invitation qui s'y trouvait.

Il fut d'abord soulagé car il vit tout de suite qu'il ne recevait pas ses amis chez lui (il détestait ça). Puis quelque chose attira son attention.

Intrigué, il fouilla dans un tiroir de son bureau et y retrouva le talon de l'invitation du goûter de la semaine précédente. Il compara quelques instants les deux convocations sans comprendre. Il les posa côte à côte. C'était bien les mêmes coordonnées. Denis Masson, 144, rue N. del Lornstrimple.

La rue de chez Yves Tirelli.

Impossible ! Pas deux fois de suite ! (Ce serait la première fois, depuis vingt-cinq ans que la cérémonie du goûter obligatoire régissait les contacts amicaux entre les gens, que Pat ou qui que ce fût reverrait un ami chez lui.) Il était habillé comme la semaine précédente – Pat ne possédait qu'un seul costume du mercredi, et il avait préparé le même panier de brioches et de cookies que d'habitude. S'il avait pu prévoir, il aurait évidemment acheté autre chose ! Des caramels et des langues de chat... Des madeleines ou des brioches aux pépites de coco. Il devait trouver quelque chose pour compléter son panier.

Il doit y avoir une erreur, se dit-il en fouillant dans un placard à la recherche de quelque chose d'autre à emmener chez Denis : un carton de riz, un tube de ketchup, une tranche de jambon… Rien ne convenait à un goûter ! Je ne trouverai rien là-dedans.

Il grommela puis observa les billets d'invitation recto et verso – à la recherche d'un numéro de téléphone à joindre en cas de problème… Rien.

Pat n'en revenait pas, c'était la première fois qu'on le réinvitait chez la même personne ! Il y aurait Denis, bien sûr, c'était chez lui. Et les autres ? Pat était-il le seul à avoir été réinvité ? Il chercha quelle erreur il avait pu commettre la dernière fois pour que l'épreuve lui fût à nouveau présentée. Peut-être son arrivée tardive… La prise de bec avec Monsieur Muscle au sujet de la philosophie… ses dessins… ses coups d'œil insistants vers le décolleté de la belle rousse ?...

S'il avait commis un impair la semaine précédente, il en commettrait encore un aujourd'hui en se présentant avec les mêmes gâteaux... Denis, en vieille connaissance désormais, lui pardonnerait son manque d'imagination et ses biscuits identiques.

– Bon, c'est l'heure !

Pat prit son panier de biscuits, l'étui de sa guitare (Eh oui ! Tiens ! Je vais l'emmener...) et s'en alla pour le goûter.

Il passa tout le trajet en bus à se demander anxieusement si Ted serait là lui aussi. Quel sale type ! Pat aurait des difficultés à le supporter un goûter de plus… Puis il repensa à la jolie rousse, comment s'appelait-elle ? Il fouilla dans ses souvenirs, il se souvint que *Sonia* avait parlé de vampires et de zombies… Sonia. Ce n'était pas une fille comme les autres. Sa présence changerait tout. En pensant à elle, Pat était maintenant impatient d'y être.

Le bus tourna dans la rue Lornstrimple.

Pat se leva et se faufila jusqu'à la porte, emporté vers l'avant au moment du freinage. Il bouscula une grosse dame avec l'étui de sa guitare qu'il portait sur le dos.

– Excusez-moi, madame. Je descends ici.

Sans courir un seul instant, il arriva au 144 de la rue Lornstrimple avec cinq minutes d'avance. Quelques planeurs étaient garés devant la résidence, mais Pat n'en reconnut aucun. En tout cas, le modèle tape à l'œil de Ted n'était pas là. Ou pas encore.

Il carillonna au portique.

– C'est Patrick, articula-t-il près du micro. Je suis invité au goûter.

– *Grrr… Bonjourrrr...!* fit la voix de Denis saturée d'interférences. *Grrr… Vous êtes le premier aujourd'hui, montez. Grrr…*

La porte se déverrouilla.

Pat grimpa les marches deux à deux. Au petit trot. Il s'arrêta sur le palier. Denis l'attendait sur le pas de sa porte, qu'il maintenait ouverte avec son pied. Il tenait un plat de confiseries dans la main gauche et tendait cordialement la droite.

– Rebonjour, lança jovialement Pat en passant son panier sous son bras gauche.

Poignée de main.

– Bonjour Pat, fit Denis. Entrez, entrez donc. Qu'est-ce que vous avez-là ?

Pat fit le choix de mentir. Mentir à un ami, pendant un goûter, était peu courtois. Mais le goûter n'avait pas commencé et avec un peu d'habileté il ne se trahirait pas dans la conversation.

– Oh, ma guitare ? J'ai un cours après le goûter, dit-il. Je vais la poser ici. J'aurai peut-être l'occasion de vous jouer un petit air tout à l'heure.

Il n'avait pas de cours et ne l'emmenait en fait que pour ça. Jouer un petit quelque chose à ses amis car il n'aurait pas grand-chose à leur dire, à part se disputer avec Ted…

– Peut-être. Mais j'espère que vous ne troublerez pas le goûter cette fois… (Denis se méfiait déjà. Il avait vu juste.) Vous voulez du café ? demanda-t-il. Je vais en préparer.

Denis apporta un plat où Pat disposa ses cookies. Denis remarqua immédiatement qu'il s'agissait des mêmes pâtisseries que la semaine précédente. Pat se sentit gauche en déchiffrant sur les traits de son hôte une légère expression condescendante.

– Prenez un collier et suivez-moi. Posez ça là.

– Merci.

– Incroyable, n'est-ce pas ?

Pat enfila son collier et fit quelques pas dans le salon. Il remarqua immédiatement les aménagements apportés depuis la semaine précédente. Une lampe avait été déplacée, le fauteuil Louis XIX était maintenant près de l'écran TV au fond de la pièce. Peut-être Denis préférait-il que personne ne s'y asseye cette fois. La table basse était déjà garnie de tasses et de couverts. Un vase était posé près du minuteur. Il y avait de nouvelles bouteilles de jus de fruits, plutôt violets cette semaine (jus de raisin, de prune de Vénus et de fruits des bois). Denis avait fait preuve de renouvellement.

– C'est incroyable, n'est-ce pas ? répéta Denis. Cette histoire de fou ! On n'a jamais vu ça…

– Quelle histoire ? demanda Pat.

– Et bien, le goûter ! Deux fois le même, c'est incroyable.

– Vous voulez dire que tout le monde a été réinvité ? s'inquiéta Pat en songeant à l'affreux Ted.

– Oui. Ted, Sonia, Kyle et Franck.

– Mais pourquoi ? Qu'avons nous fait qui... C'est de ma faute ? murmura-t-il pour lui-même.

– C'est comme ça dans tout le pays, précisa Denis. D'après *Holochannel* N°5.

– Vraiment ?

– Ils l'ont annoncé dans le journal de onze heures, affirma Denis en servant le café.

– Merci, dit Pat. Mais de quoi allons nous parler ?

– Nous verrons bien…

*

Sonia arriva une minute plus tard. Denis alla l'accueillir à la porte. Il lui donna le collier bleu et l'invita à rejoindre Pat au salon tandis que lui-même préparait une salade de fruits dans la cuisine.

– Je suis désolée, dit-elle en posant sur la table les crêpes qu'elle avait apportées. Ce sont des nougats caramel, comme la semaine dernière. Je suis navrée, je n'ai pas eu le temps...

Elle était nerveuse. Ses mains tremblaient. Elle posa son sac près d'elle et s'assit en appuyant sa main sur son ventre.

Denis faisait du bruit dans la cuisine. Il était occupé. Il sifflotait un air entraînant en préparant les plats.

– Elles étaient très bonnes, dit Pat en désignant les crêpes. C'est une bonne idée d'en avoir refait.

– C'est gentil, dit-elle en souriant.

– J'ai apporté les mêmes brioches moi aussi, avoua-t-il en lui faisant un signe entendu. On s'est tous fait avoir cette semaine !

Sonia esquissa un sourire puis elle baissa les yeux et la tête. Elle allait pleurer, elle fondit en larmes.

Quoi ? (Pat était stupéfait.) Qu'avait-il dit de mal ? Il lança un coup d'œil inquiet vers la cuisine. Si on apprenait qu'il l'avait fait pleurer...

Pat se leva et vint s'asseoir près d'elle. Il posa sa main sur la sienne.

– Que se passe-t-il ? demanda-t-il gentiment en effleurant ses cheveux roux.

Elle releva la tête et murmura :

– C'est à cause du bébé… C'est un mutant ! Je le sens...

Sa voix se brisa. Une étincelle horrifiée brilla dans ses yeux. Elle les baissa et se dissimula le visage dans les mains.

Un mutant déformé, songea Pat. Quelle horreur ! Était-ce encore un fantasme improbable tiré de ses lectures fantastiques ? Des vampires, des zombies et maintenant un bébé mutant ! Malheureusement, ces derniers étaient bien plus nombreux que les vampires et les zombies. Ils étaient réels. Ces nourrissons sujets à d'horribles mutations provoquées par les ondes électromagnétiques, le stress maternel, la pollution, etc, etc. Des milliers de jeunes filles faisaient la queue des heures, tous les jours, dans toutes les agences d'avortement express du Multiplexe pour s'en débarrasser.

Les bébés mutants naissaient avec des antennes paraboliques à la place des oreilles, ou bien avec des billes aveugles logés dans les cavités oculaires, des doigts palmés, des bouches cousues, des nez creux, c'étaient des phocomèles, des attardés, etc... Le terme *mutant* désignait tous ceux qui ne correspondaient pas à la norme.

La norme faisait pourtant preuve d'une grande mansuétude envers les déviants. Les déviants qu'elle gardait avec bienveillance en son sein, car ils n'étaient affublés que de légères déviances : un nez trop court, oui... Mais un nez quand même ! Des oreilles décollées, certes... Mais point pavillonnaires, ni *hertziennes.*

Des doigts calleux et des paumes rêches, bien sûr, mais point de palme ni d'écailles !

– Enfin…, murmura-t-elle en reniflant, j'espère que je me trompe. (Donc elle n'est sûre de rien, réalisa Pat. Elle n'a pas fait le moindre test. Elle est complètement psychotique.) Ne le répétez surtout pas ! supplia Sonia avant que Denis ne revînt les bras chargés d'un énorme gâteau couvert de chantilly.

– Vous au moins, vous savez recevoir ! lui dit Pat.

Il était encore troublé par ce que Sonia lui avait confiée. Mutant, zombie, vampire… Comment discerner le vrai du faux ?

Denis déposa le gâteau sur un petit tabouret roulant et pivotant qu'il fit glisser près de la table avant d'en bloquer les roues.

– Ça c'est pour tout à l'heure, précisa-t-il. C'est un baba au rhum. Servez-vous, rajouta-t-il en invitant Sonia et Pat à se servir en café et à entamer les biscuits sur la table. Les autres ne vont pas tarder.

– Seront-ils tous les mêmes ? demanda Sonia en prenant un cookie.

– Oui, acquiesça pensivement Denis. Ils ont annoncé un bug dans tout le pays.

– Un bug ? Ça alors ! Que va-t-il se passer ?

– Rien de spécial, répondit Pat sans conviction.

Tout cela était troublant certes, mais en y réfléchissant un peu, Pat se considéra *éthiquement* hors de cause et ça lui remonta le moral. Il n'avait enfreint aucune règle lors du précédent goûter. La nature du problème, étendu à tout le système, le disculpait forcément.

Kyle, Franck et Ted arrivèrent en même temps, et en discutant bruyamment. Ils mirent leurs colliers et vinrent saluer leurs amis au salon. Assis côte à côte dans le sofa, Pat et Sonia se levèrent pour les saluer.

– Comment allez-vous ? demanda Pat.

– Bien et vous-même ? répondit Franck en riant. Ça fait une drôle d'impression de se revoir tous ici !

Il portait la même tenue que la semaine précédente, lui aussi, et il avait encore cette cigarette éteinte bloquée entre les lèvres. Il ne fumait finalement pas beaucoup.

– À qui le dites-vous ! approuva Pat en se tournant vers Kyle qui avait le poignet droit bandé.

Il grimaçait de douleur au moindre mouvement et se tenait au plus loin de Ted qui, en pénétrant dans la pièce, lança un tonitruant « Alors, bande de nuls ! » Sa blessure, contractée au bras de fer du goûter précédent, semblait sérieuse et toujours douloureuse.

– Désolé de ne pas vous serrer la main, s'excusa Kyle qui put quand même faire la bise à Sonia.

Ted s'arrêta devant Pat.

– Vous avez pris ma place, dit-il en écrasant la main de Pat dans la sienne. J'étais assis là, la semaine dernière.

– Désolé, s'excusa Pat. Il y en a d'autres.

Pat dégagea sa main de l'étau de chair et d'os et il se rassit en se massant les phalanges. Il était installé près de Sonia. C'était la meilleure place. Il ne la laisserait pas.

Ted resta cependant face à lui, entre ses genoux et la table basse.

Heureusement, Denis intervint :

– Allons Ted, fit-il en posant la main sur l'épaule de son ami.

Il la retira immédiatement, comme si cette épaule avait été brûlante. Ted fit rouler ses muscles sous sa chemise moulante. Il adressa un regard méchant à Denis, puis à Pat qui se leva et dit :

– C'est bon Ted, prends ta place.

Pat choisit un autre siège, entre Franck et Denis.

Tout le monde avait trouvé une place assise, c'était l'essentiel. Denis était un hôte exceptionnel. Il ne laisserait personne rester debout.

Ted arbora alors un air supérieur, dominateur, vainqueur, et s'installa près de Sonia dans le sofa comme César auprès de Cléopâtre. Il lança un regard sensuel à sa voisine.

– Excusez-moi, marmonna Sonia en se levant. Je dois aller aux toilettes.

– Je vous en prie, répondit Ted en souriant.

Denis lui indiqua la bonne porte, car elle n'avait pas eu à visiter cette pièce la semaine précédente.

– Deuxième à gauche, dit-il en indiquant le couloir du vestibule.

Ted la regarda quitter la pièce. Il l'imagina, bien assise sur la cuvette, le pantalon sur les chevilles et il poussa un soupir satisfait en laissant son imagination vagabonder.

Lorsqu'elle revint trois minutes plus tard, Sonia prit une chaise qu'elle tira près de Pat et s'y assit. Celui-ci en fut secrètement bouleversé. Pourquoi avait-elle fait ça ? Était-ce intentionnel ? Oui, et d'ailleurs Ted tirait une drôle de grimace. Denis le remarqua également.

– C'est comme si on s'était toujours connu ! s'exclama Franck en servant le thé.

– C'est exactement la réflexion que je me faisais, dit Denis.

– Qu'est-ce que tu deviens, depuis la semaine dernière ?

– On fait aller !

– Qui a apporté une guitare ? demanda Kyle.

– J'espère que personne n'a l'intention d'en jouer, commenta sèchement Ted.

– Bon, on commence ? demanda Denis. Tout le monde est prêt ? Oui ?

Il officialisa le début du goûter en pressant le bouton poussoir au sommet du minuteur qui se mit à tourner comme la roulette du casino. Après quelques secondes de loterie, il s'arrêta sur la couleur jaune.

– C'est à moi ! dit Franck en posant sa cigarette éteinte dans le cendrier.

*

Franck parla boulot.

Son travail, c'était sa vie. Son univers.

Le cours de l'action de *Silex* était au plus bas depuis une semaine. Toutes les tentatives légales de détournement de la loi avaient échoué, le PDG ne savait plus quoi faire. Franck prit le temps nécessaire pour soumettre à ses amis un exposé aussi clair que possible. (Ceux qui se tenaient informés de l'actualité financière n'apprirent rien de sa bouche.) Il n'était plus certain non plus que son chef de service fût un sot. Il s'était mis à réfléchir à la chose, souvent le soir avant de s'endormir. Il se demandait plus que jamais s'il avait la carrure d'un cadre supérieur. Était-ce la peine de tenter le concours ? Si c'était pour se ramasser lamentablement...

– Qu'en pensez vous ? demandait-il à tout bout de champ. À propos de tout.

Franck n'était sûr de rien cette semaine ; à un moment donné, il confondit même RAM et ROM. Il s'embrouillait. Il faisait peine à voir. Et face à lui ses amis dressèrent comme des maçons honnêtes un solide mur de désintérêt total. Franck endormait son auditoire.

Pat et Sonia échangèrent des messes basses, des petits signes et des sourires. Faisaient-ils plus ample connaissance ? Se liaient-ils d'amitié – ou même plus, sous les yeux de Franck ? De qui se moquaient-ils en fait ? Quel manque total de courtoisie !

Mais tout le monde s'ennuyait.

Sentant sur lui des regards qu'il ne souhaita pas satisfaire – pas gratuitement en tout cas, Ted se leva. Il abandonna la place qu'il avait si grossièrement exigée et, depuis la fenêtre, il surveilla son bolide de sport garé sur le parking.

Tout le monde trouva cela particulièrement impoli, mais se garda bien d'en faire la remarque.

Dix-huit minutes passèrent pendant lesquelles Franck évoqua ses doutes et ses angoisses misérables face au marché en ruine, puis la lumière bleue du minuteur céda la parole à Sonia.

Franck récupéra sa cigarette et s'enfonça dans son fauteuil. Son histoire avait moins plu cette semaine. Il s'en rendait bien compte. Il s'en voulait énormément d'avoir confondu RAM et ROM au début de son récit. Ça avait tout gâché... Morose, il alluma sa cigarette et toussa.

*

– À moi, murmura Sonia. Déjà…

Elle termina sa tasse de thé. Le minuteur désignait sa couleur et elle ne pouvait se cacher nulle part. Elle n'était pas dans de meilleures dispositions que la semaine précédente.

– Ma meilleure amie Estelle a été enlevée par des extra-terrestres, commença-t-elle de but en blanc. Ou des vampires. Ils font des expériences sur elle…

Son récit fut immédiatement perturbé par les sifflements excédés de Ted, qui poussa de véritables tempêtes d'ennui. Lorsque les regards réprobateurs se fixaient sur lui, il les affrontait en haussant les épaules. Il n'avait peur de personne. Personne n'avait à lui dire comment se comporter. Il connaissait par cœur le Code du Goûter et Sonia le bafouait, elle mentait ouvertement – ce qui était interdit. Tout le monde en était conscient. (Pat seul savait ce dont elle ne voulait pas parler.)

Certains tentèrent de s'intéresser et posèrent des questions (d'où viennent ces extraterrestres ? quelles expériences pratiquent-ils ? etc.) mais Sonia n'avait aucune réponse à leur offrir et finalement, le silence tomba lourdement.

Tous les amis profitèrent d'un creux dans la conversation pour goûter à l'appétissant gâteau qu'avait concocté Denis.

– Vous m'en direz des nouvelles, dit ce dernier. C'est un baba au rhum.

– Je n'ai jamais eu l'occasion d'en goûter, dit Pat en se servant une des plus grande part.

– C'est la mienne, intervint Ted en repoussant la cuillère de Pat. Cette part est face à moi. Je la prends.

– Ce gâteau est excellent !

– Merci beaucoup...

Lorsque le minuteur sonna la seconde fois, il n'interrompit ni le festin des amis, ni le récit de Sonia, qui était silencieuse depuis un quart d'heure.

*

La lumière rose vint illuminer le corps de Ted comme un soleil d'été : il se dénuda à nouveau.

Il le fit d'une manière moins théâtrale cette fois. Il ôta sa veste simplement et sa chemise moulante sans crâner. Sans effets spéciaux.

Cette semaine, il ne se dénudait pas sans raison.

– J'ai quelque chose de formidable à vous montrer, dit-il. Regardez bien. (Torse nu, debout face à ses amis, il prit une position arquée comme s'il était juché sur un cheval d'arçon et il affirma en se pointant les abdominaux, qu'il était doté d'un tout nouveau muscle.) Ici, précisa-t-il. Certainement un *petit oblique*. Il n'y était pas la semaine dernière, souvenez-vous en.

Ted était particulièrement fier de lui. Il avoua le peu d'effort qu'il avait fait pour obtenir ce muscle. Il quitta enfin la pose qui gonflait ses abdominaux et fit quelques pas derrière le canapé en roulant les épaules.

– Je pense que c'est en bricolant mon planeur sport qu'il s'est formé. (Ted passa devant chacun de ses amis pour leur montrer son nouveau muscle de près. À Sonia il dit même :) Touchez-le.

Ce type a-t-il le bras assez long pour se gratter le sommet du crâne ? se demanda Pat, satisfait de voir que Sonia paraissait dégoûtée par tout ce que faisait et disait cet incroyable Ted qui était, comme Éros, fort et beau. Mais qui serait aussi le premier à être gâté par l'érosion. Le plus cruellement. Tout le monde en avait marre de l'entendre parler de ses muscles et de ses réflexes dignes d'un pilote de course. D'autant que Ted ne montrait que peu d'intérêt aux histoires des autres. Il ne s'intéressait qu'aux siennes.

– Quelqu'un veut prendre une déculottée au bras de fer ? demanda-t-il avec vantardise.

Il n'y eut aucun volontaire cette semaine.

Le minuteur l'interrompit enfin, alors qu'il se moquait de la faiblesse et de la laideur de tout le monde autour de la table.

Il se rhabilla et s'installa dans le sofa.

– Voyons voir ce qu'il y a là, murmura-t-il en farfouillant sous la table dans le plateau où étaient étalés des magazines. VV&V ! (C'était le numéro du jour.) Parfait !...

*

Lumière verte : Pat ouvrit son étui et en extirpa sa guitare folk. C'était un bel instrument – bien entretenu et personnalisé par de nombreux dessins et autocollants, comme sur le plâtre d'un éclopé.

– Que fait-il ? murmura Franck en croquant béatement dans une brioche aux pépites de chocolat.

Denis haussa les épaules, sans quitter l'instrument des yeux. Il avait craint le pire depuis le début.

Ted lâcha un long soupir, qui n'échappa à l'attention de personne. (C'était peut-être en soupirant comme ça qu'il avait attrapé cette saleté de *petit oblique*.)

Pat pinça les cordes de son instrument et en ajusta rapidement l'accordage.

– C'est une guitare électroacoustique ? demanda Kyle.

– Non, répondit Pat avec bonne humeur. Il n'y a aucun branchement. (Comme dans les neurones de Ted, songea-t-il.)

Il commença par un arpège lent et mélodieux.

Ted soupirait plus fort à présent, pour couvrir la musique.

Pat enchaîna les accords tandis que ses amis se servaient en friandises. Ils parlèrent de leurs goûts musicaux, certains comme Franck n'écoutaient que de la musique classique, d'autres comme Ted, exclusivement de la musique électronique. Sonia aimait de tout, et ce que Pat jouait près d'elle lui plaisait beaucoup.

– Que jouez-vous ? demanda-t-elle au musicien.

– J'improvise, répondit Pat. Si j'avais eu ma guitare électrique, ça aurait été mieux.

– Évidemment, ironisa Ted en levant le nez de son magazine. (Il soupira :) Cet instrument est désaccordé ?

– Non, répondit Pat sans s'arrêter.

– Je ne sais pas ce qui cloche alors, rétorqua Ted en se replongeant dans VV&V après avoir lancé un arrogant regard panoramique.

Sonia fronça les sourcils et pinça les lèvres à son intention. Le molosse la remarqua et lui lança un rictus dégoûté en réponse. Elle se désintéressa de lui. Et lui d'elle.

– Voyons Ted, intervint Denis, ce n'est pas si mal.

Denis, en sa qualité d'hôte, était le seul à lui tenir tête. Avec demi-mesure cependant. Il tapait quand même du pied pour accompagner la guitare.

– Ça va, je plaisantais ! fit Ted à regret.

Pat jouait maintenant un air un peu chaotique.

Sonia n'avait jamais vu quelqu'un jouer de la guitare, si près d'elle. Si bien. Fin mélomane, Kyle hochait la tête en souriant. Entre la cuisine et le salon, Denis préparait un autre gâteau, sans rater une seule note de la chanson de Pat. C'était épatant, finalement. Le concert entre amis ! Pat joua de la guitare en enchaînant presque simultanément solos et rythmique. Il était à n'en pas douter aussi fort avec une guitare qu'avec un crayon.

– Vous jouez vraiment bien, dit Sonia. Vous prenez des cours ?

– Non, répondit Pat en enchaînant avec dextérité deux accords distants l'un de l'autre sur le manche. Autodidacte jusqu'au bout des doigts !

– Vraiment ? s'étonna Denis. Vous donnez des cours peut-être ?

– Non, non, répondit Pat. Je ne suis pas un bon pédago…

Il s'interrompit, la musique s'arrêta comme un break bienvenu, et il croisa le regard de Denis. Pat rougit comme une tomate et baissa le nez sur le manche de son instrument. Il s'était finalement trahi, mais Denis ne s'en offusqua pas. Et si c'était le cas, il n'en montra rien.

– Continuez ! encouragèrent Kyle et Sonia.

Pat reprit.

Il jouait maintenant avec frénésie. Ses doigts commençaient à lui faire mal. Sonia fredonnait, Kyle tapait du pied et claquait dans ses mains. Il avait mis un peu d'alcool dans son thé. Dans la cuisine, les cuivres de Denis répondaient aux riffs de Pat. Il en revint avec une tarte aux poires dans un grand plateau qu'il déposa sur la table. Monté sur des pieds d'une dizaine de centimètres, il recouvrit complètement le minuteur.

Ted s'était assoupi dans le canapé après avoir fourré des bouchons en mousse dans ses oreilles. Avec VV&V sur les cuisses. Il ne ronflait pas. Ou pas assez fort pour déranger ses amis.

Il avait somnolé une bonne demi-heure lorsque les éclats de voix à ses oreilles le réveillèrent. Il grogna et vit que Pat jouait encore. Il ne restait presque rien de la tarte aux poires. Intrigué, il poussa le plateau qui recouvrait le minuteur et mit à jour l'horrible réalité.

Le minuteur brillait de l'éclat jaune.

– Qu'est-ce que ça veut dire ? gronda Ted en se redressant. (Il ôta les bouchons de ses oreilles.)

– Bien dormi ? lui demanda Kyle.

– Regardez ça ! cria Ted en volant l'attention de ses amis à Pat, qui cessa de jouer pour regarder lui aussi le minuteur. Non mais c'est pas vrai !!! hurla Ted en bondissant du canapé. (Tous ses amis se figèrent. Il repoussa le plateau et désigna le minuteur.) Jaune ! s'exclama-t-il. (Puis il désigna Pat, son collier et sa guitare.) Vert !

Ted était fou furieux.

Denis vérifia le minuteur. Ted avait raison. Le minuteur avait sonné deux fois tandis que Pat jouait… C'était en partie de sa faute, bien sûr. Il l'avait négligemment recouvert avec sa tarte aux poires. Et il l'avait oublié…

Ted avait visiblement envie de se défouler sur quelqu'un. Tout le monde était en tort. Pourquoi en faire toute une histoire ? Pat, en accaparant l'attention sur lui, s'était certes rendu coupable d'égocentrisme. Mais Sonia, en l'admirant discrètement, lui plus que ses autres amis, s'était rendue coupable de favoritisme, Franck et Kyle en battant la mesure sans réfléchir étaient coupables de bêtise, Denis, coupable également pour avoir favorisé le dérapage en dissimulant le minuteur par maladresse, et Ted, coupable pour s'être endormi… Coupable ! Coupable !... Ils étaient tous coupables.

– La morale a été bafouée ! brailla Ted à présent bien éveillé. Ça alors, c'est quelque chose ! gronda-t-il en bandant tous ses muscles. Je suis persuadé qu'il m'a volé mon tour ! Ça alors ! Quel favoritisme !

Il n'en revenait pas. Il lança un regard meurtrier à Pat qui chercha un soutien parmi les mines gênées de ses amis – Sonia était de son côté :

– Il ne fallait pas s'endormir, lui reprocha-t-elle.

Ted était hors de lui et rien de ce que pouvaient dire Sonia, Denis ou Franck ne le ramena à la raison.

– Vous êtes si ennuyeux qu'on ne peut pas faire

autrement que de s'endormir ! Bon dieu, j'espère que nous ne sommes pas observés ! Un goûter qui tourne ainsi à la catastrophe..., gronda Ted en brassant de l'air avec ses bras musculeux. Et deux fois de suite ! rugit-il, excédé. C'est le genre de choses qui vous ramène en stage de savoir-vivre ! C'est incroyable ! Vous risquez gros ! prévint-il en pointant son index sous le nez de Pat. Ça suffit ! Ça suffit !

Il était à peine 17 h 10, mais Ted jeta son collier, récupéra sa veste et claqua la porte sans saluer ses amis.

Il laissa derrière lui une assemblée embarrassée.

C'était effectivement inadmissible que quelqu'un se permette d'attirer ainsi l'attention sur lui pendant près de cinquante minutes ! Rendez-vous compte ! Le minuteur était là pour empêcher ce genre d'inconvenances. Et le minuteur avait été ignoré.

Pat ne craignait pas une quelconque remontrance des autorités sociales. Il en avait déjà eu son lot, ce n'était pas la mer à boire. Évidemment pour eux, c'était le drame ! Qu'ils se plaignent ! Qu'ils se plaignent tous !

Ce qu'il avait fait n'était pas régulier, certes. Mais ce n'était pas non plus illégal. Pat était presque sûr d'être dans son bon droit. Lui aussi connaissait le Code. Et puis après ?! Les striptease de chip'n'dale débiles et bornés sont-ils tolérés ?

– Je dois dire que je suis choqué, avoua Kyle. (Il se leva à son tour.) Je n'enfreins aucune règle de savoir-vivre en me retirant. Je suis désolé, Pat, mais vous avez été odieusement égoïste.

– Cependant vous n'avez rien dit lorsqu'il jouait, lui répondit Sonia qui était définitivement la seule à le défendre.

– Je suis désolé, insista Kyle en se massant le coude. Je n'ai plus rien à dire.

– Moi aussi, je suis bien désolé, reconnut Pat.

Kyle sortit en adressant un vague au revoir à tout le monde.

– Bon..., dit Franck en se levant à son tour. Drôle de goûter.

Il ôta son collier, récupéra sa veste et suivit le chemin qu'avaient déjà pris Ted et Kyle.

Denis, Pat et Sonia se retrouvèrent les derniers amis autour de la table.

– Tant pis pour le jeu de société, fit Denis en commençant à débarrasser la table. Je propose d'écourter le goûter.

– On peut vous aider ? demanda Sonia.

– Non, allez vous-en. Et reprenez tout ça !

Sonia récupéra ses crêpes, Pat ses petits-fours et ils s'en allèrent.

*

Sonia et Pat se dirigèrent ensemble vers la station de bus au bout de la rue Lornstrimple.

– Tu es venue en bus ? demanda Pat.

– Oui, répondit-elle en lui souriant timidement.

Une petite vieille était assise à l'arrêt de bus. Sonia et Pat restèrent debout près d'elle. La grand-mère les regarda en souriant, comme s'ils étaient déjà amoureux.

– Il est encore tôt, dit Pat en consultant les horaires. Dommage pour le goûter.

– Il me reste quelques crêpes, dit Sonia en montrant son sac. Si nous allions dans le parc, finir tout ça. (Il y avait un petit square à quelques pas de là.) Tu joueras un peu de guitare.

Lorsque le bus atterrit, la vieille dame y grimpa seule. Sonia et Pat partirent à pied vers le parc. Ils étaient presque des amis de toujours…

– Je suis sûr que ton bébé sera normal, affirma Pat. Beau et robuste. Plus tard intelligent.

– Tu le penses vraiment ?

– Bien sûr.

– Merci… Tu as eu de la chance que Ted ne l'ait pas cassée, dit-elle en montrant la guitare. J'espère ne plus jamais le revoir. Quel pauvre type...

– Ça oui !

Ils s'installèrent sur l'herbe du parc, près d'un arbre, et Pat joua quelques notes pour elle. Étendue face au ciel encore bleu.

FIN

Les naufragés de la Maria

1

La musique plein pot dans les oreilles – mille fois qu'il écoutait ce morceau génial, *Carré d'as*, et ça lui faisait toujours autant d'effet – Lucius Jack marchait en claquant les doigts, décontracté. La rue descendait, il n'avait qu'à se laisser attirer par la gravité et porter par le vent qui soufflait dans son dos. Sa démarche chaloupée s'inspirait de la musique de DJ Haydn que ses écouteurs lui bombardaient directement au cerveau.

Pam ! Pam ! Tadada...

Heureux ! Isolé...

Lucius n'entendait ni les éléphants, ni les bourriques, ni les mules, ni les pêcheurs, ni les vendeurs de coquillages ou d'algues, ou de toutes les autres cochonneries qu'on trouvait dans la région, qui allaient et venaient autour de lui et qui pourtant faisaient beaucoup de bruit.

Lucius n'entendait que le DJ.

À droite de la rue qu'il descendait à bonne allure, le paysage se résumait à quelques bâtiments en briques blanches, quelques ponts, quelques antennes de télévision hérissées sur les toits et ensuite à la forêt – l'immense forêt qui recouvrait trois quarts des terres immergées de ce monde.

À sa gauche : quelques voiliers de taille modeste semblaient posés sur la mer plate – d'eux d'entre eux tiraient des bords vers le large, les autres sortaient tout droit au moteur, et plus loin, sur l'autre rive de la baie, d'autres bâtiments blancs, d'autres antennes, d'autres ponts et le reste de la forêt. Et d'autres bourriques bien sûr, d'autres éléphants, d'autres marchands et bonimenteurs affairés.

Lorsqu'il aperçut le toit de verre de la gare maritime et ses arceaux bombés – le bâtiment avait été conçu pour ressembler à un cétacé, et qu'il se rendit compte qu'il n'était que 8 h 20, Lucius ralentit la cadence.

Bon. Ça va, ça va, songea-t-il. Pas la peine de s'épuiser. (La baleine ne prendrait pas le large avant cinquante-cinq minutes.) Son sac à dos pesait lourd et ses chaussures neuves compressaient désagréablement ses pieds. Il s'arrêta même un instant pour souffler.

Un des vendeurs à la sauvette installé sur le trottoir en profita pour l'interpeller :

– Bonjour jeune homme !... commença-t-il.

– Non merci ! l'interrompit fermement Lucius avant même d'en entendre plus.

Il reprit sa marche.

Ces types étaient tous les mêmes, installés partout où un petit coin de trottoir leur permettait d'étendre leurs étals et de déplier leurs pancartes. C'était partout pareil. Un simple regard lancé à leurs babioles, par pur hasard ou par légère curiosité, et il ne vous lâchait plus. Statuettes en plâtre, porte-clés, t-shirts, sac à main, à dos, ici tout était à l'effigie de la baleine. Déclinée à toutes les sauces.

– Ce parapluie baleine est fait pour vous, monsieur ! insista le vendeur avec enthousiasme.

– Vraiment, non ! répéta Lucius en s'éloignant.

– Cartes postales ! Jouets ! Souvenirs, tout le monde s'approche ! continua le vendeur à l'attention d'autres passants.

– Monsieur ? S'il vous plaît !...

– Non plus, non ! répondit Lucius à un nouvel importun.

Celui-ci ne vendait rien, c'était un militant écologiste qui mendiait une signature sur sa pétition… Je ne signe rien ! Un membre de la fondation Tousceau – il portait sur l'épaule l'écusson des plus ardents défenseurs des baleines, traînait devant la terrasse de la *Baleine du boss,* une taverne traditionnelle servant de la baleine sous toutes ses formes, du petit-déjeuner au dîner. Le *boss*, derrière sa vitrine – il avait l'allure peu commode d'un patron pêcheur criblé de dettes – le surveillait d'un mauvais œil accoudé au comptoir. Il finirait sans doute par lui faire prendre le large à coup de botte dans le train. Les écolos et les marchands à la sauvette se disputaient dans la région le titre de champion des enquiquineurs…

Alors qu'il observait encore dans la direction de la taverne du boss en espérant que celui-ci sorte pour s'expliquer avec le militant vert, et qu'il ne portait donc pas toute son attention à la route, Lucius fit un pas de côté, au dernier moment, pour s'écarter de la trajectoire d'une dizaine de bourriques harnachées qui convoyaient têtes baissées des sacs de fruits (ou de babioles) et qui faillirent le piétiner.

Il arriva en un seul morceau, sans avoir dû débourser un seul centime de cruz, sur le parking de la gare maritime, d'où il put déjà voir trois baleines amarrées à quai, derrière la (soi-disant) baleine en briques et en verre vers laquelle il se dirigea.

Un quatrième cétacé semblait libre entre le quai et les pontons où s'alignaient les mâts nus des voiliers, cependant l'animal ne bougeait pas et demeurait immobile face à la route principale du front de mer. On ne le voyait pas bien d'ici, mais il n'avait pas l'air en forme.

Lucius présenta son ticket à un guichetier qui le tamponna, passa un portique et rejoignit les voyageurs qui attendaient, déjà nombreux, sur le quai d'embarquement. D'autres le suivaient, avec leurs enfants et leurs bagages encombrants.

Lucius s'appuya contre la barricade, face à la baie. Il tapait toujours du pied et hochait la tête en rythme.

Les baleines tiraient fébrilement sur leurs amarres. À poste tous les cinquante mètres sur le quai, des grues d'entretien et des passerelles démontables faisaient plus ou moins face à chacune d'elles.

Un panneau indiquait leurs noms et diverses caractéristiques techniques et commerciales les concernant. Il y avait Maria, Rosa et Carla. Il manquait Jo hanna, dont l'emplacement demeurait vide. Peut-être était-elle en voyage, en pleine traversée, ou bien était-ce elle la vieille baleine usée qui flottait inactive, cachée là-bas. Mise au rebut. Mourante.

Lucius se retourna et observa les gens qui l'entouraient. Ils vérifiaient leurs bagages, discutaient ou prenaient thés et cafés sur la terrasse flottante de la petite cafétéria du quai. Ils attendaient tous l'ouverture de la barrière gardée par un steward qui regardait parfois vers les baleines, parfois vers sa montre, parfois vers les voyageurs.

Lucius remarqua parmi eux un religieux à l'apparat précieux, nerveux comme un bouc parmi les chèvres. Il allait et venait en se frottant à tout le monde, les mains jointes dans le dos. Lucius Jack n'aimait guère les curetons, d'où qu'ils viennent. Le faciès typé de celui-ci trahissait une origine plus que douteuse : il venait de l'espace. D'un lointain monde. Son séjour n'avait qu'un but : aliéner la population locale avec des idées misérables…

Leurs regards se croisèrent furtivement. Lucius détourna immédiatement le sien, mais le religieux l'avait vu et lui avait souri. C'était sans doute trop tard.

Lucius se redressa et marcha jusqu'à la machine à café.

– Pardon, dit-il en contournant une grosse dame plantée là.

Il glissa une pièce dans la machine et reçut son café en échange. Lucius prit un des prospectus disposés sur un présentoir, sous l'écran qui affichait les horaires de départ des baleines, et le lut en soufflant sur son café brûlant. Il s'appuya au garde-fou, à deux pas de la barrière gardée par le steward, un peu plus loin du curé.

Il observa Maria, la baleine qui le ferait voyager sous l'océan d'un continent à l'autre. En lisant le prospectus, Lucius apprit que Maria mesurait 91,31 mètres pour 67,50 mètres habitables – tout confort, compartiments étanches et pressurisés, climatisation, services de détente et de restauration. Logés dans les flancs graisseux de la baleine, les compartiments des voyageurs ressemblaient à des pustules allongées, percées de hublots…

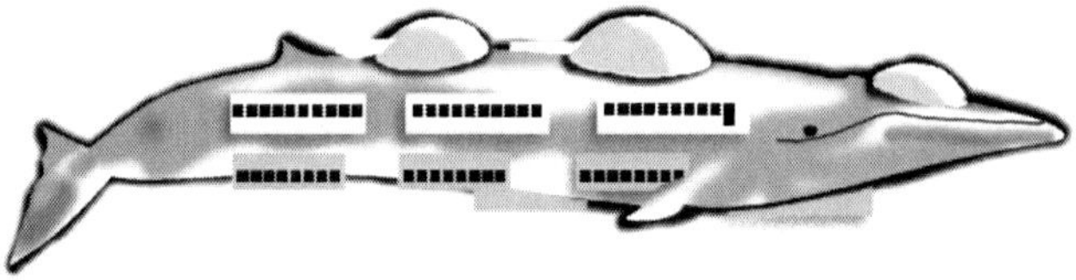

Les seize compartiments, de première et deuxième classes, permettaient de faire voyager, d'un continent à l'autre, trois cents personnes, en toute sécurité et pour trois fois rien.

Maria en quelques chiffres : poids, trois cents tonnes. Vitesse de croisière, approximativement trente nœuds. Période d'activité, trente ans. Maria évoluait sur cette ligne depuis huit ans et elle avait auparavant nagé dix ans dans les eaux plus froides de sa jeunesse. Il lui restait donc douze ans de service – avant d'être abandonnée dans une crique entre deux épaves.

Pas mal, reconnut Lucius en relevant le nez du prospectus. Il constata que tout le monde autour de lui avait le regard tourné vers la rue du front de mer. Il regarda à son tour et baissa le son de sa musique.

Un peu plus haut derrière le remblai, dans l'embouteillage, un éléphant épuisé s'était effondré sur son flanc. Sa trompe battait les pavés comme un jouet défectueux – il ne parvenait pas à se relever. Son chargement semblait répandu sur la chaussée. Les cris de fureur des autres éléphants, ânes, pêcheurs, bourriques, chevaux, allèrent crescendo tout autour.

Excitées par ce remue-ménage, les baleines remuèrent comme des moniteurs de gym dans une piscine. Maria la première. Les employés de la compagnie tournèrent autour d'elle comme des fourmis autour d'une fraise.

– Eh bien ! Les baleines sont perturbées ce matin, constata un homme, près de Lucius qui tiqua involontairement.

– Très agitées, confirma un autre passager.

Ces deux-là paraissaient avoir souvent voyagé en baleine, et ne se formalisaient pas outre mesure de leur nervosité. Ils constataient simplement le fait. Lucius n'était pas rassuré pour sa part. Ce n'était que la seconde fois qu'il prenait la baleine. Il aurait de beaucoup préféré faire le voyage en avion, mais l'atmosphère ténue, associée à une forte gravité, limitait le transit aéroporté sur cette planète à quelques oiseaux légers au printemps et aux feuilles mortes à l'automne ; la mer était ici le seul moyen de faire voyager les hommes.

Les voyages en baleine étaient économiques, sûrs, et confortables. Comme il était stipulé dans le dépliant publicitaire, les baleines pouvaient naviguer par tous les temps – franchissant le clapot avec une puissance facile. Les accidents survenaient très rarement. C'était le moyen de transport le plus sûr au monde, et certainement de tout le Multiplexe-H.

Lucius était prêt à le croire.

Le dernier accident avait eu lieu trois ans auparavant et avait fait l'objet d'une importante couverture médiatique faisant trembler tous les bourgeois, même ceux qui ne voyageaient jamais. La baleine Ursule avait succombé pendant une traversée, terrassée par une crise mortelle en plein milieu de l'océan. Tous ses passagers (desquels faisaient partie le député Artaban et son épouse) furent entraînés par le fond, sans aucune possibilité d'en réchapper. Pour expliquer les raisons de ce drame, certaines irrégularités techniques furent évoquées et rapidement reconnues comme évidentes par les enquêteurs : Affrétée par une compagnie maritime douteuse, la baleine Ursule avait été amputée de 88% de sa masse graisseuse afin d'y loger un maximum de compartiments. Elle en supportait vingt-six et transportait plus de cinq cents passagers. Voyage difficile et nage forcée, la baleine Ursula n'avait pas eu la force de rejoindre l'autre rive de l'océan. Elle s'était épuisée et avait coulé à pic, surchargée par le poids de ses infrastructures trop exigeantes.

Ce genre de catastrophe ne risquait plus d'arriver. Depuis Ursula, aucune baleine destinée au transport de passagers ne pouvait être amputée de plus de 45% de sa masse graisseuse.

Il ne servait à rien de se ronger les sangs. Ça n'arrive généralement qu'aux autres...

– Je n'ai pu m'empêcher de déceler en vous une grande inquiétude, dit soudain le cureton en se plaçant face à Lucius. Laissez-moi d'abord me présenter. (Lucius Jack haussa les sourcils. Il replia la publicité qu'il glissa dans sa poche.) Je suis frère Miércoles, annonça l'importun. Prêtre de la Quadrature. Connaissez-vous les vertus du Carré Sacré ? Un, deux, trois, quatre ; un, deux, trois…

– Première fois que j'en entends parler, coupa Lucius Jack en augmentant le son de sa musique. (Il rajouta plus fort :) En tout cas, ça ne m'intéresse pas du tout.

Il se retourna contre le muret et observa la vieille baleine épuisée qui était presque échouée sur le sable (Était-ce Johanna ?) – les compartiments de voyageurs lui avaient été retirés, laissant des cavités béantes dans sa maigre carcasse où l'eau s'engouffrait comme dans des encoches vides.

– Cette planète est bien l'enclos à racaille auquel je m'attendais, murmura frère Miércoles, outré qu'on lui tourne ainsi le dos. Je vais avoir du pain sur la planche… (Il grogna, tourna les talons et changea immédiatement d'expression.) Quelle jolie robe ! s'exclama-t-il en remarquant une femme assise à la terrasse de la cafétéria.

Frère Miércoles se faufila jusqu'à elle.

Elle portait un ensemble à carreaux, une casquette et des genouillères de prière, un accessoire à la mode même chez les non-pratiquants ; sa main était agrippée à la poignée d'une lourde valise à roulettes.

– Votre ensemble à carreaux vous va à ravir ! minauda frère Miércoles pour entamer la conversation. Vos carreaux sont parfaits ! Ce ne sont pas de simples losanges ou de vulgaires rectangles. Voilà de beaux carreaux. Droits et symétriques.

– Merci ! fit-elle en rougissant.

– Je suis frère Miércoles, enchaîna-t-il. Serviteur de la Quadrature, et désormais le vôtre.

– Je m'appelle Caroline, répondit la dame en robe à carreaux.

– Caroline ! N'est-ce pas un prénom merveilleux ? s'exclama frère Miércoles. Tenez-vous droite ! Ne froissez pas vos carreaux. (Il fouilla dans son sac et en sortit une pile de documents. Il défit le ruban qui les attachait ensemble et en tendit un à Caroline.) Étudiez ceci, pria-t-il. Ce sont les préceptes du dogme. Apprenez-en le refrain. Vos carreaux vous vont si bien !

– Oui, pourquoi pas, dit-elle en acceptant un prospectus. J'aurai tout le temps pendant le voyage.

Lucius voyait d'un très mauvais œil le manège du cureton qui embobinait les gens comme au porte-à-porte. Un véritable vendeur d'aspirateurs. Qui plus est sa victime n'était pas vilaine ! C'était peut-être une technique de drague… Lucius secoua une dernière fois la tête et se désintéressa définitivement de la parade du religieux.

Sur toute la longueur du quai, les types de la compagnie tiraient maintenant comme des brutes sur les amarres de Maria – d'autres gars frappaient son cuir au martinet pneumatique, elle avança de quelques brasses. « Tirez ! Lâchez ! Encore un peu ! Frappez ! Voilà ! Souquez ! Nouez ! »

La baleine s'était avancée suffisamment – amenant son écoutille principale face à la passerelle du quai. Les amarres furent réenroulées aux taquets et la baleine à nouveau immobilisée.

Le personnel de la compagnie se dispersa.

Un mécanisme automatique s'actionna et la première barrière se releva, autorisant les passagers à s'engager sur le ponton pour rejoindre la passerelle.

Lucius agrippa les sangles de son sac à dos et leva les yeux vers la baleine tandis qu'il s'en rapprochait. Son flanc dodu et noir ressemblait à la coque d'un sous-marin. Face à elle, tout le monde murmurait des superlatifs étonnés, emprunts de crainte respectueuse.

Maria était impressionnante.

Un steward et une hôtesse attendaient à l'écoutille principale. Le steward décrocha la petite chaîne qui entravait la passerelle d'embarquement.

– Mesdames et messieurs, si vous voulez bien embarquer, fit-il en invitant les passagers à monter à bord de la baleine.

L'hôtesse les guida vers leurs compartiments, comme au théâtre de Corzo.

Il était neuf heures.

*

En embarquant, Lucius observa l'œil de Maria, à une dizaine de mètres de lui, juste au-dessus de sa bouche souriante qui épousait sa ligne de flottaison à vide. Un œil dénué de toute expression. Amorphe. Comme un hublot voilé.

Lucius grimpa par la porte latérale, aménagée sans douleur dans le flanc gauche du cétacé. En passant, il effleura les montants de l'écoutille, lotie dans la chair cautérisée de l'animal.

Pauvre baleine, se dit-il. Parfois je comprends les écolos...

Il se faufila dans l'étroit couloir percé de hublots jusqu'à son compartiment – le N°8 – de seconde classe. Lucius trouva sa place près d'un hublot et posa son sac à dos sur le siège voisin.

– Quel confort ! s'enthousiasma un voyageur, installé de l'autre côté du couloir central – c'était le curé ! il prenait ses aises dans son siège. Admirablement conçu, rajouta-t-il en dépliant la tablette rabattante, en réglant son appuie-tête et ses accoudoirs. (Le siège, moelleux et doux, avait un dossier inclinable. Frère Miércoles le remonta de quelques degrés jusqu'à la verticale.) C'est parfait ! dit-il réjoui par tous ces angles droits.

Il caressa la cloison – solide et recouverte d'une moquette claire et unie, douce et agréable – qui le séparait des viscères de Maria. Les entrailles de l'animal – de ce que pouvaient en voir les passagers – ressemblaient parfaitement à celles d'un train, d'un avion, ou de n'importe quel astronef bien tenu. Aucune goutte de sang, aucun organe apparent, aucune mauvaise odeur, ni même une gaine de câblage, une vis ou un écrou ne venait briser l'harmonie de l'agencement.

– Quel folklore, déclara Miércoles. C'est vraiment formidable !

Lucius soupira.

Le compartiment se remplissait rapidement, les passagers s'installaient dans une relative indiscipline. Il en allait ainsi dans toute la baleine.

« Il reste de la place. Dites à ces gens de mettre leurs affaires ailleurs. Il y a des rangements pour ça. »

« Pardon ! Je ne vous avais pas vu… »

« J'avais demandé une place côté hublot ! »

« Excusez-moi, c'est ma place. »

« Il y a des places partout, madame ! »

« Pardon… »

« Merci. »

« Merci à vous... »

Affalé sur son siège, le menton posé dans la main et les genoux remontés contre le dossier précédent, Lucius observait par le hublot. Son regard erra un moment parmi les infrastructures du port. Il vérifia sa montre. 9 h 13. Plus que deux minutes. (Dans le compartiment, tout le monde était désormais installé.) Par chance, personne n'était venu s'asseoir près de lui, et comme la baleine ne faisait aucune escale jusqu'à Briaz, il en serait ainsi pour tout le voyage. Plus facile pour aller et venir, pour dormir ou pour se gratter les fesses.

Une hôtesse entra dans le compartiment :

– Mesdames et messieurs, dit-elle en levant les mains, s'il vous plaît. (Elle attendit patiemment que les passagers lui accordent toute leur attention.) Le départ va bientôt avoir lieu. S'il vous plaît, restez assis jusqu'à ce que nous ayons plongé, d'ici quelques minutes. Vous pourrez ensuite aller où bon vous semble.

Elle ressortit et demeura dans le sas qui rejoignait le compartiment 7.

Lucius remonta le son du DJ et contrôla à nouveau sa montre. 9 h 16. Sur le quai, on dénoua les amarres qui glissèrent sur le corps de la baleine et tombèrent à l'eau. Un employé du port frappa le cuir de la baleine avec son martinet, jusqu'à ce qu'elle soit hors d'atteinte.

Le quai s'éloignait lentement

– C'est parti… murmura Lucius.

– Ça y est ! chuchotèrent quelques passagers.

La gare maritime et le quai s'éloignaient en pivotant. Lucius observa la route qu'il avait descendue à pied une heure à peine plus tôt. Les vendeurs étaient toujours là, comme les éléphants et les bourriques.

Une haute perche jaune et noire passa devant le hublot. Lucius n'en vit pas le sommet, même en se penchant contre la vitre.

La baleine quittait le port.

Les voiliers qu'avait aperçu Lucius depuis la route s'étaient éloignés mais ils tiraient toujours des bords entre les pécheurs éparpillés à la dérive ou au mouillage. Plage, dunes et forêt complétaient le panorama que l'on distinguait depuis le ras de l'eau.

En suivant docilement le chenal tracé entre les côtes, Maria faisait désormais face au large.

L'hôtesse était revenue :

– …En cas d'évacuation, suivez dans le calme les flèches vertes…, disait-elle d'un ton monocorde, en désignant des panneaux pour l'instant inerte. Des brassières et des masques à oxygène sont disponibles, à des prix tout à fait raisonnables, au magasin situé près du salon panoramique.

– On ira en acheter tout à l'heure, promit un voyageur à son épouse qu'il savait inquiète de voyager sous la mer. Donne-moi le porte-cruz, veux-tu.

– Oh, ça y est ! s'exclamèrent plusieurs passagers.

– Regarde, on plonge !

La mer recouvrit le hublot. La baleine plongeait. La lumière du jour disparut pour de bon. Tout devint bleu et sombre puis les plafonniers s'illuminèrent. Le voyage commençait vraiment.

– Au revoir Corzo, murmura Lucius. Bonjour Briaz !

« Ding Ding Dong…

Lucius ôta ses écouteurs, juste le temps d'écouter l'annonce faite aux passagers par les haut-parleurs :

Mesdames et messieurs ici le commandant Bonéem. Vous avez pris place à bord de la baleine Maria opérant au départ de Corzo la jonction avec la Grande forêt de Briaz Canopée. La traversée va durer 25 heures environ. L'ensemble de l'équipage se joint à moi pour vous souhaiter un agréable voyage. »

Lucius replaça ses écouteurs dans ses oreilles.

Maria rattrapait les deux voiliers à la gîte. Irrémédiablement, ils perdaient sur la baleine qui accélérait progressivement pour affronter la traversée de l'immense océan. Ses mouvements amples et puissants lui assuraient une propulsion efficace sans jamais troubler la quiétude et le confort des passagers. Ces derniers ne ressentaient ni mouvement, ni vibration, ni grondement – sauf lorsque la baleine faisait surface pour respirer, mais les conversations qui commentaient le panorama ainsi délivré couvraient généralement tous les *bruits de la machinerie*. Maria progressait à vive allure, sans turbine, ni hélice. Et avec le sourire, comme toutes les baleines de la compagnie.

À son bord, tout n'était donc que silence – sauf les discussions bruyantes, les pages froissées des journaux, les bruitages de jeux vidéo, les toux et les ronflements, et sauf la magnifique musique, en fait omniprésente, de DJ Haydn, que seul Lucius avait la chance d'entendre – et il n'entendait que ça.

Éclairés par la lumière artificielle des compartiments, des torrents de bulles et de micro-organismes tourbillonnaient derrière les hublots comme des paillettes. En se penchant à la vitre, et selon les mouvements qu'effectuait la baleine, Lucius pouvait apercevoir deux autres compartiments insérés comme le sien dans le flanc de Maria. Il y voyait des gens, eux aussi aux hublots, sans doute émerveillés, comme lui, par le panorama sous-marin plutôt limité mais toujours mystérieux.

Lucius poussa ses affaires sous son siège et se leva. Frère Miércoles tourna la tête.

Pourvu qu'il ne m'adresse pas la parole, espéra Lucius.

Frère Miércoles se leva à son tour. Hélas.

– Vous allez quelque part ? demanda-t-il en rattrapant Lucius dans le couloir. Vous allez vous acheter une de ces bouées, peut-être ? Ce kit de survie…

Ils croisèrent des passagers qui revenaient déjà du magasin, avec leurs brassières et leurs masques à oxygène dans les bras. L'ensemble était vendu en valise encombrante. Lucius et Miércoles s'adossèrent à la paroi du sas pour les laisser passer.

– Possible, répondit Lucius en grimpant deux à deux les marches des escaliers qui, comme une veine protubérante, suivaient le flanc de la baleine jusqu'à son dos, où se trouvait le salon panoramique – bar & restaurant. (Un magasin de souvenirs terminait le parcours après avoir franchi une dernière coursive.) Je vous rejoins au bar, dit-il en laissant frère Miércoles passer devant lui.

Lucius ne lui fausserait pas compagnie facilement sous ce dôme, c'était évident, mais il préférait y faire une entrée en solo. Le salon panoramique offrait une vue imprenable sur la mer. Il n'y avait rien à voir, mais c'était splendide. Installées au bar, quelques personnes jouaient aux cartes ou se restauraient tout en entretenant des conversations bourdonnantes ponctuées d'éclats de voix. D'autres faisaient exactement la même chose, mais assises aux tables dispersées sous le dôme. Des passagers allaient et venaient du côté de l'écoutille qui conduisait au magasin.

Lucius prit un soda en canette au distributeur plutôt qu'au bar – il voulait éviter toute espèce de conversation avec le barman qui venait justement d'en débuter une avec Miércoles. Sans savoir lequel des deux était le plus à plaindre, il décapsula sa boisson et se tourna face au dôme de plexiglas.

Les gens traînaient dans le sas du magasin, ils étaient installés au bar ou aux tables, ils discutaient, riaient et jouaient aux cartes ; Lucius était le seul à regarder la mer. La mer était partout autour de lui. Il lui semblait même qu'il avait été le seul à la remarquer. La lueur troublée du soleil se reflétait sur sa surface froissée comme une feuille d'aluminium.

On remonte, se dit-il. La surface était plus lointaine tout à l'heure.

La baleine allait effectivement émerger. La surface miroitante des flots se rapprochait vite. Des remous d'écume remplirent la vue et la lumière du jour apparut crue et entière.

Lucius mit sa main en visière devant ses yeux.

– Hé là ! s'exclama un homme au bar en pivotant sur son tabouret. (Il leva son verre en direction de la mer.)

– C'est déjà le matin ? demanda un autre, à la table de jeu. Ha, ha, ha !

– Et la lumière fut ! Ha, ha, ha !

Comme dans un match de Ooolball, commenter certains évènements se révélait souvent inutile.

– Oooh !

– C'est merveilleux !

– … !

Un grondement pulmonaire fit trembler toute la baleine et un jet d'eau, vers lequel tous les regards se tournèrent, monta à une trentaine de mètres avant de retomber en pluie fine sur la surface du dôme.

Lucius plissa les yeux. La mer était éblouissante comme un miroir posé à plat sous le soleil. L'océan était calme, placide, brillant jusqu'à l'horizon, et la terre, où qu'il regarde, était déjà hors de vue.

Lucius but son soda face à la mer, aux nuages et aux oiseaux marins dont il restait, même si loin des terres, quelques escadrilles sporadiques qui, en raison de la faible densité atmosphérique locale, avaient bien des difficultés à effectuer des vols planés de plus de cent cinquante mètres. De nombreuses espèces nichaient dans les quelques îlots dispersés qui accompagnaient le continent dans les flots de l'océan, et qui allaient même au-delà de lui rejoindre l'autre rive.

– Merveilleux, n'est-ce pas ? s'enthousiasma frère Miércoles. (Il revenait du bar avec un cocktail dans chaque main.) Voulez-vous un delphinarhum cerise ? demanda-t-il.

Lucius refusa d'un geste et désigna sa canette.

Frère Miércoles ne se décontenança pas. Il déposa les deux verres sur un tabouret puis il observa le paysage à son tour.

– Merveilleux, n'est-ce pas ? répéta-t-il. (Il n'était pas certain que Lucius l'ait entendu la première fois.)

À nouveau, Lucius s'abstint de répondre. Il observait la mer en écoutant la musique du DJ.

La baleine respira pendant dix minutes. Elle fit le plein d'oxygène, et elle devait en pomper beaucoup car sa respiration ventilait, en plus de son organisme, les seize compartiments de voyageurs. Puis elle replongea en profondeur.

– C'était trop beau pour durer !

– La nuit tombe vite dans la région.

– Regardez les étoiles de mer…

– Ha, ha, ha !

Lucius eut le temps d'apercevoir quelques poissons avant que la lumière ne s'estompât définitivement et que l'océan ne devînt trop sombre. Le retour à l'éclairage intérieur était comme une nuit tombant brutalement. L'électricité était également prélevée à l'organisme de Maria (qui devait compenser). Un alternateur convertissait son énergie musculaire en électricité d'usage – situé au local technique, la machinerie, une cabine sans hublot derrière le magasin. Une pustule de plus sur le dos de Maria.

– Oh ! Frère Miércoles, fit une petite voix – c'était Caroline. C'est merveilleux, dit-elle en se plaçant, entre Lucius et Miércoles, face à l'océan profond.

– Il n'y a pas grand-chose à voir, rétorqua Miércoles. (Il se tourna vers Lucius qui profitait habilement de l'arrivée de Caroline pour prendre le large.) À plus tard mon ami, lui glissa-t-il. Et rappelez-vous : un, deux, trois, quatre ; un deux, trois, …

– C'est ça, grommela Lucius en rejoignant son compartiment avec sa canette de soda. Je vais l'avoir sur le dos pour tout le voyage…, songea-t-il.

– Un, deux, trois, quatre ! chantonna Caroline en adressant un grand sourire à frère Miércoles.

– Vous prendrez bien un verre avec moi ! proposa frère Miércoles en lui offrant le delphinarhum qu'avait refusé Lucius.

Elle prit la place que ce dernier venait de libérer.

– Volontiers, répondit-elle.

*

La puissante baleine fonçait tête baissée à travers l'océan. La passerelle de commande, située sous un dôme semblable à ceux du salon restaurant et du magasin, placée en avant de l'orifice respiratoire de Maria, abritait le timonier, le navigateur et le zoologue – affairés à leurs habituelles besognes – qui entouraient le commandant Bonéem, installé au centre sur son fauteuil surélevé.

Le commandant Bonéem avait une chevelure fournie et frisée sous sa casquette de commandant, une moustache légère et des lunettes de soleil, il portait un uniforme galonné et amidonné, des mocassins tâchés de sel séché. Le style capitaine de baleine. Bonéem était un ancien pilote des lignes astrominières. Sa longue carrière lui avait permis de piloter des hélinefs d'élagage, des taxis, des trains, des ferries et donc, aujourd'hui, il pilotait une baleine. Sa Maria. Il l'aimait, sa baleine. Comme un capitaine aime son navire, comme un mari aime sa femme. Ils avaient ensemble une grande expérience de la mer. Un voyage extraordinaire devenu pure routine au fil des traversées.

Les premiers milles se révélaient toujours être les plus délicats. (Maria était agitée ce matin avant le départ, notamment à cause de quelques diables d'éléphants, il fallait surveiller la moindre réaction anormale pouvant survenir. Et dans l'idéal, l'anticiper.) Les commandes directionnelles de la baleine se faisaient en interceptant les signaux radars de son sonar naturel afin de contrôler sa perception et son écholocation. C'était d'une très grande complexité technique et ça fonctionnait très bien seulement le plus infime trouble nerveux de sa part pouvait faire dérailler ce contrôle rigoureux et rendre les commandes imprécises, voire inutiles.

Le voyage commençait sous de bons augures. Une météo parfaite, un comportement idéal du cétacé, qui répondait au doigt et à l'œil, un équipage entraîné, des passagers agréables et des hôtesses charmantes.

Bonéem se détendit et accorda quelques instants d'attention à son pupitre de contrôle. De nombreux voyants y clignotaient. Certains restaient allumés, d'autres éteints. Tout était normal. Les aiguilles dansaient dans leurs jauges une valse disciplinée. Efficience musculaire par exemple, rien à signaler. Coefficient de glissement, rien à signaler non plus. Coefficient contraire de frottement, résistance au froid, à la fatigue, aux courants, rien à signaler. Encéphalogramme : R. A. S. Excellent état d'esprit général. La baleine positivait. Toutes les jauges rassurantes dans le vert. Tout était O-K. Maria fonçait comme une torpille vers Briaz et seul un quai arrêterait ses trois cents tonnes.

2

Tout en tripotant le cube-emblème qu'il portait au bout d'une cordelette autour du cou (un grigri dont il était inséparable), frère Miércoles laissa son esprit vagabonder, et imagina son avenir immédiat à Briaz. (La ville, si lointaine lorsqu'il se trouvait encore sur le monde de la Quadrature quelques jours plus tôt, se rapprochait désormais à pas de géant. Elle était toute proche ! Une quinzaine d'heures à la nage…) Le delphinarhum pris sec au bar lui restait sur l'estomac. Les jérémiades circulaires de Caroline aussi, il fallait le reconnaître. Mal à l'aise, il luttait contre la nausée.

Sa nomination à Briaz, voilà une pensée carrée qui avait de quoi le réjouir. Sa première affectation dans un temple déjà bien implanté où il trouverait les richesses subtiles des bureaux des prêtres et le digne labeur quotidien de leurs tâches… Un grand avenir pour lequel il avait reçu une formation complète.

Frère Miércoles, instructeur moraliste, guide spirituel du culte de la Quadrature, effectuait aujourd'hui son plus important voyage. Sa Mission. Il venait instruire avec courage des sauvages soumis à de fausses religions qui s'opposaient et qui rivalisaient d'idées et d'audace pour s'écraser mutuellement. Et ce depuis des siècles. C'était le Cercle Vicieux. L'ennemi du bon sens et du Carré du dogme, le Carré Vertueux de la Quadrature.

Un programme alléchant pour qui a le cœur vaillant. Miércoles allait aujourd'hui vers Briaz, peut-être n'en repartirait-il pas avant trente ans ! Après y avoir accompli de grandes choses. Peut-être reprendrait-il une baleine dans trente ans avant de quitter cette planète... Si d'ici là un astroport est construit sur le continent ça ne sera pas nécessaire... Et peut-être ne repartirait-il jamais, qui sait ?

Miércoles arbora une moue dégoûtée lorsqu'il remarqua qu'un passager du compartiment portait sur sa peau les stigmates du sectarisme agressif corrompu par les vices de la chair des barbares de ce monde. Cet homme-là, gras et velu, exhibait un tatouage sur son bras gauche, pendouillant négligemment du fauteuil. Trois rangées en avant. Ce type et son barbouillage épidermique symbolisaient ce contre quoi Miércoles venait lutter.

Quelques instants plus tard, il aperçut un autre tatouage, imprimé sur la fesse d'une jeune fille en mini-jupe dont le parfum traîna longtemps après qu'elle fût passée dans le couloir central en se dandinant comme sur un podium plutôt que dans les allées d'une église.

Rond, cercle et corruption !

Miércoles caressa nerveusement les arêtes de son

cube. Bras et fesses hantaient sa pureté. Ça ne pouvait plus durer. Un, deux, trois, quatre ; un, deux, trois…

Cela le soulageait de compter.

Quand il se sentait un peu nerveux, dépassé par son intolérance, il se mettait à compter sur l'air du refrain du dogme : Un, deux, trois, quatre ; un, deux, trois, etc. (Le refrain du dogme et toutes les liturgies sacrées étaient des énumérations de quatre, indéfiniment répétées.) Son intolérance chronique et maladive avait cependant été le facteur essentiel de sa promotion épiscopale. Il devait demeurer ferme dans ses convictions. Son intransigeance était un atout pour la Quadrature. On le lui avait assez répété pour qu'il finisse par s'en persuader.

Miércoles fouilla dans son sac et en sortit sa boîte de Dominos. Un jeu peu recommandable en raison de la forme allongée des pièces. (Intolérant par nature, le dogme n'adoubait que les jeux de dés se disputant à quatre joueurs). Puisqu'il fallait qu'il s'occupe l'esprit, il chercha un adversaire potentiel. Il y avait bien le jeune homme au baladeur assis de l'autre côté du couloir. Il ferait un bon adversaire et la place libre à ses côtés n'attendait que lui. Allons-y ! Frère Miércoles enjamba le couloir central et se pencha sur le siège libre de son voisin.

– Voulez-vous faire une partie de Dominos ? demanda-t-il en rabattant la tablette sur laquelle il posa sa boîte rectangulaire.

Il s'installa dans le siège, près de Lucius, sans attendre la réponse de celui-ci.

– Pourquoi pas..., acquiesça finalement Lucius après avoir réfléchi et soupiré.

– Le voyage commence très bien, commença Miércoles en étalant les dominos sur la tablette. La mer est merveilleuse.

Il les retourna tous et les mélangea consciencieusement.

– Ce n'est pas désagréable, approuva Lucius en lançant un coup d'œil par le hublot.

Il ôta ses écouteurs et se tourna sur son siège pour faire face au jeu.

La partie commença.

Frère Miércoles et Lucius Jack parlèrent du temps et de la baleine. Ils parlèrent du championnat de Ooolball. Les *Lianes* de Corzo et les *Cimes* de Briaz s'affrontaient en finale cette année-là pour la quatrième année consécutive. Les *Lianes* restaient sur trois défaites. Ils évoquèrent ainsi de nombreux sujets sans intérêt tandis qu'ils jouèrent, deux heures durant, aux Dominos.

Frère Miércoles l'entretint à un moment sur les vertus de la Quadrature. Lucius n'y comprit rien. Ou bien il ne voulait pas comprendre. Buté comme un âne, conclut Miércoles.

– Lorsque quelqu'un ou quelque chose trouble votre âme, expliqua-t-il patiemment en reprenant le dogme à la première leçon, il s'enroule…, comme un ver répugnant. Les carrés s'entortillent jusqu'à brouiller votre vision des choses… (Il marqua une pause.) Le jeu de Dominos par exemple... (Il jouait avec un domino entre ses doigts.) La forme est imparfaite… Mais c'est un jeu que j'aime. Accessible à tout le monde. Je trouve toujours un adversaire qui parvienne à en comprendre le principe simple.

– À propos de forme... Que dire des dames ou du diplomate ? interrogea Lucius en posant son double quatre dans le jeu. (Il s'amusa à ce moment du regard envieux de Miércoles. Devant ce double quatre, le curé ressemblait à un gamin au rayon des jouets.) La majorité des jeux de société se jouent avec des pions circulaires, continua Lucius. Ou des boules, des billes. Alors ?

– Alors c'est indécent, répondit frère Miércoles en grimaçant. (Il posa un domino dans le jeu et releva le menton, observant autour de lui.) Remarquez l'harmonie qui émane de tous les objets carrés. Regardez autour de vous. Les hublots sont les seuls éléments respectueux de la Quadrature. Ils sont carrés. Les tablettes, les appuis-tête et les accoudoirs sont rectangulaires… Ils sont donc en dysphasies dogmatiques, mais cela demeure tolérable. En revanche, ces petits plafonniers sont atrocement circulaires… Les carrés sont idéals, les losanges simplement un peu désaxés, les rectangles sont impurs, les ronds complètement obscènes. C'est comme ça. C'est un principe de vie. Une philosophie complexe. La forme n'est que la forme. C'est dans le dogme... Et il en va de même pour absolument tous les actes de la vie. Tourner en rond est mal, tout comme se tourner les pouces ou rouler des fesses et des prunelles. Rouler quelqu'un dans la farine, ce n'est guère mieux.

Bloqué dans le jeu comme dans la compréhension des principes dogmatiques de la Quadrature, Lucius piocha une fois. Deux fois, puis une troisième – il posa le double deux et fit cependant allusion à une chanson de DJ Haydn, intitulée *Carré d'as*.

– Vous voyez ! répondit Miércoles en caressant une arête de son pendentif. Ce DJ Haydn a saisi instinctivement l'importance d'une forme pure et d'un nombre harmonieux.

L'hôtesse, qui passait dans le compartiment, s'attarda près d'eux.

– Tout va bien, messieurs ? demanda-t-elle. Désirez-vous un sandwich ? Un café ?

– J'irai au restaurant tout à l'heure, répondit Lucius. Je prendrai quelque chose là-bas.

– Je ferai comme mon ami, affirma Miércoles à son tour. Merci.

L'hôtesse les laissa à leur partie de Dominos et poursuivit son chemin.

– Le Carré est pur comme le diamant, continua frère Miércoles. La bague de l'hôtesse est un carré. Vous l'avez sans doute remarquée. Une pierre bleue carrée. Superbe.

– Et ses seins sont ronds comme des fesses, rétorqua Lucius en la suivant du regard par-dessus son épaule. Tout aussi superbes !

La remarque outragea frère Miércoles qui se mit brutalement, comme par réflexe, à compter sur l'air du refrain du dogme : Un, deux, trois, quatre ; un, deux…., puis il se détourna volontairement de Lucius. La conversation s'arrêta là.

La partie de Dominos était terminée.

Lucius Jack s'installa au fond de son siège et replaça ses écouteurs dans ses oreilles…

Frère Miércoles rangea ses pions en grommelant puis il regagna sa place, de l'autre côté du couloir central. Il ferma les yeux, saisit son cube entre ses doigts et songea à sa planète parfaitement cubique…, à la dernière fois qu'il l'avait vue de ses yeux vue…

Un sol plat et quatre horizons abruptes. Un monde discipliné.

Pour la petite anecdote amusante, au départ de la planète de la Quadrature les vaisseaux de transport commercial avaient la consigne d'occulter les hublots des passagers afin de ne pas entacher, pour ne pas dire détruire, le mythe de la planète cubique, adopté par le dogme de la Quadrature en quelques siècles de lassitude spirituelle de ses dirigeants – qui n'avaient rien trouvé de mieux que cette aberration cosmologique pour relancer la machinerie et attirer toujours plus de monde dans les temples. Miércoles croyait donc dur comme fer, comme tous ses homologues, que sa planète était cubique, même si cela devait en faire une exception dans l'univers. Une sainte exception à exporter !

*

En début d'après-midi, alors qu'elle croisait au milieu de nulle part, la baleine déjoua insidieusement la surveillance du commandant Bonéem. Cette surveillance, sans faille jusqu'au repas de midi, qui fut frugal, s'était relâchée aux environs de 14 heures, lorsque le commandant s'était assoupi en rêvassant. Maria en avait profité.

– Commandant ! chuchota le navigateur en lui secouant doucement le coude.

– Quoi ? fit Bonéem en revenant à lui. Qu'est-ce que c'est ?!?

– Il semblerait que la baleine se soit déroutée.

– Semblerait… Déroutée ? Timonier ! (Au saut du lit, Bonéem retrouva immédiatement toutes ses facultés d'improvisation et de commandement. Il se frictionna le visage et s'exclama :) Timonier ! Qu'en est-il ?

– C'est exact, répondit le timonier. Nous ne sommes plus sur notre cap. Et je ne peux rien faire ! rajouta-t-il impuissant face à ses instruments.

Bonéem frappa son accoudoir et se tourna vers le zoologue.

– Que se passe-t-il, Luc ?

Penché sur son écran de contrôle, le zoologue grommela et se retourna pour faire face au commandant.

– Elle s'est d'abord déroutée de quelques degrés, commandant, confirma-t-il. Vous dormiez… Comme la piste s'est révélée correcte, elle a forcé l'écho-contrôle.

– L'écho-contrôle ! s'exclama Bonéem, abasourdi. Les commandes implantées… (Il frappa à nouveau son accoudoir. Bon dieu ! Seul le commandant dirigeait l'écho-contrôle. Autant dire que tout était de sa faute.) Quelle piste suit-elle au juste ? demanda-t-il.

– Il semblerait qu'il s'agisse d'un banc de poissons.

– Semblerait… poissons ?

– Peut-être des calamars… (Le zoologue vérifia ses relevés.) Il y en a certainement pour des heures.

– Des heures ? Combien ?

– Difficile à dire. Entre deux et dix, ou beaucoup plus.

– Tant que ça ? gémit Bonéem en posant son doigt sur l'intercom qui lui permettait de faire des annonces aux passagers. Tout le monde la boucle ! ordonna-t-il.

Il s'éclaircit la voix et pressa le bouton.

Lucius Jack ôta ses écouteurs lorsqu'il entendit le *ding dong* du haut-parleur.

« Ding Ding Dong… Mesdames et messieurs ici le commandant Bonéem. Afin de s'offrir une collation bien méritée, notre baleine s'est déroutée il y a quelques minutes vers un banc de poissons situé à quelques milles. / Quoi ?!? / *Le retard occasionné* / Ça alors !!! / *n'excèdera pas une heure de votre temps. Merci de votre compréhension. Et ça ne vous serait pas venu à l'esprit de me réveiller tout de suite ?!!*

Je vous ai secoué le coude à plusieurs reprises mais… »

– C’est inadmissible !!! tonna un passager chauve et rubicond du compartiment N°8 en gigotant sur son siège à la recherche d’une personne partageant son indignation.

– Qu’est-ce que ça veut dire, enfin ?!

– C’est pas possible, ça !!!

– ...

Une vague d’insurgés prenait forme, comme aux prémices des grandes révolutions. Elle gronda d’abord de manière lointaine et sournoise puis elle balaya violemment le compartiment. Tout le monde se plaignait de quelque chose. Bien des gens voyageaient mal lunés. Et si tous les passagers avaient entendu le même message, une scène identique se renouvelait certainement dans chaque compartiment de la baleine. Un mécontentement général.

– Vous croyez qu’on a que ça à faire ?!?

– Vous ne lui donnez donc rien à bouffer à cette foutue Maria ?

– J’ai une correspondance à prendre à Briaz, si je la rate je porte plainte ! (Furieux, le type qui proférait cette menace pointa un index accusateur vers l’hôtesse.) Contre vous personnellement.

– Mais je n’y suis pour rien ! répondit-elle.

– Non, vous n’y êtes pour rien et vous ne faites rien pour y remédier. Deux évidences dont vous réentendrez parler au procès, jeune fille.

– Ce café est froid ! Enfin tiède, plutôt.

– Pourquoi chasse-t-elle du poisson ? s’étonna un voyageur que la situation ne semblait pas déranger. (Il se retourna vers ses proches voisins.) Les baleines se nourrissent de corail ! Pas de poissons.

– Du plancton, vous voulez dire.

– Non, du corail. Je sais encore ce que je dis.

– Ici, la baleine est carnivore. Comme partout ailleurs, sauf là où elle se contente de plancton. Et, puisque vous le dites, de corail.

Et soudain, alors que tout le monde avait encore ce retard à la bouche, les hublots furent envahis de formes sombres et mouvantes.

Ils ne traversaient rien de moins qu'un banc de requin-lions. Hormis les sardines, peu nourrissantes finalement et hors de prix – la baleine faisait du requin-lion son repas de prédilection.

De terribles requin-lions mouchetés, nommés ainsi en raison de la crinière de tentacules urticantes qui leur entourait la tête. Sa terrible férocité face aux plus petits que lui (nageur ou sardine) était légendaire. Beaucoup plus grande qu'eux, la baleine en happait à la douzaine. Ils paraissaient énormes derrière les hublots – quatre mètres en moyenne, mais ils ne pesaient pas lourd contre les cent mètres de Maria.

– Oh ! Les grands requins ! (Dans le compartiment, quelques enfants que les requins n'effrayèrent pas, se mirent à brailler aux hublots.) Attention aux requins ! Ha, ha, ha ! (Rien ne les inquiétaient, ils s'amusaient bien. Tous les enfants aiment les requins. Et ceux-là en étaient les rois incontestés.)

Leur mère les rattrapa en s'excusant auprès de ceux qu'ils avaient dérangé.

– Calmez-vous un peu, vous dérangez tout le monde ! gronda-t-elle en les entraînant vers leurs places. Asseyez-vous. (Les requins n'avaient-ils pas une mère prévenante eux aussi pour les avertir de certains dangers ?)

Les gosses ne voulaient rien entendre. (Peut-être en allait-il de même pour les requins.)

– Vous ! dit la mère de famille. Aidez-moi !

– Moi ? s'étrangla frère Miércoles en regardant derrière lui.

– Oui, vous ! confirma-t-elle. Faites quelque chose. Vous êtes un curé, ou je ne sais quoi ? Vous êtes là pour aider votre prochain...

Miércoles obtempéra. Il s'évertua à calmer les enfants, à leur faire rejoindre leurs places respectives en silence tandis que leur mère terminait son repas et sa conversation avec sa voisine. Il leur parla de carrés et il les fit compter.

Les mômes y allaient de bon cœur ! :

– Un, deux, trois, quatre, cinq, six, s…

– Non ! intervint frère Miércoles. Stop ! Un, deux, trois, quatre ! Un, deux, trois, quatre.

– Cinq, six, sept, huit, neuf… insistèrent les gosses.

– Quatre ! s'emporta Miércoles. Quatre ! Tenez-vous à carreaux !

Les enfants n'énuméraient pas les Segments du dogme mais plutôt les requins, dont le nombre semblait toujours croissant. Ils ne s'arrêteraient pas à quatre. Miércoles rêvait tout éveillé, et s'il n'arrivait pas à calmer des gosses que pourrait-il faire face aux *barbares* qu'il venait éduquer sur ce monde ? Ceux qui se présentaient à confesse armés d'une machette déjà couverte de sang séché...

Pour sa part, Lucius se demanda, en s'amusant passagèrement du désarroi du cureton, combien de requin-lions seraient suffisant pour terrasser Maria. Des dizaines d'entre eux passaient derrière les hublots en jetant des regards froids aux passagers. Il devait bien y avoir un pallier. Un nombre d'assaillants au-delà duquel la baleine ne pourrait plus surnager. Comme des dizaines de rats recouvrant un corps humain. Ou des milliers de fourmis. Il devait bien exister des statistiques... Des antécédents... Des tests effectués en aquariums... Des simulations informatiques...

Saletés de requins ! Si on lui refilait plus de sardines aussi à cette fichue baleine, on n'aurait pas tous ces problèmes. Même si aucun d'entre eux n'était encore passé à l'attaque, ils étaient de plus en plus nombreux. Créatures terribles surgies des âges féroces. Rapides comme des torpilles ; agiles comme des torpilles autoguidées ; dangereux comme des torpilles autoguidées à têtes nucléaires. Leurs têtes – qui ne comportait pratiquement que des dents et une bouche pour les contenir, ainsi qu'accessoirement deux yeux et quelques autres détails mineurs, ces têtes affreuses étaient entourées d'horribles tentacules, soyeux et brillants – un plat raffiné servi dans tous les restaurants de fruits de mer de la planète. La baleine en faisait ici, comme les hommes d'affaires dans les restaurants, son délice en en-cas.

Maria s'agitait de plus en plus parmi les requins-lions. Afin de circuler entre ses proies, elle effectua une série de mouvements brutaux, qui furent vécus à l'intérieur comme un tremblement de terre accompagné de ses répliques titanesques.

– Hé là ! fit un passager déséquilibré.

Ça secouait.

Et cela dura pendant d'interminables secondes.

– Protégez-vous ! Accrochez-vous les uns aux autres ! Oooh là !

Lucius Jack gardait le silence, cramponné aux accoudoirs. À côté de lui, à quatre pattes entre les sièges, Miércoles recherchait les pions de son jeu de Dominos qui avait basculé.

– Ça va aller, répéta l'hôtesse en arborant un sourire crispé. Tout va bien ! (Elle s'agrippait néanmoins aux sièges pour progresser dans le couloir central.) Tout est normal, monsieur. Mais oui, madame. C'est habituel ? Pas vraiment, mais c'est déjà arrivé. Il n'y a aucun danger.

Elle aida les passagers à ramasser leurs affaires tombées des porte-bagages. Elle les rassura, les réconforta. C'était son métier.

Une dame poussa alors un hurlement strident. Lucius se tourna vers elle. C'était une petite grosse, assise deux rangées derrière lui. Il suivit la direction qu'avait prise son regard pétrifié et il se retourna sur son siège. Une tête de requin-lion, sectionnée sous sa crinière de tentacules, passait en tourbillonnant derrière les hublots. Elle traînait un nuage de sang. En quelques secondes, des dizaines de têtes, queues, ou tout autre morceau de chair sanguinolente apparurent, dérivant autour de la baleine.

– Elle se régale ! s'exclama un gamin. La baleine les a tous croqués !

Des morceaux de cadavres dérivaient dans le sillage de Maria. Des têtes, des queues, dans les courants ensanglantés. Affamés, les requins-lions s'attaquaient aux portions de cadavres de leurs congénères et certains s'en prenaient vainement à la baleine, cognant leurs nez contre les compartiments de seconde classe.

– Oh, seigneur ! Ils nous attaquent !!!

– Cela ne va-t-il jamais finir ? hurla une dame en larmes avant de se réfugier dans les bras de son voisin.

Bientôt, la baleine traversa le banc de requins et, repue, elle s'en désintéressa, reprenant sa route le ventre plein. Satisfaite, elle se repositionna même plutôt docilement sur son cap initial.

« Ding Ding Dong… Mesdames et messieurs ici votre commandant de bord. Le léger déroutage a maintenant été corrigé. Nous accuserons un retard de quatre heures à Briaz. Merci de votre compréhension. »

– Quatre heures ?!?

– Mais enfin !

– Je vous préviens personnellement que je vais rater ma correspondance, s'insurgea un type coriace en replaçant son chapeau sur son crâne.

– C'est scandaleux !

– Oh, donnez-moi un somnifère, un calmant, n'importe quoi ! supplia un voyageur en sueur.

L'hôtesse ne savait plus où donner de la tête.

– Mademoiselle ! Mademoiselle ! Eh ! (Le type était mécontent que l'hôtesse ne réponde pas rapidement à ses appels répétés.) Mademoiselle, enfin ! (Il levait la main et claquait des doigts. Cela ne changeait rien. En tête de compartiment, l'hôtesse réconfortait un couple séculaire en état de choc.) Monsieur ? fit le type. Excusez-moi monsieur.

Bon dieu – c'est à moi qu'il parle ? se demanda Lucius. Il tourna la tête vers lui. Oui. Il s'adresse à moi.

– Je ne suis pas steward, répondit simplement Lucius et il se retourna vers le hublot.

– Ah ! C'est pas vrai, ça ! siffla l'autre. (Il se leva de son siège et s'adressa cette fois à frère Miércoles qui, à la rangée précédant la sienne, tentait de l'ignorer lui aussi.) Vous ! dit-il avec une pointe d'agressivité dans la voix.

– Moi ?

Frère Miércoles se retourna sur son siège et une interminable conversation débuta.

Lucius se détendit.

Quatre heures de retard ce n'était pas si terrible. Cela arrivait tous les jours à n'importe quel train de banlieue sur n'importe quel monde du Multiplexe. Pour autant que ça en restait là ! Tout allait bien pour l'instant.

– Tout va bien ? demanda l'hôtesse en arrêtant son chariot dans l'allée. Ça a été un peu mouvementé, mais je vous assure que c'est fini. Voulez-vous un café ? Un sandwich ? Un cocktail ? Un cigare ?

– Un rhum de dauphin, dit Lucius. Volontiers.

– Avec delphibec ? demanda-t-elle.

– Oui, s'il vous plaît, dit-il en prenant le delphiverre. Merci. Je vais écouter un peu de musique et me détendre.

– C'est une bonne idée, approuva l'hôtesse.

Maintenant qu'elle était là, disponible pour lui, l'enquiquineur agressif assis à côté s'en désintéressait totalement. Il avait trouvé en frère Miércoles un parfait interlocuteur. Semblait-il. Favorablement réceptif à ses conneries.

Profitant du mécontentement encore manifeste des voyageurs, un marginal écologiste passait dans le sillage de l'hôtesse en exhibant sa pétition à gauche et à droite. Lucius le reconnut. C'était le type qui traînait devant la *Baleine du Boss*, ce matin...

– Exigez des baleines mieux traitées ! Mieux nourries ! La fondation Tousceau a déjà fait plier les grands cartels, notamment sur Limer[20]. Monsieur, madame, signez ! Tenez. Signez ici. Voilà, merci madame. Vous aussi monsieur ?...

De nombreux passagers, excédés par la tournure des évènements qui semblait donner raison au militant, signèrent – et lui cédèrent par la même occasion quelques cruz d'obole. Lorsque le jeune homme se retrouva face à Lucius, celui-ci lui signifia de passer son chemin d'un énergique signe de la tête sans s'arrêter de siroter son delphinarhum. Ce type, qui se moquait éperdument des baleines, cherchait juste à se faire rembourser son ticket. Il était donc un peu plus malin qu'il en avait l'air. Mais Lucius ne tombe-

[20] Voir *La vengeance de la baleine* dans *Nouvelles en vrac* (VIII)

rait pas dans le panneau, et il garderait son argent pour lui.

Il éteignit son baladeur et roula ses écouteurs dans sa poche de chemise. Il posa son delphiverre sur sa tablette rectangulaire et écouta un moment la conversation inintéressante qu'entretenaient frère Miércoles et le type assis derrière lui. Ils parlaient du carré de l'hypoténuse. Le carré des merveilles.

Lucius s'assoupit d'ivresse.

Lorsqu'il se réveilla, la baleine était en plongée, il n'y avait rien à voir à l'extérieur. Il se tourna vers Miércoles et le trouva qui se débattait avec une brassière.

– Oh, vous êtes réveillé ! constata celui-ci. Je viens juste d'acheter ça… (Du menton, il désigna sa brassière.)

Lucius s'étira et regarda sa montre. Il avait dormi une heure et demie. Son delphiverre n'était plus sur la tablette. Comme il n'était ni sur ses genoux, ni à ses pieds, il en déduisit que l'hôtesse était passée le récupérer. Elle l'avait peut-être vu endormi la bave au coin de la bouche… Dommage.

– Vous avez acheté cette saloperie ? dit-il en bâillant. (Il releva la tablette et se massa les cuisses.)

– En cas de naufrage…, commença l'autre.

– Je vous crois sur parole, coupa Lucius en gesticulant pour se dégourdir les muscles. Combien ça vous a coûté ?

– 75 cruz pour la valise de survie, répondit immédiatement frère Miércoles. Elle contient une brassière à gonflage automatique et un masque à oxygène muni d'une réserve de vingt-cinq minutes.

– Pas énorme, estima Lucius avec circonspection.

– En cas de problème, c'est suffisant pour remonter à la surface, répondit frère Miércoles. Ils vendent aussi des cartouches à l'unité.

Il était enfin parvenu à enfiler sa brassière. Elle lui comprimait les épaules et le ventre. Il vérifia l'avoir correctement revêtue. Elle lui broyait les entrailles et coupait sa respiration mais il ne s'était trompé nulle part.

– Ça n'a pas l'air d'être la bonne taille, constata Lucius en souriant.

Miércoles eut autant de mal à l'enlever qu'à la mettre.

– Ça conviendra, dit-il. (Il la plia soigneusement et la rangea dans la mallette qu'il glissa sous son siège.) Ce n'est qu'une précaution. J'espère ne pas en avoir l'utilité.

*

La baleine refit surface à la limite de l'asphyxie. Des tourbillons de bulles s'agitèrent aux hublots. Puis l'écume devint plus épaisse, disparut et la lumière du soleil inonda le compartiment. L'océan paraissait plat et calme jusqu'à l'horizon. Un grondement intérieur – une vibration sous les pieds : la baleine respirait enfin.

Elle fit le plein d'oxygène et replongea très profondément. C'était ainsi toutes les heures. Invariablement.

Frère Miércoles revint bientôt s'asseoir près de Lucius, avec sa boîte de Dominos et son sourire inquiétant.

– Je les ai tous retrouvés ! dit-il. Une petite partie ?

– Une seule alors, accepta Lucius. Vous n'avez pas trouvé un autre adversaire ?

– Oh ! Non avec tout ça… Dites donc, tous ces requins ! s'exclama frère Miércoles en retournant les dominos sur la tablette rectangulaire. Quelle frayeur ! N'est-ce pas ?

– Comme l'a dit l'hôtesse, ça doit être plus ou moins habituel. Je prends rarement la baleine… Pour ainsi dire jamais.

– C'est comme moi, répondit frère Miércoles en mélangeant les dominos. (Il en choisit sept et Lucius en fit autant.) Au fait, qu'allez-vous faire à Briaz ? demanda-t-il en plaçant son double six au centre de la tablette rabattante. Si toutefois cela n'est pas indiscret de vous le demander.

Lucius posa sans réfléchir son trois/six au contact du premier domino.

– Je vais au concert de DJ Haydn, dit-il.

– DJ Haydn ? répéta Miércoles. DJ Haydn, Haydn… Oh oui ! Vous m'en parliez tout à l'heure, n'est-ce pas ?

– C'est ça.

Lucius sortit son walkman de sa poche et tendit un écouteur à Miércoles. Celui-ci pencha la tête et le porta à son oreille quelques secondes.

– Non, je confondais, avoua-t-il en hochant la tête. Je ne connais pas ça. Mais c'est formidable. Rythmé et harmonieux.

Lucius raconta, tandis que la partie de Dominos s'engageait, de quelle manière il avait déjà raté à trois reprises des concerts de DJ Haydn pour lesquels il avait un ticket en bonne et due forme dans la poche.

– La première fois, se souvint-il en affichant un sourire nostalgique, c'était il y a plus de dix ans. J'étais pourtant arrivé deux jours avant le concert, pour être certain de ne pas être en retard…

– Comme à ma première messe, glissa Miércoles en souriant.

– Seulement, je ne pouvais pas me payer l'hôtel, 120 cruz la nuit ! Qui peut se le permettre ? J'étais loin d'imaginer de tels prix… Et je n'avais pas le courage de dormir dans la rue… Alors je suis rentré chez moi… Je préférais dormir dans le train que dans la rue. (Lucius s'en souvenait avec nostalgie, amertume et désespoir.)

– N'y avait-il pas de temple de la Quadrature pour vous héberger gratuitement ? Où donc était-ce ?

– La seconde fois, poursuivit Lucius sans prêter attention aux remarques idiotes de son interlocuteur, le concert fut interrompu par les conversations du public ! C'était sur Ex-Carifar, juste après la *Catastrophe discrète*. Une vraie guigne…

– Oh, j'en ai entendu parler, dit frère Miércoles. L'explosion de l'usine de gaz aphonique d'In-Carifar.

– Ex, corrigea Lucius.

– Oui, Ex-Carifar. Nous employions alors ce gaz pendant nos cérémonies. J'étais encore aspirant, à cette époque. L'usine d'Ex-Carifar était notre unique fournisseur. (Frère Miércoles se remémora avec amusement les cérémonies très bruyantes qui s'en étaient suivies.) Vous y étiez donc ?

Toujours pas de cinq. Lucius Jack piocha une fois. Deux fois. Trois fois. Il posa le cinq/deux qu'il venait d'obtenir.

– Oui, répondit-il. J'y étais.

– Racontez-moi.

*

* *

INTERMÈDE : *Voici le récit de la* Catastrophe discrète *d'Ex-Carifar tel que le raconta Lucius, tout en jouant aux Dominos, et en perdant toutes ses parties :*

Usine de production de gaz aphonique d'Ex-Carifar (alimentant en majorité les patrouilles anti-émeute de la police – et accessoirement les lieux de culte, les universités en période d'examen et les bibliothèques à travers tout le Multiplexe-H) :

Sous les yeux inattentifs de son surveillant de production, les circuits imprimés d'un robot d'assemblage des bonbonnes chauffaient. (Un homme était assigné à la surveillance de chaque robot, afin que le progrès et la robotisation n'aillent pas de pair avec le chômage massif.) L'inattentif en question, un certain Virgil Jones, suivait les résultats de la tierce spatiale dans un coin piraté de son écran de surveillance. Comme il ne pouvait pas tout faire à la fois, il ne remarqua pas le regain d'activité folle du robot dont il avait la charge et qui finit par faire une erreur dans l'assemblage des bonbonnes.

Virgil Jones avait manqué à son unique devoir.

Une réaction en chaîne s'amorça derrière son dos.

Boum !

Vacarmeux l'espace d'une seule seconde, doux et étouffé ensuite, ce fut le seul bruit qui s'échappa des vapeurs de gaz aphonique instantanément libérées lors de l'explosion. Une série d'explosions détruisit en silence la moitié de l'usine. Le gaz aphonique se répandit alentours comme les postillons d'un éternuement… D'épaisses volutes de gaz roulèrent vers la ville, en contrebas de la colline où était bâti le complexe industriel.

La rapidité d'action du gaz recouvrit le sinistre d'un silence propice au recueillement, mais ce fut inutile car il n'y eut pas mort d'homme.

Les employés de l'usine ne s'aperçurent pas immédiatement de la catastrophe. (Tout ça, c'est mon cousin Coco qui me l'a raconté…) Les premiers à s'en rendre compte furent les trois employés de la section d'Assemblage N°4 – dont le fameux Virgil Jones, qui prirent quelques briques sur la tête lors de l'explosion. Les suivants furent les impatients qui s'étonnèrent de ne pas entendre la sonnerie – celle qui signalait la pause de quinze heures. (L'explosion s'était produite à 14 h 56.) Une cigarette à la main, ceux-là alertèrent tous les autres.

À l'inverse d'un exercice, l'évacuation des locaux se fit dans un silence absolu – dans une franche pagaille mais dans un silence merveilleux.

Le gaz aphonique, qui se contentait d'étouffer le moindre son, n'était ni toxique, ni inflammable – il était totalement inodore et seule sa teinte jaunâtre permettait de le distinguer du vent. Il ne présentait aucun danger pour l'organisme, aussi bon nombre d'employés allumèrent leurs cigarettes en se réunissant autour du délégué syndical. Celui-ci s'agitait silencieusement sur les débris des cheminées et des cloisons abattues par le souffle de l'explosion, en guise d'estrade – et pour une fois, sa voix ne portait pas.

Les employés observèrent le gaz couler vers la ville comme une avalanche vaporeuse. Il n'y avait pas un souffle de vent pour disperser la nuée. La seule force qui agissait sur le gaz était la gravité, et, d'où qu'elle vienne, la fuite avait le débit d'un fleuve en crue.

Une mère de famille, en balade dans le parc que surplombait l'usine, assise sur un banc, l'esprit encombré par les personnages du roman qu'elle tenait sur les genoux, s'affola de ne plus entendre les cris amusés de ses turbulents garnements. Ce silence était anormal. Elle paniqua mais s'apaisa rapidement lorsqu'elle les retrouva, hurlant comme des poissons muets là où elle les avait laissés. Elle reprit sa lecture sans même entendre, en tournant les pages, le froissement du papier.

Dans la ville qui entourait l'usine, ce fut la stupeur muette. Divertis par cet évènement sans précédent, les citoyens observèrent avec curiosité les navettes de la SCM encadrer l'échappement de gaz, comme s'il s'agissait du feu d'artifice de la fête nationale. Les petites navettes légères et maniables de la Sécurité Civile du Multiplexe tournaient autour de la colonne de fumée qui s'échappait encore de l'antre de l'usine. En multipliant les passages, elles larguèrent une mixture mousseuse dans le but de colmater peu à peu toutes les brèches du béton.

Lorsque l'usine fut entièrement recouverte de mousse comme du moisi sur un vieux morceau de fromage, les navettes s'en allèrent – laissant le ciel aux caméras autonomes de toutes les chaînes de TV locales.

Chacun rentra alors chez soi, afin de suivre les évènements commentés par un journaliste familier sur leur petit écran. Seulement ils n'entendirent rien. Le gaz aphonique s'était répandu dans chaque foyer, figeant ceux-ci dans le silence – il s'était de toute façon également insinué dans les studios TV… Tous les journalistes de la ville étaient aphones.

Les gens se rapprochaient les uns des autres ou ils s'enfermaient dans des placards dont ils calfeutraient les portes avec des vêtements ou des chiffons pour se hurler de bouche à oreille d'inaudibles propos finalement égarés dans le lointain. C'était comme une grande distance que l'on pouvait franchir d'un pas.

– Les mots étaient prisonniers de nos bouches, se rappela Lucius. On pouvait s'embrasser ce jour-là, mais pas se dire je t'aime ! Ha, ha, ha !

Une situation gênante, certes, mais pas dramatique.

– Je vois, acquiesça frère Miércoles en souriant. Comptez vos points. Je gagne à nouveau. Nous en faisons une autre ?

– Allez d'accord.

Le lendemain de l'explosion, poursuivit Lucius en retournant les dominos, personne n'entendit son réveil et la journée débuta avec un délai excusable. Les entreprises tournèrent au ralenti et la ville, bien qu'animée, fut silencieuse jusqu'au soir. Lorsque c'était vraiment nécessaire, les gens communiquaient par gestes ou par l'intermédiaire de feuillets gribouillés sur le coin d'une table.

Quelques jours d'été après la Catastrophe discrète, des masses de gaz flottaient encore sur la ville, au creux des collines. On apprit vite grâce à la presse écrite que le gaz libéré lors de l'explosion s'avérait être un mélange non purifié qui mettrait plus de temps à se dissiper. Personne ne savait exactement combien de temps cela prendrait.

Le gouvernement d'Ex-Carifar contacta Bert Ruckner, alors président de *ClearMind&Brain,* le célèbre fabricant de bandeaux de communication, basé sur In-Carifar. Seule sa société semblait être en mesure d'offrir une solution temporaire.

Les *Braincoms* étaient établis selon les modalités d'un brevet militaire déposé par le colonel Antoine Ruckner trente ans auparavant, pendant la guerre qui avait opposé In-Carifar à sa voisine orbitale Ex-Carifar. Le jeune lieutenant Ruckner, engagé à l'époque dans le génie psychologique, avait mis au point l'arme absolue en matière d'interrogatoire, celle qui permettait de s'en passer. Le bandeau psychique, ajusté sur le crâne du dissident, en révélait toutes les pensées. Ce lavage de cerveau n'entraînait aucun effet secondaire. Pour améliorer ce détail, le traditionnel passage à tabac du suspect avait été conservé, pour le folklore et pour le plaisir.

Aujourd'hui et grâce à *ClearMind&Brain*, les bandeaux psychiques étaient en majorité utilisés par les sourds et muets dans la vie de tous les jours, ainsi que pour quelques professionnels exerçant leurs métiers en conditions extrêmes, où il est incommode de parler, tels que les plongeurs ou les bibliothécaires.

Pour palier le silence forcé faisant suite à l'accident industriel, les bandeaux psychiques furent fabriqués en masse. La production se mit en quatre ; dans la chaleur des ateliers, les machines tournèrent 24H/24. Avec des plans de montages simplifiés et aucunes des habituelles options intégrées aux *Braincoms*, le bandeau psychique qui en résulta ne faisait pas honneur aux habituels bandeaux psychiques *CM&B*. Celui-ci était comme un poisson mort, froid et glissant. À nouer autour du crâne. Un test rapide de ses fonctions basiques donna un résultat acceptable et la production démarra pour de bon. Ce modèle fut immédiatement lancé sur le marché, à tarif préférentiel.

Tout le monde s'en procura un.

Un monde brisé par le silence et l'isolement reprenait peu à peu le dessus – mais les gens étaient-ils prêts à dévoiler à tous leurs pensées les plus intimes, les plus incontrôlées ? Et cela rien que pour parler une fois de temps en temps. De quoi ? de futilités !

Difficiles à canaliser, les pensées les plus secrètes avaient tendance à s'afficher inopinément sur l'écran digital du bandeau. Les plus ardentes envies... les fantasmes inavouables... Seuls les muets, les plongeurs et les bibliothécaires (qui avaient un peu de pratique) étaient capables de demeurer décent et civilisés en société. Les autres, tous les autres, se révélaient les uns aux autres leur nature barbare et jalouse. Lorsque des pensées honteuses les envahissaient, ces gens se masquaient le front, ou retiraient tout bonnement leur bandeau en prétextant une démangeaison crânienne – qu'ils assouvissaient bêtement.

Le bandeau *Braincom* pouvait assurer le salut d'un peuple aussi bien qu'il risquait d'accélérer son trépas. Tous les Carifans l'achetèrent. Tous les modèles se vendirent – y compris les modèles catalogue de *CM&B*.

– Tout le monde a quelque chose à confesser, murmura Miércoles, même un bibliothécaire.

J'avais rejoint Coco sur sa planète pour assister au concert de DJ Haydn, poursuivit Lucius. Gracieusement invité, nourri, logé et blanchi pendant deux semaines par Suzanne, sa mère – la sœur de mon père. Ça faisait longtemps que la famille ne s'était pas réunie. C'était l'occasion.

– Toutes les occasions sont bonnes pour cela, acquiesça Miércoles.

– Bien sûr, et donc, tous les soirs, Coco et moi, on s'installait sur un muret, sous le téléviseur public du parking d'un bar que nous fréquentions assidûment pendant les vacances, et on décapsulait des bières. Toute la nuit à boire et à draguer !... Ah, ce parking !...

On y était la veille du concert. Assis sur notre muret. Sous la TV.

Coco bossait à l'usine de gaz aphonique et on l'avait mis au chômage technique. C'était, pour lui, une bien mince consolation. Ce soir-là, on ne se disait pas grand-chose, ça ne servait à rien. On était évidemment effondrés par les récents évènements. Une dure réalité nous faisait face. Fans absolus l'un comme l'autre de DJ Haydn, nous regardions nos billets en attendant l'annonce de l'annulation du concert comme on attend un diagnostic aux urgences. Le gaz aphonique stagnait sur la ville depuis l'explosion de l'usine et la météo n'annonçait que des anticyclones. Une belle chaleur et un vent nul. J'avais déjà manqué un concert de DJ Haydn, j'étais résigné à ce que la situation n'évoluât pas favorablement.

L'émission que nous attendions commença.

DJ Haydn fit une déclaration au journaliste qui l'interrogeait (à l'écran, les sous-titres permirent de suivre le cours de l'interview silencieuse).

– N'ayez crainte chers Carifans, proclama la vedette, mon concert aura bien lieu à la date prévue. Demain.

– Mais comment ? demanda le journaliste sous-titré. Par quel prodige ?

– Par celui d'un dôme gonflable pressurisé aux conditions atmosphériques habituelles, révéla DJ Haydn en exclusivité. Toute particule de gaz aphonique en sera filtrée. Purgée. Ma musique vaincra le silence.

Quelle nouvelle ! C'était inespéré.

– Enfin ! Je vais voir DJ Haydn en chair, en os et en paillettes..., tentais-je de crier haut et fort. Il n'y eut aucun son, ou alors très faible, comme un lointain vol de mouche, mais ça n'en restait pas moins vrai. J'allais voir et entendre DJ Haydn. Je ne le manquerais pas une seconde fois.

On passa la nuit à boire en allumant des feux de joie dans les poubelles du parking.

*

Et le grand jour arriva ! Les alentours du dôme, bondés de Carifans excités – tous des aficionados du DJ – étaient parfaitement silencieux.

« Une petite pièce ? » s'inscrivit sur le bandeau d'un clochard muet, une gueule mûre, lorsque nous passâmes près de lui. Son *Braincom* lui permettait de s'exprimer sans que le goulot de sa bouteille ne quittât ses lèvres enroulées autour. Je relevai un sourcil et passai mon chemin sans me retourner. Le bandeau dut afficher ensuite quelque chose comme : « Enfoiré ! » ou « Radin ! » plus simplement. Il était à noter que ce bandeau, en loque, avait sans doute été arraché au crâne d'un honnête homme, ou bien récupéré dans une poubelle.

Comme tout le monde, Coco et moi fîmes la queue silencieusement devant l'entrée du dôme pressurisé dressé sur un grand terrain vague. Puis nous y pénétrâmes enfin. Jubilation. Bruyant comme l'intérieur d'un tambour. C'était merveilleux. Tous les bruits étaient agréables, appréciables, après une semaine de silence forcé. L'atmosphère pur retrouvé, chacune des vibrations du monde provoquaient un son. À nouveau en mesure de faire fonctionner leurs cordes vocales, les gens ôtèrent leurs bandeaux et entamèrent de nombreuses conversations. Ils discutèrent à n'en plus finir. Ils gardaient en eux tant de futilités qui leur semblaient dorénavant vitales d'exprimer… C'était le moment opportun.

DJ Haydn arriva alors sur scène, dans des flashs de lumière, dans des nuages de fumée épaisse et colorée, dans un air de basses tonitruantes. Cependant, personne n'applaudit. Personne ne fit attention à sa présence et la star le remarqua.

Le public riait, parlait, discutait, de plus en plus. De tout et de rien. Personne n'écoutait la musique.

Comme un soldat solitaire armé d'un couteau faisant face à une grande armée, le DJ commença vaille que vaille un de ses plus fameux tubes. Coco et moi fûmes emportés par la musique qui monta comme une cascade renversée mais, insupportables, horripilantes, les conversations environnantes gâchèrent tout. C'était assourdissant. Une tempête de bavardage. Je fis la grimace à toutes les personnes qui m'entouraient pour leur faire savoir à quel point leur comportement intolérable m'agaçait. Coco, de nature plus nerveuse, empoigna un type qui hurlait par-dessus d'autres conversations afin de se faire entendre de son interlocuteur.

– Tu vas la boucler, oui ? rugit Coco en le repoussant violemment.

Le type s'effondra en entraînant comme des quilles quelques spectateurs avec lui. Il se releva vite mais on l'empêcha de se jeter sur mon cousin, qui se proposait de casser la gueule de tous les bavards. Et blablabla... Et ça continuait de tous les côtés. Des rires, des éclats de voix, des grognements. Chacun, à tort et à travers, parlait plus fort que son voisin. C'était comme dans une cathédrale à la fin du monde. Une bulle infernale dans un monde silencieux.

L'humeur de Coco s'échauffa encore.

Pour un mot de trop, il gifla une fille et cogna le type qui l'accompagnait. Il s'en prit plein la poire en réponse. Ça dégénérait. Partout des bagarres éclataient entre les fans de DJ Haydn et les importuns qui poursuivaient leurs bavardages. Insupportables.

Le DJ s'arrêta de jouer. Il releva les mains de ses platines. Des sifflets montèrent de la foule. (Je ne savais pas à qui ils étaient destinés. Aux bavards sans-gêne ou au virtuose qui s'était interrompu.) DJ Haydn prit le micro des mains d'une de ses choristes.

– Merde, s'écria-t-il. Fermez-la !

Cela s'inscrivit d'ailleurs sur le bandeau psychique qu'il avait conservé sur le front – en accord avec un contrat publicitaire signé avec *ClearMind&Brain*. « Fermez-la ! » En toutes lettres. C'était clair. Et j'étais totalement d'accord avec lui.

Nouvelle vague de sifflets. Le DJ fut copieusement hué. Concert gâché ! Furieuse, la star s'en alla après dix minutes de représentation, sans que personne ne s'en offusquât. Il promit avant de quitter la scène qu'il ne remettrait jamais les pieds sur Ex-Carifar. Et il rajouta qu'il maudissait toutes les personnes présentes sous le dôme ce jour-là. Il fracassa sa précieuse multimandoline électromagnétique qui l'accompagnait depuis ses débuts contre des projecteurs qui s'éteignirent instantanément et quitta la scène en jetant son micro à la tête d'une spectatrice. Ses choristes le suivirent au petit trot vers la sortie. J'étais effondré. Et Coco fou furieux.

Ce fut alors que dehors, sur la surface extérieure du dôme, vinrent danser des feuilles mortes et de nombreux nuages noirs remplirent le ciel. C'était une tempête ! Le retour phonique ! L'arrivée des premières pluies et tempêtes, le doux murmure du vent, tonnant aux oreilles atrophiées des citoyens, dispersèrent enfin les vapeurs aphoniques…

Mais c'était trop tard, le DJ était parti.

*

* *

Reprise du voyage de la Maria :

– J'aurais voulu connaître ce Virgil Jones ! dit méchamment frère Miércoles en posant son double trois en travers du jeu.

– Oui, moi aussi, répondit Lucius. Mon cousin le connaissait de vue. (Il joua son tour et poursuivit son histoire :) La troisième et dernière fois que j'ai loupé un concert de DJ Haydn, c'était il y a deux ans. Ce guignol s'était cassé la colonne vertébrale dans un accident de la route quelques jours seulement après le début de la tournée. Il pilotait lui-même son bus qui, pour des raisons mystérieuses, avait quitté la chaussée et s'était encastré dans un mur avant d'exploser. Une trentaine de choristes, danseurs et quelques techniciens avaient péri dans l'accident. La suite de la tournée avait naturellement été annulée. Et ce coup-ci donc. La quatrième…

– Vous y arriverez cette fois ! lui assura frère Miércoles. Quatre ! La Quadrature est juste pour qui persévère. Le dogme de la Quadrature se résume en quatre segments. Quatre sommets. Quatre vérités. 1, 2, 3, 4 !

– Peut-être bien, reconnut Lucius.

– Je vous l'assure ! affirma Miércoles en déposant son dernier pion dans le jeu. (Il avait encore gagné la partie.)

– Bon, excusez-moi. (Lucius s'étira et se releva en soupirant.) Je vais grignoter quelque chose là-haut.

– Je vous accompagne, dit frère Miércoles en rangeant précipitamment ses dominos.

– Si vous voulez…

*

19 h 15 tapantes.

Déjà dix heures de mer, assis dans un sous-marin vivant. Bientôt la moitié du chemin.

Comme la présentatrice du soir sur *Holochannel N°5*, une hôtesse vint annoncer la météo. Ce n'était pas la petite Emeline Dahlia, mais elle était tout aussi jolie dans son uniforme blanc.

– Nous traversons une zone de courants puissants, annonça-t-elle. Au-dessus et au-dessous de nous circulent des flux inverses. La température de l'eau est d'environ 12° Jackson. Des hautes pressions favorisent la portée de la baleine. Un film sera diffusé de 20 h 30 à vingt-trois heures. Bonne soirée à tous.

La joue contre le hublot, Lucius écoutait la merveilleuse musique de DJ Haydn. Dans quelques heures, il serait à Briaz, face à lui, et tous les spectateurs se diraient ce qu'ils avaient à se dire avant ou bien après le show. Mais certainement pas en plein milieu.

Briaz !... La baleine y arriverait à dix heures, plus quatre de retard, quatorze heures. Il lui resterait toute la journée pour trouver un hôtel à trente cruz la nuit maximum, et se reposer avant la grande soirée du lendemain, dans la salle enfumée, bombardé par les notes lourdes et basses du génie… Et pas de blabla ! Pourvu que tout se passe bien… et que Briaz soit toujours là...

Une ombre passa soudain entre les remous de l'écume. Lucius plissa les yeux et regarda plus attentivement. L'ombre repassa. Une forme gigantesque rôdait dans les parages.

– Merde, dit-il. Regardez ça !

Lucius ameuta tout le compartiment.

Une ombre menaçante louvoyait dans les courants sombres à quelques brasses d'eux.

– C’est un requin-lion ? demanda un gamin à la voix haut perchée.

– Non, mon chéri, lui répondit sa mère. Ça doit être une autre baleine.

C’était effectivement une baleine.

Grise et énorme.

– Elle fait au moins deux fois notre taille ! Au moins deux cents mètres ! s’exclama un autre gamin en sautant d’un siège à l’autre. Elle nous poursuit !

Miércoles s’enfonça dans son fauteuil – la mère des intenables gosse l’inquiétait plus que toutes les baleines du monde...

Les deux baleines nageaient côte à côte. La seconde, grise, énorme, suivait en fait Maria, qui était comme sur des rails, tête baissée vers Briaz. L’autre n’avait pas de contrainte directionnelle. Elle suivait donc Maria intentionnellement sans toutefois dévoiler ses réelles intentions.

Les baleines se rapprochèrent soudain dangereusement l’une de l’autre. Contact établi – sous le poste de pilotage. Entrain. Elles se frottèrent l’une à l’autre puis nagèrent à nouveau de concert.

La baleine étrangère commença alors une sorte de danse, une parade de séduction. Elle tentait d’attirer l’attention de Maria, coupa plusieurs fois sa trajectoire, essayant en vain de l’arrêter.

À bord de Maria, le personnel et les passagers observaient la scène par les hublots avec une même inquiétude grandissante.

– Qu’est-ce qu’elle nous veut ? demanda une passagère, outrée par le comportement des animaux.

– C’est un mâle ! s’exclama une autre dame depuis le fond du compartiment. Un cinglé de mâle !

Elle était terrifiée, comme une poule dans un enclos autour duquel rôdait un renard salivant qui gardait les yeux fixés sur elle.

– Ça va aller ma chérie, lui assura son mari – un coq à la crête disciplinée des hommes d'affaires dynamiques.

– Oh toi, laisse-moi !

Elle le repoussa et se recroquevilla dans son siège. Personne ne se sentait plus rassuré qu'elle.

– Bon dieu !

– Un, deux, trois, quatre, fredonnait nerveusement Miércoles. Un, deux, trois…

– Elle veut peut-être s'accoupler, suggéra Lucius en exprimant la première chose qui lui traversa l'esprit.

Pâle comme un squelette, il commençait à croire qu'il manquerait une fois de plus son rendez-vous avec DJ Haydn.

– Notre navire n'est-il pas châtré ? s'insurgea un passager quelques rangées devant lui. Mademoiselle ! (Il appela l'hôtesse :) Cette baleine n'est-elle pas stérilisée ?

– C'est scandaleux ! murmura une vieille dame en se cramponnant au bras de son mari.

– Ça vous arrive parfois de songer aux conséquences de vos actes ? Vous êtes une compagnie commerciale, vous avez des devoirs à respecter !

– Je vous assure que je connais quelqu'un à la Gazelle, et cette histoire va beaucoup l'intéresser !

– C'est partout pareil, sur ces planètes de culs terreux !

– …

– !

Lucius et les autres perçurent alors des sons résonnant à travers les parois intérieures et extérieures de leur compartiment. Un chant. Les plaintes et les râles indignés des passagers s'estompèrent pour mieux écouter ceux des baleines.

– Chut ! Écoutez…

– Vous entendez ça ?
– Mais oui !
Les baleines chantaient.
– Elles communiquent peut-être…

En effet, elles communiquaient :

« Hé, belle bleue ! » chanta la baleine grise. *« Viens donc chez moi, j'ai un nid d'algues entre les coraux. C'est douillet. Et très discret. »*

« Je ne peux pas, » répondit Maria sans se détourner de sa route.

« Allons mignonne, ne me dis pas que je ne te plais pas ! » (La baleine grise tourna sur elle-même, afin de dévoiler tous ses charmes à sa conquête.)

« C'est pas ça, » fit Maria. *« Tu as tout ce dont une baleine peut rêver. J'aurais aimé te rencontrer dans d'autres circonstances, c'est tout. »*

« Les circonstances sont pourtant bonnes ! » rétorqua l'autre.

Maria lui expliqua alors, en si bémol majeur, la façon dont elle était contrôlée de l'intérieur par une force malveillante.

« C'est vrai » acquiesça la baleine grise, *« je vois de ces machins brillants partout sur toi. Alors on peut juste le faire là. Il n'y a personne d'autre. »*

« D'accord, » chanta finalement Maria. *« Vous êtes bien tous les mêmes. »*

Il va se passer un truc, songea Lucius en se rongeant les ongles. Autour de lui, les passagers qui en avaient les moyens enfilaient leurs brassières et assemblaient leurs masques à oxygène. Ils auraient été mieux inspirés de boucler leurs ceintures car la baleine effectua soudain un tonneau et envoya tous ceux qui n'étaient pas attachés à leurs sièges cul par-dessus tête.

Tout ce qui pouvait cogner cogna, tout ce qui pouvait tomber tomba, les lumières balancées par le roulis projetèrent des ombres folles sur le désordre ambiant. Chapeaux et bagages dégringolaient de leurs emplacements. (Têtes et porte-bagages.) Tout fut mis sens dessus dessous. Papiers, accessoires, vêtements, brassières et masques à oxygène ; tout voltigea. Tout valsa.

Affolée, l'hôtesse déambulait dans le compartiment en se cramponnant aux sièges. Ses cheveux mouillés lui collaient aux joues, et sa chemise transparente moulait ses seins rebondis. Elle portait un soutien-gorge rouge sang.

– Si certains d'entre vous ont acheté le kit de survie, cria-t-elle, c'est le moment de vous en servir !

Les passagers horrifiés hurlaient à la mort. La baleine hurlait, elle aussi. Ou elle chantait, allez savoir. Hurlements, pleurs, prières. Les baleines, les hommes, les femmes et les enfants, chacun à leur manière.

– Un, deux, trois, quatre ! psalmodiait inlassablement frère Miércoles en serrant son cube emblème entre ses deux mains tremblantes, la tête rentré dans les épaules comme une tortue.

Et la musique du DJ tonitruait en crescendo dans les oreilles de Lucius – qui n'y faisait plus attention.

La silhouette indistincte de l'autre baleine repassa lentement derrière les hublots. Un torrent de bulles et d'écume la suivit.

– Faut se barrer d'ici ! s'écria Lucius en agrippant ses accoudoirs. (Personne ne l'écoutait.) Je suis sûr que je devrais me tirer…, répéta-t-il en regardant derrière lui la porte du couloir qui ne menait que vers le compartiment suivant. Se tirer, oui bien sûr. Mais où ? La vache !

La baleine apparut soudain toute proche dans le hublot comme un autobus perçant un épais brouillard. Elle n'avait ni phare ni pare-choc, juste deux yeux noirs, mais, en affichant un sourire insolent, elle arrivait droit sur lui. Lucius le vit dans ses yeux sombres.

Il se détacha, prit son sac sous son siège et se leva d'un bond. La baleine grise amorça un virage serré au dernier moment et percuta violemment le flanc de Maria. Lucius fut projeté contre le siège de frère Miércoles, qui finissait d'enfiler sa brassière.

La baleine grise s'était volontairement jetée contre plusieurs compartiments situés sur le côté bâbord de Maria. Les compartiments N°6, 7 et 8 furent les plus gravement atteints. L'énorme choc porté aux structures plastiques avait fait d'importants dégâts.

Enfoncée comme l'aile d'une voiture accidentée à un carrefour, la paroi du compartiment menaçait de céder. De l'eau s'infiltrait par l'avant. Des fissures apparaissaient sur les jointures des hublots. Les voies d'eau se multipliaient entre les cloisons. Panique générale. Bousculade effrénée pour fuir cet infernal huis-clos… Tout le monde s'enfuyait par derrière vers le compartiment N°9.

Pour sauver sa vie.

– Dépêchez-vous ! cria l'hôtesse. Laissez cela derrière vous madame, allons ! (Elle prit le bras d'une petite vieille qui insistait pour récupérer son chapeau, qui avait été piétiné par tout le monde et qui traînait dans trente centimètres d'eau agitée. Elle la poussa dans le sas.) Tout le monde dehors !

– Dehors ? s'étonna Lucius en suivant la petite vieille et l'hôtesse vers le fond du compartiment.

Une marée de passagers affolés et trempés jusqu'aux os afflua alors dans le compartiment qu'il venait à peine de quitter, en provenance des compartiments précédents. Les compartiments N°6 et 7 furent évacués vers les compartiments 5 et 8. Les passagers, terrifiés, désemparés, sans bagages, poussés par des stewards, pâles comme du papier à chiottes, s'y entassèrent comme des animaux.

– *On va tous y passer !*

– *Je ne veux pas mourir noyée !*

– *Oh, Seigneur !*

– *Poussez-vous de là !*

– *Dépêchez-vous un peu !...*

– Je cherche ma brassière et mon masque ! hurlait une petite dame en robe à carreaux en jetant des coups d'œil nerveux et rapides autour d'elle. C'est pas possible, enfin ! Je les ai payés soixante-quinze cruz ! Frère Miércoles ! (Caroline lui saisit les mains.) Oh, frère Miércoles…Vous voilà enfin ! (Elle avait le regard rendu fou par la peur, les lèvres agitées d'incontrôlables tremblements.) On m'a volé ma valise de survie ! Tout était carré pourtant ! Carré, carré, carré… Et quelqu'un me l'a volé ! On m'a tout pris ! Oh !...

– Allons, du calme ! s'exclama vivement frère Miércoles. Vous voyez bien que ce n'est pas le moment. Du calme !

Dans l'urgence de la catastrophe imminente, il avait lui-même du mal à boutonner sa brassière.

– Des visages carrés partout…, poursuivit Caroline en tremblant. Carré, carré, carré, des angles très droits, des visages carrés, des mains carrées aux doigts constitués de multiples carrés articulés, des yeux carrés aux pupilles carrées. Où allez-vous ? Mon frère !

– Tout le monde dehors ! cria l'hôtesse en tenant la porte du couloir ouverte. Allez !

Les derniers passagers du N°8 se ruèrent dans le sas qui conduisait aux compartiments suivants. L'hôtesse s'arrêta à la porte du compartiment N°9.

– Dix personnes ici ! commanda-t-elle. Vous, venez. Voilà ! Allez, vous aussi ! Dépêchez-vous ! Ça suffit ! Tous les autres me suivent, allons venez !

Tandis que, dans la panique générale, Miércoles et Caroline poursuivirent leur chemin vers le compartiment N°10, Lucius fut l'avant-dernier d'un groupe d'une dizaine de passagers à trouver refuge dans le N°9. On déplaça quelques bagages encombrants et dix sièges libres furent mis à leur disposition. Lucius s'effondra dans l'un d'eux, il serra son sac entre ses bras et reprit ses esprits en enfonçant ses écouteurs dans ses oreilles.

Ici, on le dévisageait, lui et les quelques autres rescapés des compartiments N°6, 7 et 8, avec effroi. La baleine grise était visible de partout et partout elle semait une même terreur. Ici comme ailleurs à bord.

Des sièges et des vêtements apparurent bientôt derrière les hublots, portés par les courants. Un compartiment endommagé s'était disloqué sous la pression de l'eau. Peut-être le N°8… Des sacs de voyages, des livres, des chaussures et des chapeaux dérivaient dans le sillage de la baleine. C'était morbide.

– Oh, mon dieu ! s'écria une jeune femme en se couvrant les yeux.

– Ne regarde pas, ma chérie.

– Quelle horreur…, pleurnicha-t-elle. Oh, mon dieu ! Quelle horreur...

Le cadavre d'un passager aux yeux exorbités flottait parmi les débris du compartiment comme une poupée désarticulée. Il disparut en quelques secondes dans l'épaisse obscurité de l'océan.

– Oh ! Non…

– Seigneur…

– Quadrature divine…

*

Comme folle, ne répondant plus du tout ni à ses directives ni à ses habitudes, Maria avait irrémédiablement perdu son cap. Elle n'en faisait qu'à sa tête. Le mieux à faire pour le commandant Bonéem était de rester calme, concentré et de ne surtout rien tenter d'inconsidéré.

– C'est quand même moins grave que de percuter un astéroïde, affirma-t-il avec une placide lucidité en se remémorant ses années de service spatial. J'en ai vu d'autres. Essayons de reprendre tout ça en main.

– Nous pourrions les laisser faire, suggéra le navigateur.

Le cadran de contrôle qui lui faisait face avait tous ses voyants dans le rouge. C'était le genre de situation qui incitait à ne plus rien tenter. La responsabilité en revenait au commandant de bord.

– Que voulez-vous dire ? demanda Bonéem, méfiant.

La baleine grise passa alors lentement devant le dôme de pilotage. Son œil énorme et éteint se fixa, l'espace de quelques secondes, sur Bonéem qui frissonna et baissa les yeux. Le monstre lui lançait un défi. Un défi à qui *gagnerait* Maria.

Bonéem était, dans tout l'univers, le seul rival du cétacé de deux cents mètres. Il releva courageusement les yeux, la queue de la baleine disparaissait dans la pénombre. Toujours menaçante.

Il m'en veut personnellement, réalisa-t-il en frissonnant.

– On donne à Maria des ordres trop contradictoires avec ses intentions, approuva le zoologue en consultant ses propres relevés électriques qui n'étaient guère rassurant eux non plus. Si on lui laissait le champ libre un moment, on parviendrait peut-être à récupérer le contrôle, quand elle aura fait ce qu'elle a à faire. Qu'en pensez-vous ?

– On ne reprendra pas le contrôle si on le lâche, répondit fermement Bonéem. Vous suggérez de laisser cet inconnu monter Maria ? (L'énorme baleine grise repassait lentement à deux nageoires de la surface du dôme.) Ma Maria ? Non, non. Fuyons. Il n'y a que ça à faire. Regardez-moi ce monstre !

– Il nous aura quand même au final.

– Demi-tour ! ordonna le commandant Bonéem.

Le timonier se redressa sur son siège, claqua les talons et obéit. Au bout de quelques secondes il déclara :

– Aucune réaction commandant ! On fonce toujours tout droit.

Ils surveillaient tous avec inquiétude l'énorme masse de la seconde baleine qui tournoyait autour d'eux et qui soudain changea de direction.

– Cramponnez-vous ! Elle attaque !

Comme le reste de la baleine, le poste de commande fut rudement mené. Les baleines se frottaient et se percutaient allègrement. La résistance du dôme abritant le poste de pilotage fut soumise à rude épreuve. La structure en plastique ne tiendrait plus longtemps...

– C'est bien la première fois qu'elle me fait un coup pareil ! s'exclama Bonéem, agrippé à ses accoudoirs.

Luc, le zoologue, intervint :

– Le cas s'est déjà présenté, cria-t-il. J'étais sous les ordres du commandant Nanarama…

– Esteban Nanarama ? demanda Bonéem. Je le connais bien.

– Oui, approuva Luc. Il y a douze ans. Aujourd'hui, il pilote un train sur Banaharan IV. Bon dieu ! La frousse qu'on avait eue…

Bien que cela le répugnât, Bonéem consentit finalement à laisser les deux baleines libres et responsables de leurs actes. Il n'y avait plus rien à faire pour les empêcher de copuler.

Ce furent des moments agités pour tout le monde. Comme un avant-goût de la fin du monde... Et lorsqu'elle eut enfin obtenu ce qu'elle désirait, l'énorme baleine grise s'en alla sans un au revoir pour Maria. Elle avait maintenant d'autres poissons-chats à fouetter.

– Reprenez le contrôle ! ordonna Bonéem lorsque le calme fut définitivement revenu.

– Rien à faire commandant ! Quelque chose ne fonctionne pas ! s'exclama le navigateur en contrôlant ses instruments déboussolés.

– Bon, ce n'est pas grave, lâcha Bonéem avec nonchalance. Poursuivez tout droit. En avant toute.

– On se dirige vers le nord du continent, précisa le navigateur.

– Entendu, acquiesça Bonéem, rompu de lassitude.

*

Est-ce terminé ? Lucius se retourna sur son siège. Le calme semblait revenu. Mais le monde pouvait se retourner dans la prochaine seconde... et, en un seul instant, tout interrompre. Toute une vie perdue ! Sans jamais avoir pu voir DJ Haydn !

Oui, le calme semblait enfin revenu.

3

Au soulagement de tous, la baleine atteignit finalement la terre ferme, et le quai du port de Darpezza, une petite bourgade côtière située à cent cinquante kilomètres au nord de Briaz. Le voyage avait duré près de quarante-huit heures au lieu de vingt-cinq.

Les passagers, choqués et épuisés, durent attendre plus d'une heure encore que la baleine se calmât et que la passerelle du quai de Darpezza, qui datait du siècle dernier, leur permît de descendre en toute sécurité. Il fallut pour cela la rehausser de soixante centimètres et y installer des rambardes de sécurité.

Darpezza, distante de Briaz de cent cinquante kilomètres de forêt plus ou moins dense et infranchissable, l'était donc également d'au moins cent cinquante ans d'évolution technique.

Quand la passerelle fut prête et assurée, les trois cents passagers de la Maria l'empruntèrent en file indienne et se répandirent sur le quai, hagards, choqués. (Ceux des compartiments accidentés tout particulièrement.) Impatients, énervés. Scandalisés. Ils se bousculèrent dans l'écoutille comme s'ils fuyaient une salle de cinéma diffusant un insupportable navet.

– Allons, par là ! souffla une hôtesse épuisée en dirigeant les naufragés vers la gare maritime. Voilà ! S'il vous plaît. Dans le calme. Par là, suivez les autres.

Une passagère, qui avait bondi du ventre de la baleine en jouant des coudes, se précipita vers les arbres et la terre ferme qu'elle apercevait devant elle :

– Je ne veux plus jamais voir de baleine ! hurla-t-elle hors de tout contrôle.

Son époux, qui trimballait avec peine deux lourdes valises, la rattrapa :

– Mais il faudra bien rentrer à la maison ! la raisonna-t-il. (Il lâcha ses valises et la prit par les épaules.)

– Non ! Non ! Jamais ! s'entêta-t-elle.

– Mais si, et tu le sais très bien.

– Je rentrerai à pied ! Ou je referai ma vie ici. Avec toi ou bien avec quelqu'un d'autre ! Tu peux me croire. Je ne remettrai plus les pieds dans une de ces sales bêtes. (Elle fondit en larmes dans ses bras.)

D'autres disputes – des promesses de divorce, des reproches infantiles, des pleurs et des ouf ! de soulagement…, s'amorcèrent entre chaque couple.

Une longue file de touristes énervés se forma aux portes de la petite gare maritime de Darpezza qui n'avait jamais connu un tel rassemblement de réfugiés.

Ils s'y entassèrent en colère.

– Je vous avais prévenu ! entonnait l'écolo de la Fondation Tousceau en pointant un doigt accusateur sur tous ceux qui l'entouraient, et particulièrement sur ceux qui avaient refusé de l'écouter et de signer sa pétition.

Plus haut sur la digue qui se terminait par une cale en pente douce où étaient amarrées plusieurs embarcations – un même modèle, une construction locale, une petite caisse en bois de quatre mètres cinquante avec mât et moteur – une foule de vieux pêcheurs et de leurs familles observaient dans la direction de la baleine Maria et de ses naufragés qui se bousculaient maintenant à l'entrée de la gare maritime.

– Ça alors !

– Un jour j'ai vu une marée de coquillages s'échouer sur la plage. C'était un peu comme aujourd'hui...

– Je m'en souviens ! C'était il y a une quarantaine d'années. Ceux-là, on pouvait les ramasser et les faire cuire.

– Je doute qu'on puisse en faire de même cette fois !

– Ha, ha, ha !

– Si je suis sûr d'une chose, c'est que les Kanorgs doivent déjà y songer !

– Ceux-là !

– Dites-donc ! Regardez-moi celui-là, avec son sac sur la tête !

– Sauvé ! dit Lucius lorsqu'il posa à son tour les pieds sur le quai. Sauvé ! Ha, ha, ha ! Merveilleux !

Il remit son sac sur son dos et regarda sa montre. Midi dix. Il restait huit heures d'espoir. Il avait encore le temps d'arriver à Briaz pour le concert de DJ Haydn. C'était jouable. Il devait néanmoins faire très vite. Cent cinquante kilomètres en huit heures. Soit une moyenne approximative de 20 km/h, qu'il ne tiendrait jamais à pied.

Il agrippa les lanières de son sac – unique bagage dont il devait se soucier, il n'eut donc pas à patienter pour retrouver son calme et ses valises – et il remonta vers la digue.

L'équipage de la Maria laissa le personnel de la marina de Darpezza prendre en main les opérations d'évacuation. Choqués comme les passagers, ils restèrent néanmoins sur le quai, face à leur baleine qu'on amarrait de force et qu'on calmait par des injections de sédatifs sous la surveillance désabusée du commandant Bonéem.

– Elle est sûrement enceinte maintenant, murmura celui-ci en tournant les talons, dégoûté. On en fera pas une chaloupe de ce petit... Hé ! Fais un peu attention toi !

Un gosse qui portait une canne à pêche sur l'épaule et qui avait passé l'après-midi sur le quai venait de bousculer le commandant – le môme marchait en regardant la baleine plutôt que devant lui. Il remonta entre les passagers qui se dirigeaient vers la gare et s'arrêta près de Lucius. Il lui donna un coup de poing dans le bras et demanda :

– Hé ! Vous êtes les naufragés ?

– Oui, bon et bien on est sauvés maintenant, lui dit Lucius en se frictionnant le bras (le gamin avait cogné de toutes ses forces). On ne va pas en faire toute une histoire. Fiche le camp !

Il s'écarta de l'enfant, qui circula ensuite entre les naufragés de la Maria en leur présentant sa main ouverte comme une petite écuelle dans laquelle il réclamait qu'on y mît une pièce ou deux, puis, en enfonçant ses écouteurs dans ses oreilles, Lucius se rendit à l'accueil de la gare maritime.

Tandis que tous les autres se laissaient guider par le personnel vers un local où ils pourraient se restaurer puis dormir quelques heures avant que tout ne s'organisât pour les faire rejoindre Briaz, comme prévu, par une nouvelle baleine, avec juste quelques heures de retard, Lucius ne pouvait pas se permettre de perdre une seule minute. Il n'avait de toute façon ni faim, ni sommeil. Il s'accommoderait de sa mauvaise odeur et de sa barbe naissante. Il était lancé dans une course contre la montre dont il avait manqué le départ. Ne plus perdre une minute ! Rattraper son retard !

– Excusez-moi ! (Il interpella la guichetière et s'accouda au pupitre. Par chance il n'eut pas à attendre.) Je désire me rendre immédiatement à Briaz. Il doit bien y avoir un moyen. Trouvez-le moi je vous prie.

– Oui monsieur, répondit la jeune fille. (Félicie. Son nom était inscrit sur son badge.) Des convois d'éléphants partent toutes les six heures, mais il n'y a pas de ligne directe. Vous devrez faire des détours et attendre des correspondances…

– Non, non, coupa Lucius en gesticulant nerveusement. Vous n'avez pas compris. Je vais au concert de DJ Haydn, à Briaz. Ce soir. Je dois partir dans la minute. Et y aller tout droit.

– Dans la minute ? répéta-t-elle, surprise.

– Je devrais déjà y être, confirma Lucius.

Elle réfléchit en promenant un doigt sur ses lèvres.

– Vous pouvez toujours louer un éléphant – en solitaire, sans guide, suggéra-t-elle. Traverser la forêt en longeant la côte.

– C'est risqué ? La forêt est-elle dangereuse ?

– Pas pour qui chevauche un pachyderme, répondit la fille, sûre d'elle.

– Ça avance à quelle vitesse un éléphant ?

– Je n'en sais rien.

– Tant pis. Si c'est le seul moyen. Où puis-je en trouver un ?

– C'est facile, dit-elle. Il y a une boutique à deux pâtés de maisons. Vous verrez, il y a toujours un éléphant ou deux stationnés devant. Vous ne pouvez pas la rater. (Elle lui tendit un dépliant publicitaire.) Ça vous aidera peut-être.

– Merci, dit Lucius en prenant la brochure.

– Je suis content de vous voir en bonne santé, dit soudain frère Miércoles, juste derrière lui.

Lucius se retourna.

– Je n'ai pas le temps, dit-il agacé. Je dois partir.

Ce qu'il fit.

Il contourna le curé et se dirigea droit vers la porte. Il consulta le document que lui avait donnée l'hôtesse d'accueil en quittant le hall de la gare maritime – c'était une publicité pour la thalasso de Darpezza, un établissement apparemment renommé, il la jeta en grognant dans la première poubelle.

En bonne santé peut-être, mais il était parti pour manquer un nouveau rendez-vous avec DJ Haydn. Lucius en était maintenant douloureusement conscient.

Il courut dans la rue sans prendre le temps d'admirer l'architecture folklorique de Darpezza. Il n'était pas ici pour ça. Lucius aperçut vite trois éléphants de belle taille, gris et blancs avec les oreilles touffues de poils roux – il se dirigea tout droit vers eux et entra dans l'agence de location en cherchant de l'argent au fond de ses poches.

Frère Miércoles avait observé son ami quitter la gare maritime et disparaître dans la rue avec empressement. Il ne le reverrait sans doute jamais. Cela lui fit un pincement au cœur.

– C'est dur pour tout le monde, dit-il en se retournant à son tour vers le guichet. Je prie pour qu'il parvienne à assister au show de son idole. Je lui ai assuré que la Quadrature y veillerait... (Il s'adressa à l'hôtesse :) Y a-t-il un temple de la Quadrature par ici ? demanda-t-il avec espoir.

Bien loin de son diocèse, Miércoles était surtout bien loin des temples droits de la Quadrature ! Aussi loin que le sont les étoiles dans le ciel !

Que pourrait-il y avoir à faire ici avant de repartir ? s'interrogea-t-il. C'est pour une raison bien précise que la Quadrature m'a conduit dans cette ville, par l'entremise d'une coucherie de cétacés. Pour une raison bien précise, mais laquelle ?

– La Quadrature…, répéta l'hôtesse d'accueil en réfléchissant. (Elle avait une superbe étiquette carrée marquée « Félicie » épinglée sur son uniforme.) Ça me dit quelque chose en effet… Attendez un moment. (Elle consulta ses fiches.) Oh, ça y est, ça me revient. C'est à deux pas du centre de thalasso ! Tenez, ça peut vous aider.

– Parfait ! dit Miércoles en jetant un coup d'œil à la publicité avant de la mettre dans son sac. Merci jeune fille.

– Oh, frère Miércoles ! s'exclama une petite voix haletante.

– Caroline ! fit-il en se retournant. (Il avait immédiatement reconnu sa voix agressive.) Vous êtes saine et sauve.

– Oh, frère… Miércoles… (elle était essoufflée et prit une seconde avant de reprendre :) Les carrés nous ont sauvé !

– Bien sûr, approuva frère Miércoles.

– Ils nous servent un repas, là-bas…, dit-elle en prenant le prêtre par le coude. Vous ne venez pas, mon frère ?

– Je vous rejoins, répondit-il en se dégageant doucement le bras. Je règle une petite affaire et je vous rejoins.

– D'accord, acquiesça Caroline en s'éloignant. À tout de suite.

Alors que Caroline et tous les naufragés de la Maria se plaignaient en attendant qu'on leur serve un repas chaud, frère Miércoles sortit discrètement de la gare maritime et héla un taxi pachydermique.

Un éléphant s'arrêta.

Miércoles avait pris la décision de rejoindre le bureau du culte de la Quadrature de Darpezza. Car après tout, c'est la Quadrature qui l'avait voulu ainsi. Ça lui éviterait un nouveau voyage en baleine dans l'immédiat.

– Conduisez-moi sur le champ au temple de la Quadrature, ordonna frère Miércoles avec autorité.

Le chauffeur, un type moustachu au regard absent et à la salopette crasseuse, réfléchit un instant puis acquiesça énergiquement.

– Très bien, dit-il avec un fort accent local. Montez.

Il déplia un escabeau et le poussa devant frère Miércoles. Celui-ci laissa le chauffeur s'occuper de ses bagages et grimpa sur le dos de l'éléphant, au sommet duquel il trouva une selle grande et confortable, qui aurait pu accueillir facilement trois personnes. Il y serait très bien tout seul.

– Est-ce loin d'ici ? demanda-t-il en étendant les jambes devant lui.

– Non, répondit le chauffeur en tirant sur la laisse de l'animal, qui s'ébranla comme un tracteur pétaradant. C'est derrière la thalasso.

Un quart d'heure plus tard, après avoir traversé la ville de long en large, le chauffeur poussa un hurlement et s'arrêta. L'éléphant en fit de même. Le convoi s'immobilisa devant une bâtisse de deux étages, blancs comme le sel, bien posés les uns sur les autres. Un bel édifice cubique entouré d'un jardin parfaitement entretenu – la pelouse tondue, des haies carrées, sans épi, et des fontaines miroitantes. Tout ça était très satisfaisant.

– C'est bien ici, affirma frère Miércoles en descendant de l'éléphant comme un alpiniste maladroit.

Il avait instinctivement reconnu le temple. Il récupéra ses bagages, paya le chauffeur et repoussa la trompe de l'animal qui semblait vouloir lui dire au revoir.

Alors qu'il s'apprêtait à pénétrer dans l'enceinte de la propriété de la Quadrature, les portes du temple s'ouvrirent en grand – de superbes portes carrées, vernies, sculptées. Elles ne s'ouvraient malheureusement pas pour l'accueillir mais pour permettre à une meute de porcs de sortir.

Miércoles s'immobilisa.

Une bande de paysans, de pêcheurs et de traînards autochtones se mirent à brailler devant le portique, dans l'allée séparant en deux le jardin. Ils restaient là, à discuter bruyamment comme l'auraient fait des ivrognes devant une taverne.

– Du vent ! Tas de défroqués, rumina frère Miércoles en les contournant pour entrer dans le temple. Tout cela manque singulièrement d'angle droit, se dit-il. Excusez-moi. Pardon. Poussez-vous un peu.

Frère Miércoles pénétra, à contre-courant, dans le bâtiment qui finissait de se vider de la présence des fidèles comme une outre de vin rance percée.

– Vous ! s'exclama alors une voix grave – celle d'un grand dadais flanqué d'un costume baroque, en sortant de l'ombre du fond de la pièce.

– Moi ? demanda frère Miércoles en se protégeant le nez et la bouche.

Il flottait ici une odeur fétide. Miércoles entendait les mouches bourdonner autour de ses oreilles. Il n'avait jamais vu une église si mal tenue. De plus, les aménagements de la salle de culte ne lui étaient pas familiers.

Qu'est-ce que c'est que ce taudis ? se demanda-t-il en observant la pièce à travers la pénombre épaisse et menaçante.

– Oui, vous ! Il ne faut pas entrer, il faut sortir ! somma l'étrange type en désignant la porte grande ouverte. (Puis il observa attentivement l'accoutrement de son interlocuteur et sourit.) L'entrée de votre temple se fait par derrière, dit-il.

– Par derrière quoi ?

– Par la porte de derrière ! répondit l'autre en le repoussant vers la sortie.

– Qu’est-ce que ça veut dire, enfin ?!? s’insurgea Miércoles.

– Foutez-moi le camp d’ici ! répéta le grand type – le prêtre étrange qui ne semblait avoir qu’une idée en tête : se débarrasser de Miércoles sans écouter ce qu’il avait à dire.

Frère Miércoles fut expulsé du temple et manqua de peu de s’étaler sur les dalles de l’allée, entre les gueux qui ne s’étaient pas encore dispersés. Il fit le tour du bâtiment en traînant ses bagages et en rouspétant. Pourquoi la Quadrature me fait-elle un coup pareil ? Ce fut avec l’esprit extrêmement perturbé qu’il longea le pignon du bâtiment.

Derrière, le décor était moins rutilant.

Une petite cour poussiéreuse l’accueillit, une cabane à outils, une tondeuse à gazon en pièces détachées. Rien de bien carré. Un vélomoteur était appuyé contre la façade, sous un panneau en bois pour sa part carré, correctement conforme, où était inscrit en lettres à moitié effacées : *Temple de la Quadrature*. C’était bien ici...

– Qui êtes-vous ? demanda alors un petit bonhomme en sortant la tête de la plus proche fenêtre comme un coucou d’une horloge.

Il observa avec grand intérêt la tunique de frère Miércoles, qui déposa ses bagages et se présenta.

– Je suis frère Miércoles, dit-il. J’arrive directement de la Quadrature.

– Hm…, fit l’autre en rentrant la tête dans l’horloge.

Miércoles demeura stupéfait, figé sur place.

La porte principale encastrée dans la façade était un rectangle maladroit. Elle s’ouvrit et le bonhomme réapparut. Il sortit dans la cour pour l’accueillir.

– Vous avez un superbe uniforme ! s’enthousiasma-t-il. Vous êtes un prêtre de la Quadrature ?

– Et bien oui ! répondit frère Miércoles en observant sa soutane. Je devais rejoindre Briaz, la grande forêt, pour y prendre mon poste clérical. Mais ma baleine s'est… Et vous, d'abord qui êtes-vous ?

Il reconnaissait plus ou moins l'uniforme de la Quadrature sur les épaules de son interlocuteur, mais il était crasseux, décoloré et déchiré. Ce type était peut-être une sorte de maître d'hôtel débile. Un valet quelconque. Peut-être le pauvre hère chargé d'éplucher les tubercules pour le repas des ouailles.

– Je suis le père Galen Colas, répondit le vieil homme en prenant la valise de frère Miércoles. Vous êtes de la baleine Maria ? C'est bien ça ?

– C'est ça, confirma Miércoles en suivant le père Galen vers le temple. Vous êtes un père de la Quadrature ?

– Soyez le bienvenu frère Miércoles, répondit le père Galen en hochant positivement la tête. (Il l'entraîna dans le bâtiment. Ils grimpèrent directement au premier étage.) Je suis le plus haut représentant de la Quadrature à Darpezza, expliqua-t-il. Nous n'attendions aucun renfort, mais je dois vous avouer que votre présence me réconforte.

– Je pense que la Quadrature m'a conduit ici, révéla Miércoles – qui avait aboutit à cette conclusion sans réelle réflexion. (C'était une sensation intuitive, une évidence irréfutable.)

– Oui, approuva le père Colas. Qui d'autre ? Nous avons besoin d'hommes de valeur et vous avez peut-être besoin de faire vos preuves. Vous êtes encore jeune, mon frère.

– J'ai décidé de rester ici quelques temps, annonça Miércoles en suivant le père Galen. Mais je devrai rejoindre Briaz un jour.

– Je comprends cela. Nous aurons bien des tâches à vous confier en attendant ce jour-là.

Le père Galen lui fit rapidement visiter les bureaux, la petite salle de culte, et enfin le dortoir. Ils s'y arrêtèrent. La pièce, plutôt grande, comportait cinq lits clos tous grands ouverts, deux fenêtres, une petite table avec sa chaise, le téléphone et une armoire.

– On a tout le premier étage à notre disposition, plus la moitié du rez-de-chaussée, officiellement. En fait, on occupe essentiellement le premier étage. Au-dessus c'est aux Kanorgs. On n'y met jamais les pieds. Eux y vont parfois. La nuit… Comme vous pouvez le constater, il reste de la place, dit le père Galen en montrant les cinq lits vides autour d'eux. Je vis ici avec les frères Hutchinson et Bérenger. Vous ferez vite leur connaissance. Nous ne sommes que trois, ici. Voyez comme votre arrivée tombe à point ! Nous serons un juste nombre à table désormais. Les autres sont au marché. Nous y vendons des cubes, des pendentifs et des cartes postales. Les dons ne suffisent plus...

Miércoles remarqua la tapisserie à carreaux, les abat-jour parfaitement cubiques et par terre, des bandes avaient été peintes perpendiculairement aux lattes du plancher afin de créer un dallage resserré de carrés parfaits.

Miércoles déposa ses bagages près du lit clos le plus proche de la fenêtre. Celle-ci donnait sur la rue.

– Qu'appelez-vous les « Kanorgs » ? demanda-t-il en voyant que la bande de porcs s'était dispersée et que le calme était revenu devant le temple. (Ce qui rendait la vue agréable.) Qu'entendez-vous exactement par là ?

– Les Adeptes de Kanorg ! s'exclama le père Galen comme si les mots lui brûlaient la langue. C'est une secte autochtone dépourvue de toute authenticité divine. Une vaste fumisterie. Nos locaux sont jumelés. On doit les supporter.

– Je suis rentré par devant tout à l'heure, dit frère Miércoles le nez à la vitre. On m'a mis à la porte.

– Aïe ! Vous étiez chez eux. Chez les adeptes de Kanorg. Ils célébraient un office religieux il y a quelques minutes. Tous les jours à la même heure.

– Je suis tombé sur un tas de vauriens défroqués.

– Oui, confirma le père Galen. Ils jouent même du tam-tam pendant leurs offices. Ils en jouent à longueur de journée. Les adeptes de Kanorg sont nombreux dans la région. Une bande de singes ignorants. La plupart vivent dans la forêt, à l'écart de l'agglomération. C'est terrible… Mais venez plutôt ! Je vais vous faire voir le garage à mobylettes.

Le père Galen prit frère Miércoles par le bras et l'entraîna hors du dortoir. Ils passèrent dans le couloir. Les escaliers permettaient de monter au deuxième étage mais un rideau flanqué du logo de Kanorg en barrait l'accès.

– Descendons, dit sombrement le père Galen. (Frère Miércoles demeura sur le palier, comme hypnotisé par le drapeau de Kanorg. Un logo calligraphique, des flammes, des serpents enlacés.) Je vous en conjure, rajouta-t-il en désignant l'étage supérieur, n'y allez jamais. Ils y font des trucs bizarres. Très ronds. Circulaires.

– Je vois, murmura Miércoles avec dégoût.

– Allons, fit le père Galen en prenant le bras de Miércoles. Venez maintenant.

– Mon père, dit Miércoles en s'arrêtant. (L'autre lui lâcha le bras.) Je suis un peu las, j'aimerais me reposer. Le voyage a été très éprouvant…

– Naturellement ! fit jovialement le père Galen. Délassez-vous au dortoir, dormez quelques heures. Nous verrons les mobylettes plus tard. Je puis vous assurer qu'elles ne s'en iront pas. Je vous enverrai chercher pour le dîner.

– Je vous en sais gré, répondit frère Miércoles.

Il retourna au dortoir et le père Galen descendit les escaliers en trottinant – il se rendait peut-être à la buanderie faire de la lessive, ou du bricolage dans la cour.

Frère Miércoles s'étendit sur le lit qu'il avait choisi en caressant son pendentif. Il était épuisé, ce n'était vraiment pas un mensonge. Ses muscles se détendirent et il réfléchit en observant le plafond, tout en maintenant son esprit à la limite de la somnolence.

À Briaz, le culte de la Quadrature avait un petit temple indépendant dans un joli quartier de la ville. Miércoles en avait vu de nombreuses photos avant son départ. Il avait vu sa future chambre et son futur bureau. Ses futurs collègues et un aperçu de quelques unes de ses ouailles, bien plus dignes qu'ici. Souriantes et bien habillées, sans doute même cultivées.

Il n'aurait finalement rien de tout cela. Pas encore. Il avait été si impatient de s'installer à Briaz et de commencer à prêcher la Quadrature dans des conditions idéales...

En revanche à Darpezza, dans ce trou perdu, le bureau du Culte de la Quadrature était jumelé avec le siège des Adeptes de Kanorg, une inquiétante secte locale qui n'inspirait que crainte et dégoût au père Galen Colas. Les deux groupes de pensée partageaient la même bâtisse.

Une grande déception pour frère Miércoles.

Il se redressa et sauta du lit puis s'approcha du combiné téléphonique, vérifia la tonalité et contacta son bureau de Briaz.

– Allô, père Carrelet ? Ici frère Miércoles ! Oui… Parfaitement, je vous remercie… Vous avez raison… Je m'excuse de ne pas avoir téléphoné plus tôt… Ils en parlent déjà à la télé ? Non… je n'en ai pas vu ici. Mais les gens étaient au courant. Il doit y en avoir une quelque part… Oui ! L'électricité oui… Ha ! Au courant ! Ha ! Ha ! Ha ! Merci… Merci mon père, mais je pense rester à Darpezza quelques temps. Pour y servir la Quadrature… Oui… Renforcer les bases d'une coalition sacerdotale… Ha, ha, ha ! Oui, la forêt est dangereuse, pleine de Kanorgs. On me l'a dit. Je viendrai en baleine. Lorsque j'aurai accompli ma tâche ici… Les adeptes vertueux de la Quadrature et les autochtones barbares adeptes du mystérieux et inquiétant Kanorg… Leur en prendre un maximum, comme vous dites… Les convertir à la Quadrature… Très bien… Le père Galen Colas… Oui, très aimable. Très bien mon père ! À bientôt… Au revoir, père Carrelet.

Soulagé d'être toujours le bienvenu à Briaz, Miércoles raccrocha. C'est toujours bon d'avoir plusieurs endroits où aller.

La porte du dortoir s'ouvrit alors en grinçant. Frère Miércoles tourna la tête et s'éloigna du téléphone.

Les frères Hutchinson et Béranger venaient lui souhaiter la bienvenue. Ils étaient tous les deux vieux et usés. La Quadrature avait été dure avec eux.

– Je suis frère Hutchinson, psalmodia un curé à l'œil bandé, et voici frère Béranger. Nous rentrons du marché. Nous vous souhaitons la bienvenue parmi nous.

– Et moi je suis frère Miércoles, répondit Miércoles en serrant les mains de ses collègues.

– Bonjour, grogna frère Béranger en rougissant.

Frère Hutchinson avait le malheur d'être borgne et frère Béranger, en plus d'être chauve et laid, était manchot. Il avait le bras gauche sectionné au-dessus du coude, il boitait légèrement et articulait difficilement.

À première vue, Miércoles – qui se considérait comme jeune et beau, encore vaillant, s'effraya de l'apparence de ses collègues. Il regretta vite d'avoir décliné l'éléphant de Briaz.

– Frère Miércoles, dit frère Hutchinson, venez dîner avec nous. Père Galen est un fameux cuisinier. Vous verrez.

– Avec joie, mentit frère Miércoles en enfilant un chandail par-dessus sa soutane.

*

À dos d'éléphant, Lucius Jack s'enfonçait de plus en plus profondément dans la forêt qui couvrait la côte jusqu'à Briaz. Le concert de DJ Haydn commençait dans cinq heures.

– Allez, grouille un peu !

Lucius encourageait sa monture en criant et en la fouettant. Elle ne courait pas assez vite, quand elle voulait bien courir. C'était désespérant. Il n'arriverait jamais à Briaz à temps. Il regarda son billet, quatrième du nom, qui finirait comme les trois premiers, inutiles et non remboursés. Autant pour la Quadrature ! enragea-t-il en repensant aux vaines promesses de Miércoles… La quatrième c'est la bonne !... Mon œil !

Déjà qu'il n'allait pas très vite, l'éléphant ralentit encore.

– Qu'est-ce que tu fous ?! hurla Lucius en lui tapant sur le crâne.

L'éléphant s'arrêta.

Avec sa trompe, il fouilla dans les buissons à la recherche de quelque chose. Nourriture ? Bon dieu de bon dieu ! Des éléphants, des baleines : les plus gros animaux, aquatique et terrestre. Les plus lents et les plus bêtes.[21] Quel foutue planète !

– Saleté !!! brailla Lucius Jack en donnant du talon contre le flanc du pachyderme. Dépêche ! Remue-toi ! (Il regarda sa montre d'un geste vif.) Bon dieu ! Je n'y serai jamais.

Il avait parcouru à peine trente kilomètres dans la jungle – il lui en restait cent vingt à faire.

Perché sur une branche, un oiseau s'envola. Il eut un mal de chien à décoller. Après avoir frétillé et hésité, il se jeta dans le vide, mais il eut beau battre des ailes, il plana aussi bien qu'une pierre et s'écrasa dans les fourrés où farfouillait la trompe de l'éléphant.

Un barrissement lointain se fit entendre. L'éléphant releva la tête et s'ébranla sans que Lucius n'ait eu besoin de faire quoi que ce fût. L'éléphant s'emballa. Il accéléra. Lucius s'agrippa à la selle. Un nouveau cri… Terriblement proche cette fois.

Une bête énorme surgit soudain d'entre les branches, à droite. C'était un éléphant gigantesque, nu et enragé. Il leva sa trompe et poussa un terrible cri. Bon dieu de bon dieu ! Lucius n'en revenait pas. Son propre éléphant fit une ruade, se cabra sur ses pattes arrière et éjecta son passager dans des buissons mousseux qui amortirent son vol plané. Lucius roula à l'écart et resta étendu dans l'herbe. Les mastodontes en furie s'éloignèrent. Ils disparurent dans les bois en poussant des cris, en faisant craquer les branches.

Bon dieu de bon dieu !…

Lucius roula dans l'herbe et se redressa en gémissant.

---

[21] Suite d'affirmations véridiques sur certains mondes du Multiplexe-H, erronées dans d'autres.

– Oh, non ! fit-il en fouillant dans ses poches, puis autour de lui dans les broussailles humides, comme un myope à la recherche de sa lentille de contact. Mon billet ! Où est-il, bordel ?!?

Il le retrouva dans la boue à cinq mètres de lui. Il était couvert de terre et déchiré sur un côté. Oh, non ! Non !...

Soudain des branches fouettèrent derrière son dos. Lucius fit volte-face. Les deux éléphants revenaient droit sur lui. Et ils lui passèrent franchement dessus. Comme si Lucius avait été une cible de porcelaine. Heureusement, ils ne s'attardèrent pas à le piétiner volontairement. Ils le firent une fois, insouciamment, et n'insistèrent pas.

Alors que la nuit tombait et qu'il gisait à demi-inconscient depuis plusieurs heures, Lucius entendit le son du tam-tam et celui d'un chant rythmé envoûtant. Il se sentit soulevé. Quelqu'un l'avait trouvé étendu dans la boue et le ramenait maintenant à Darpezza ou ailleurs. Peut-être même à Briaz. En tout cas, même s'il y arrivait trop tard pour assister au show, il était sauvé.

Il entendit tout au long du trajet ces voix et ces tambours entêtants.

*

Hutchinson et Miércoles sympathisèrent rapidement. Un peu ivres après le repas, ils remontèrent vers le dortoir en échangeant des plaisanteries racistes. Béranger était de corvée de vaisselle et le père Galen, comme à son habitude, donnait un coup de main au manchot dans sa tâche.

– Chut ! fit frère Hutchinson en attrapant le bras de frère Miércoles. (Une jeune fille descendait les escaliers. Une adepte de Kanorg, qui venait tout droit de l'étage interdit aux prêtres de la Quadrature.) Une haut gradée, fécondée par le bouc de Kanorg, murmura Hutchinson quelques secondes avant de la croiser sur le palier du premier.

Elle leur adressa un regard hautain et méprisant. Elle était vêtue d'une robe à carreaux. Frère Miércoles fronça les sourcils.

– Tout n'est pas perdu pour elle, objecta-t-il en observant sa robe.

Puis un détail le gêna.

C'est la robe de Caroline ! réalisa-t-il.

– Frère Hutchinson ! s'exclama-t-il en empoignant son collègue par les épaules. C'est la robe d'une adepte de la Quadrature.

– Quoi ?

– Je vous assure !

– Eh vous ! appela frère Hutchinson en rassemblant son courage. Vous là ! Avec la robe à carreaux.

Il arrêta la fille avec tous les égards dus à son rang. Elle dévoila des dents gâtées et grogna.

Frère Miércoles remarqua alors le sac que la jeune fille tenait à la main. Il contenait des noix de cérémonie – et il était confectionné avec la peau d'un visage humain. Le visage de Caroline. Frère Miércoles le reconnaissait bien, même avec toutes ces noix à l'intérieur qui déformaient les traits agréables qu'avait arboré Caroline de son vivant. Comment était-ce arrivé ?!? Comment une telle abomination avait-elle pu se produire ? Caroline avait du se perdre dans la rue et se faire prendre dans un rapt. Pourvu qu'elle n'ait pas quitté la gare maritime dans le but de me retrouver, songea Miércoles en culpabilisant. Elle semblait si choquée par la mésaventure du voyage – et si convaincue par les préceptes du Dogme... Elle avait sans doute besoin de moi, et je me suis éclipsé parce que je la trouvais un peu pénible…

– Quadrature divine, bredouilla-t-il avant de tomber dans les pommes.

Hutchinson le rattrapa pour qu'il ne dégringolât pas en plus dans les escaliers – et il laissa la fille s'échapper.

Quand Miércoles revint à lui, il leva le bras et interrompit Hutchinson qui lui assénait depuis plusieurs minutes des gifles rapides pour le réveiller.

– Il faut prévenir le père Galen, dit frère Hutchinson en l'aidant à se relever.

– Oui, bredouilla Miércoles. Oui, il le faut absolument !

Ils dévalèrent les escaliers et rejoignirent le père Galen et le frère Béranger à la cuisine. Ces derniers prenaient un café en discutant d'un point crucial du dogme. La table était débarrassée mais la vaisselle n'était pas encore faite.

Encore bouleversé, Miércoles s'appuya au dossier de la chaise sur laquelle il s'était assis au dîner et conserva le silence un moment afin de rassembler ses esprits.

– Que se passe-t-il ? demanda le père Galen en posant sa tasse sur la table et en haussant ses sourcils broussailleux.

– Faites quelque chose ! supplia frère Miércoles. La Quadrature a été bafouée comme jamais !

– Allons ! Allons…, récusa le père Galen. Vous venez seulement d'arriver. Vous n'avez encore rien vu.

– Je vous en prie père Galen, supplia Miércoles. Vous devez faire quelque chose !

– Prenez un café mon frère, proposa le père Galen en lui servant une tasse. Et dites-moi ce qui vous préoccupe.

Frère Miércoles accepta la tasse de café brûlant et s'assit à la table de la cuisine en compagnie de ses confrères. Il leur parla de Caroline, qu'il décrivit comme une jolie petite dame en robe à carreaux récemment convertie à la Quadrature, avec qui il avait personnellement sympathisé. Une personne en mesure d'apporter beaucoup à la Quadrature. Ne serait-ce que sa foi aveugle. Et qui avait été sauvagement assassinée (certainement) par les adeptes de Kanorg. Ces barbares avaient en plus pratiqué sur elle des rites post mortem répugnants et infiniment dégradants.

Le père Galen se leva de table en soupirant.

– Ils font parfois des rafles en ville, dit-il en s'essuyant les mains dans un torchon à carreaux. Je vais voir ce que je peux faire pour votre amie. Mais je ne promets rien…

Si son autorité sur les frères de la Quadrature était bien affirmée, les Adeptes de Kanorg ne voyaient en lui qu'un bouseux. Un bouc émasculé. Cependant, le grand prêtre Kanorg avait contracté des dettes de jeu envers lui. Il lui devait quelques services. Peut-être lui ferait-il la fleur d'une explication (car il n'y avait plus que cela à espérer pour la pauvre Caroline. Des excuses et des regrets.) Les frères Béranger, Hutchinson et Miércoles cavalèrent derrière le père Galen, qui prit les escaliers et monta directement au dernier étage. Ils franchirent le rideau interdisant l'accès au deuxième étage et ralentirent leur rythme, peut-être inconsciemment respectueux à l'égard de Kanorg qui était représenté partout en effigie.

– Attendez ici, ordonna le père Galen.

Les prêtres de la Quadrature obéirent. Ils étaient dans leurs petits souliers. Ils se retrouvèrent dans une grande salle. Comme dans un hôpital après une catastrophe. Une dizaine de corps mutilés, gisaient sur des brancards, poussés contre les murs, dans tous les coins de la pièce.

Une terrasse et un élévateur extérieur permettaient aux Kanorgs d'acheminer discrètement leurs cobayes sans avoir à emprunter les escaliers. C'était en ces lieux que le pire arrivait quotidiennement.

Frère Miércoles frissonna en entendant les lamentations humaines. Les râles… les plaintes, les gémissements. Il renonça à se couvrir les oreilles pour se libérer des ronflements circulaires en passe de le submerger… Puis courageusement, il s'approcha dans le couloir et vit, dans un bureau vitré, le père Galen en pleine et houleuse conversation avec le haut dirigeant local de Kanorg. Un être laid et velu comme un ours.

– Qu'est-ce que ça veut dire ? demanda frère Miércoles en circulant lentement entre les brancards, observant avec effroi les malheureux qui y étaient étendus.

Frère Hutchinson le rattrapa.

– De la chair fraîche pour leurs cérémonies…

– Vous le tolérez ?

– Le père Galen n'aime pas trop ça. Voyez comme ça barde avec le Kanorg.

Frère Miércoles s'arrêta au chevet d'un jeune homme à l'agonie qui avait les membres brisés, le visage tuméfié, défoncé et qui divaguait entre ses dents cassées.

– Il est arrivé fur moi…, bafouillait-il. Il était énorme. Il a fauté. V'ai roulé au fol…, ohhh… Les évéphants m'ont piépiné. Ils fe font rouvés fur moi… DJ, oh ! DJ… Aïe…

– Mais…, grommela frère Miércoles en fronçant les sourcils. Je connais celui-ci, dit-il en se retournant vers le frère Hutchinson.

– Vraiment ?

– Parfaitement ! confirma Miércoles. C'est un passager de la Maria. Nous avons même disputé plusieurs parties de Dominos au cours du voyage ! Je…

– De Dominos, mon frère ? s'étonna Hutchinson.

– Vous n'aviez pas vos dés ? rajouta Béranger.

– Bien sûr que je les avais. Mais mon jeu était au fond de mon sac de voyage et ce jeune homme, qui s'appelle Lucius Jack, et qui avait son propre jeu de Dominos sur lui, m'a gracieusement invité à le défier. J'ai accepté par charité… Et le jeu de Domino est toléré, quand même…

Miércoles se pencha sur le corps désarticulé de ce pauvre Lucius. Bien mal en point, il avait peut-être encore une chance d'être sauvé s'il était rapidement conduit dans un hôpital.

– Il faut faire quelque chose ! implora Miércoles.

– Ça dépendra du père Galen, rétorqua laconiquement Hutchinson.

Derrière la vitre crasseuse du Grand Bureau de Kanorg, le père Galen et son homologue hérétique avaient entamé une partie de dés – dont l'enjeu devait être, Miércoles l'espéra, la vie sauve de tous les malheureux qui l'entouraient et qui respiraient encore.

FIN

Paris fitness

Le demi-jour régnait sur la planète Soixante-quinze.

La colonie, fondée jadis par des astronefs battant pavillon tricolore, était pimpante. En trois siècles prospères, les colons francophones avaient éparpillé leurs lois et leurs coutumes absurdes d'une rive à l'autre de chaque continent. Cela les rendit bienheureux.

La planète était divisée en vingt arrondissements, son atmosphère se composait de 18% d'azote et du reste, et ses quatre satellites, qui donnaient du fil à retordre à tous les astrologues, se nommaient Auteuil, Cergy, Bobigny et Pontoise. Le tout orbitait joyeusement dans un système d'étoiles trinaire. Une étoile bleue très lumineuse, une naine blanche et une géante rouge paresseuse qui n'autorisaient pas à la nuit de tomber sur Soixante-quinze.[22] (Sans elle, bien des terreurs enfantines et bien des vocations aventureuses apportées par les colons se tarirent au bout de quelques générations.)

À Montmartre, deuxième ville de Soixante-quinze après Pigalle, Montmartrois et Montmartroises vaquaient à leurs affaires, sur les trottoirs roulants, entre les vitrines colorées, aux terrasses des brasseries ou sur leurs tricycles.

Doucement ballotté par l'air entraînant du shostakobus, Blaise Jackson – de prétendue ascendance écossaise, observait son billet d'astronef en se souvenant du goût des céréales dans lesquelles il l'avait trouvé. Ça avait été une belle surprise, un matin pluvieux.

---

[22] Presque jamais – la configuration stellaire des satellites et des étoiles offrait une triple éclipse totale tous les 15 831 ans.

Blaise avait remporté sa place dans un voyage organisé proposant aux Montmartrois de Soixante-quinze, adeptes d'une certaine marque de céréales, de visiter Paris, la vieille cité terrienne. L'unique, l'originale. Un voyage de 177 années-lumière. Tous frais payés.

– Tout est en ordre ! dit-il en rangeant son ticket dans la poche intérieure de son veston.

C'était un jour idéal pour partir en restant sur une bonne impression. En ce début d'été, la configuration astronomique était au tiers zénith du soleil bleu. Les astres blanc et rouge de magnitudes inférieures se laisseraient dominer jusqu'au plein zénith tricolore – à la fin du cycle bleu, dans trois mois.

Blaise regardait les rues de Montmartre défiler à travers les vitres du shostakobus, tachées d'empreintes de doigts et de joues, en écoutant la mélodie que celui-ci générait pour se propulser.[23]

Il n'avait jamais vécu ailleurs que dans cette mégalopole, autrefois bourgade élevée sur un tertre couvert de fleurs. Il n'avait jamais visité Soixante-quinze

[23] La propulsion musicale sembla longtemps être la seule alternative au trop fragile système supermachinal. En presque tous lieux à cette époque, les moyens de transports latéraux (bus, voitures, trains) étaient équipés de générateurs *Shostakovich CPTC* (Concerto pour piano, trompette et cordes). Les astronefs étaient pour leur part équipés de réacteurs *Shostakovich CP2* (Concerto pour piano N°2). Il ne s'agissait à chaque fois que d'une mesure ou deux, un instant vibratoire unique passé en boucle pour obtenir l'effet mécanique escompté. Le principe du réacteur Shostakovich était simple : il diffusait une onde paramétrée d'un concerto permettant de propulser un engin dans des conditions idéales de glissement. La musique de Shostakovich était la seule à générer des collusions multi-physiques énergétiques de cet ordre. Les ingénieurs recherchaient désormais les potentialités de diverses œuvres symphoniques du compositeur, afin d'envisager le transport dimensionnel, temporel, universel ou instantané – jusqu'à présent sans succès.

– il n'avait jamais vu, ailleurs qu'en couverture des magazines, le fameux Drapeau du Désert : les trois gigantesques bandes de sable bleu, blanc et rouge, visible depuis l'espace par les vaisseaux en approche, que les premiers colons avaient tracé dans le désert, et qui était désormais l'emblème de Soixante-quinze.

Blaise vivait à Montmartre, et juste là.

Roulant *allegro brio*, une bonne allure pour un vieux modèle, le shostakobus arriva en vue des pylônes du spatioport. (Un vaisseau s'élevait à ce moment-là dans le ciel bleu en longeant un de ces pylônes.) *Allegro moderato*, *moderato* puis *lento*, le bus s'arrêta en même temps que la musique.

Blaise se leva sans perdre l'équilibre et en descendit, à la suite d'autres usagers qui se dirigèrent tout comme lui vers l'arche en verre, l'entrée du spatioport, en murmurant encore un air de concert russe.

Arrivé dans la spatiogare, il suivit les indications de son billet – le papier holographique contenait l'itinéraire précis jusqu'à l'embarcadère. Il clignotait en jaune lorsque son possesseur se rapprochait de sa zone d'embarquement, et en rouge lorsqu'il s'en éloignait. Ce fut sans mal que Blaise retrouva un petit groupe de Montmartrois réunis près d'un guichet d'enregistrement.

Comme il s'en approchait, un membre du groupe le remarqua et vint à sa rencontre.

– Je suis Bertrand Moretti, annonça celui-ci en guettant une réaction de sa part.

Blaise acquiesça.

– Vous êtes le guide, c'est bien ça ? demanda-t-il en se débarrassant de son lourd sac à dos. Vous êtes Italien ? Ça en jette. Moi je suis Écossais.

Il laissa le guide italien (qui prétendait que ses ancêtres avaient jadis demeuré sur la Côte d'Azur – à Nice) le présenter aux autres participants du voyage organisé, (tous amateurs des mêmes céréales que lui-même) et lorsque tout le monde fut là, le guide les pria de le suivre vers l'embarcadère. Le vaisseau n'attendrait aucun retardataire.

*

Le vaisseau interstellaire était dressé sur le pas de tir : les propulseurs orchestraux s'accordèrent dans un bourdonnement progressif. La résonance répétée d'une mesure crescendo du second concerto pour piano de Dmitri Shostakovich permettaient d'englober le temps et l'espace dans une idée abstraite, traitée par l'opérateur de solfège qui dirigeait le vol interstellaire. Les ondes sonores expulsées par les tuyères de l'astronef propulsèrent l'engin vers l'espace.

Dans la spatiogare, la musique de Shostakovich, laissée par le vaisseau derrière lui comme un nuage de fumée, fut absorbée par le gaz aphonique que diffusaient des drones propulsés par des hélices silencieuses. Il n'en resta bientôt plus qu'un air diffus, lointain mais toujours entraînant.

Le vaisseau quitta Soixante-quinze, direction la Terre. Il fit escale sur Gibon 2 puis sur Extair-et-Lilester, les satellites jumeaux du Cygne, et enfin sur Occident (Amérique Centaure Un), le refuge de tous les Yankees.

Ni Blaise ni personne ne profita pourtant un seul instant des fantastiques paysages qu'offraient ces mondes. Il n'y avait rien à faire à bord d'un vaisseau pour qui voyageait en classe éco. Pour les premières classes non plus d'ailleurs, mais eux étaient en suspension cryogénique. Ils n'avaient pas le loisir de s'ennuyer.

Après une semaine d'*allegro con brio* poussé, l'astronef émit un *andante molto* voluptueux pour se poser en douceur dans son berceau du spatioport d'Orly.

*

– Merveilleux ! fit Blaise en inspirant l'air de la Terre – dont la composition chimique était similaire à 99% à celle de Soixante-quinze.

Bien qu'il n'y ait qu'un soleil dans le ciel, le temps était printanier et la température très agréable. Le Soleil de la Terre était aussi puissant que les trois soleils de Soixante-quinze réunis. Peut-être même encore plus.

Blaise ôta sa veste et la noua autour de sa taille. Comme les autres, il récupéra son sac et emboîta le pas du guide vers la sortie du grand hall.

Celui-ci effectuait donc avec eux son premier voyage sur Terre. Il n'avait aucune expérience pratique mais son instruction théorique devait suffire. Du moins l'espérait-il.

– Il faut bien une première fois, dit-il jovialement en sortant de l'astrogare d'Orly. (Alors que certains désiraient s'attarder dans la galerie marchande de l'astrogare, Moretti marcha directement vers la sortie, forçant tout le monde à le suivre en traînant ses bagages et en ravalant ses remarques mécontentes.) Je suppose que ce plan correspond, murmura-t-il en dépliant une grande carte que le vent lui empêcha d'étendre correctement. Voulez-vous m'aider ? demanda-t-il autour de lui.

Blaise haussa un sourcil et tint un bord de la carte.

– Nous sommes déjà perdus ? demanda Jacques Pertier, un petit Montmartrois surchargé de bagages.

– Non, bien sûr que non, rassura le guide. Nous sommes encore à l'astroport d'Orly.

En effet c'était évident, derrière eux, la grande façade en verre portait l'inscription : ASTROPORT INTERSTELLAIRE D'ORLY, et la tour de contrôle bousculait les nuages au-dessus de leurs têtes. Ils n'étaient pas encore complètement perdus.

– Nous allons prendre le shostakobus jusqu'à l'hôtel…, qui se situe, (le guide consulta un nouveau document et remua les lèvres en silence, puis il dit :) Ah ! Ici ! Près de la tour Eiffel. Nous y séjournerons deux jours. Nous visiterons tous les monuments qui l'entourent. Ensuite nous rejoindrons un autre hôtel, à Montmartre, où nous passerons le reste de la semaine.

– Montmartre ! Oh, tant mieux, dit Marcelle Massennet, une Montmartroise qui portait un grand chapeau en paille. On ne sera pas trop dépaysés.

– C'est vraiment la première fois que vous venez ? demanda Blaise.

– Il faut une première fois à tout, s'entêta le guide.

– Vous auriez pu venir en vacances lorsque vous étiez enfant, émit Anne Duprès, une dame qui transportait deux lourds sacs remplis d'affaires. Avec vos parents ! Ou bien avec l'école ! Voulez-vous m'aider ? C'est très lourd.

– Ou même par curiosité ! N'avez-vous jamais eu vingt ans ? rajouta un homme en soupçonnant qu'il ne les ait effectivement jamais eus. Et le désir de découvrir la galaxie ?

Ils s'entassèrent tous à l'arrêt du shostakobus.

– Vous faites un guide bien étrange, reconnut un autre des touristes de l'espace.

– Je suis embauché par le fabricant de céréales, répondit Moretti, un brin agacé. Si vous voulez en savoir plus sur leurs bienfaits nutritionnels, je peux vous en parler pendant des heures. Savez-vous par quel hasard elles ont été conçues il y a trois cents ans…

– Ça va bien, merci ! répondit un type qui avait parlé au nom de tous.

Blaise ne regrettait pas de ne s'être fait aucun ami pendant le voyage.

Le shostakobus arrivait au coin de la rue. Dans un murmure d'*adagio*, il ralentit et s'arrêta devant eux. Les Montmartrois s'y engouffrèrent en chantonnant – l'engin ne différenciait pas, ou très peu, des modèles en fonction sur Soixante-quinze. Six roues et une puissante enceinte de propulsion qui diffusait le même air bien connu. Seuls changeaient la couleur de la carrosserie, les motifs imprimés sur les housses des sièges et d'autres détails mineurs.

Le guide présenta une carte spéciale, d'or et d'argent, au chauffeur qui arbora une moue admirative avant de donner le « la ». Le shostakobus repartit en *allegro ma non troppo.*

– Voulez-vous rejoindre l'hôtel immédiatement ? demanda le guide. Nous pouvons nous arrêter aux Jardins des Tuileries ou bien aux ruines de la tour Montparnasse. Qu'en dites-vous ?

– C'est vous le guide ! répondit une voix agacée.

*

D'Orly jusqu'au centre de Paris, les Montmartrois de Soixante-quinze s'agglutinèrent comme des mouches aux vitres du shostakobus.

Ils lançaient leurs caméras par les fenêtres, elles quadrillaient alors les monuments millénaires et leurs voisinages, prenant des centaines de clichés fantastiques, filant en spirale autour des flèches des cathédrales pour en photographier les gargouilles menaçantes, planant au-dessus des boutiques luxueuses et des bateaux-poissons qui remontaient lentement la Seine. Elles ne manquaient rien.

– Nous descendons au prochain arrêt ! annonça le guide.

Blaise observait les caméras de ses compagnons de voyage sillonner le ciel. Il en remarqua une parmi d'autres qui piquait droit sur lui – l'appareil rejoignait le shostakobus comme un missile autoguidé qui rejoint impitoyablement sa cible. Une grosse dame, assise devant lui, attrapa l'appareil lorsque celui-ci s'approcha de sa vitre. Elle manipula une commande sur le côté de la caméra avant de la relancer dans les airs. Elle s'envola difficilement mais trouva un courant favorable et disparut dans le ciel – rejoignant les autres caméras qui s'y croisaient dans l'anarchie – de nombreuses photos, ainsi obtenues, offraient des gros plans d'autres caméras ! Un important tri s'imposait avant d'inviter ses amis à une soirée diapos.

Blaise n'avait rien apporté – hormis quelques vêtements de rechange, et surtout pas d'appareil photo.

En *moderato* puis en *lento* mélodieux, le shostakobus s'immobilisa Place de la Concorde.

– Tout le monde descend ! pria le guide en montrant l'exemple.

Les Montmartrois de l'espace se réunirent autour de lui sur l'herbe odorante, fraîchement tondue, du Jardin des Tuileries.

Le quartier se composait d'immenses tours de magasins et de routes en rubans agités qui descendaient de leurs sommets en tourbillonnant.

Beaucoup de piétons, filles et garçons au teint clair et aux joues roses, se croisaient à toute vitesse sur les trottoirs. Ils couraient tous ! Blaise avait l'impression de se retrouver dans un défilé de mannequins. Tous jeunes et alertes. Minces, athlétiques et sensuels ! Ils bondissaient par-dessus des haies en plastique et s'accrochaient à des barres parallèles, comme s'ils avaient tous vu le jour dans une salle omnisports.

Un parcours de santé était installé d'un bout à l'autre de la rue et Blaise vit, derrière la façade d'angle en verre d'un commerce, que le manège sportif se poursuivait dans les autres rues, vers le Louvre et même sur la Seine modifiée, où les nageurs rivalisaient de vitesse avec les canotaxis et les bateaux-poissons.

– Le parcours de santé est une spécificité parisienne, indiqua le guide quand il remarqua que plusieurs colons observaient le manège avec circonspection.

– Il n'y a pas de trottoirs roulants ? demanda une dame, effarée.

– Il doit en rester, murmura le guide sans conviction. Mais nous n'aurons pas à marcher déraisonnablement. Nous prendrons le shostakobus pour tous nos déplacements.

– Encore heureux !

– Tenez, là-bas… C'en est un, non ?

Il n'y avait qu'un trottoir roulant visible de là où se trouvaient les touristes de l'espace mais celui-ci n'était pas en service. Ces Terriens entretenaient leurs corps ! Cyclistes, joggeurs, et ils aperçurent aussi quelques adeptes des *ailes de libellules*, encore peu répandues sur Soixante-quinze, qui permettaient aux gens de voler en actionnant des membranes porteuses fixées à leurs épaules – surtout utiles pour descendre d'un building par l'extérieur, ils sillonnaient le ciel aux alentours.

Hormis les shostakobus et les taxis à musique, il ne virent que très peu de véhicules individuels – pour ainsi dire aucun.

Les mains dans les poches, Blaise fit quelques pas à l'écart de son groupe. Il contourna un muret pardessus lequel une bande de gosses allaient et venaient en bondissant et il s'arrêta au comptoir d'un glacier, mais, horrifié par les prix, il fit semblant de ne pas trouver son parfum favori.

– Quel parfum recherchez-vous ? demanda le glacier avec scepticisme. J'ai *tous* les parfums !

Blaise fit signe que non, ce n'était pas la peine d'insister, il s'intéressa à un tourniquet de cartes postales, devant le stand voisin. Bon sang ! Presque aussi chères que les glaces… Tout est hors de prix ici.

– Ne vous laissez pas abattre ! rugit soudain une forte voix derrière lui. Remuez-vous ! Allez, allez !

Blaise se retourna vivement, les yeux ronds de surprise.

– Quoi ? fit-il.

Il se retrouva face à un type trottinant sur place. Un coach fitness de la municipalité.

– Remuez-vous un peu ! répéta celui-ci. Une-deux, une-deux, allez !

– Je suis en groupe, répondit Blaise en désignant l'assemblée colorée des Montmartrois de l'espace, un peu plus loin. Désolé mais…

Le coach lui donna une claque sur les fesses en l'enjoignant à faire un peu de jogging. Paniqué, Blaise rejoignit le guide et les Montmartrois en trottant. Le coach était à ses trousses.

– Remuez-vous ! fit alors le coach à la quinzaine de touristes extra-terrestres ahuris.

– Non, non ! s'exclama Moretti, nous désirons simplement visiter, nous avons toute la sem…

– Remuez-vous ! répéta le coach en pressant un bouton à sa ceinture. (Une musique tonique émana d'enceintes cousues dans sa chasuble.) Une, deux, une, deux !

Tout le groupe se mit à trottiner vers le Champ de Mars.

Blaise entendit alors derrière lui la rumeur, aiguisée par l'effet Doppler, du concerto de Shostakovich. Un shostakobus arrivait. Blaise se sépara de ses compatriotes et se dépêcha d'atteindre la station la plus proche. Tant pis pour les autres. Qu'ils continuent à bondir comme des lapins avec leurs sacs sur le dos ! Blaise était trop visible au milieu de ce groupe de dégénérés !

– Attendez ! haleta le guide lorsqu'au loin il vit Blaise grimper dans l'engin musical. Vous n'avez pas la cart…

– C'est ça ! lança Blaise, déjà hors d'atteinte de ses reproches.

La porte se referma et la musique couvrit la fin de sa phrase. Le shostakobus repartait. Le guide devait craindre de perdre un touriste ! – comme un cuisinier oubliant un grain de riz dans un four…, et découvrant un fameux petit-déjeuner. Moretti le leur avait répété à maintes reprises :

« Ne vous éloignez pas ! Ne vous égarez pas ! Ne vous laissez jamais surprendre par la nuit ! »

– T'en fais pas…

Blaise avait bien l'intention de suivre le parcours inscrit sur son ticket spatial. Mais en solitaire, sans sa troupe de joyeux drilles. Il partit donc vers la tour Montmartre, bâtie près du Sacré-Cœur. Il voulait voir Montmartre, comme tout le monde.

Le reste...

Bof.

Il se tint près du chauffeur et glissa dix cruz dans la machine qui lui délivra son ticket.

Je vais directement à Montmartre. Je me fous des ruines de Montparnasse ou de la tour Eiffel… Les autres me rejoindront quand ils en auront assez de faire les imbéciles, se dit-il en regardant autour de lui : momies et vieillards séniles, tremblotant et bavant.

Blaise plissa le front.

Sur Terre, le shostakobus servait majoritairement au transport des personnes âgées. Blaise le remarquait maintenant qu'il s'y retrouvait seul – séparé de son groupe folklorique. La musique propulsive était presque couverte par la toux ininterrompue et les borborygmes racleurs de ses passagers, aussi Blaise était surpris à chaque fois que l'engin ralentissait pour s'arrêter. Il entendait à peine le tempo.

*

Le shostakobus allait *allegro brio* entre les monuments légendaires. Blaise aperçut par exemple le cône grillagé de la Tour Eiffel entre deux publicités passantes. C'était la plus haute construction de la ville, avec sa superstructure de mille six cents mètres, montée sur l'ancien réseau de poutrelles rivetées, vieux de cinq cents ans. Le tout demeurait esthétiquement douteux.

Et toujours, à tous les coins de rues, des parcours de santé, où les gens bondissaient et s'étiraient pour garder la forme. Où leurs corps s'exprimaient. Enthousiastes dans l'effort, la fatigue n'enlaidissait en rien les Parisiens. Ils respiraient facilement et transpiraient peu malgré la chaleur.

La propulsion orchestrale enchaîna sur le ralentissement symphonique du *moderato*, puis du *lento.* Blaise le perçut entre deux lamentations de la mamie empestant la menthe, assise près de lui.

Blaise descendit au premier contrôle.

Son ticket, valable quatre minutes, arrivait à expiration. Il n'avait plus les moyens de payer. Dix cruz pour quatre minutes de trajet ? N'est-ce pas excessif ? Sur Soixante-quinze avec cette somme on avait largement de quoi se payer un ticket journée. En se débrouillant un peu, on obtenait même un abonnement mensuel ! Il le fit d'ailleurs savoir au contrôleur qui ne voulut rien entendre.

– C'est bien ma veine, soupira-t-il en considérant son sac encombrant. (Sans la carte spéciale, que seul le guide possédait, le shostakobus, qui repartait en musique, était ici bien au-dessus de ses moyens.) J'aurais dû y penser, se reprocha-t-il. (Une jeune fille le bouscula violemment.) Hé là ! fit-il.

– Faut bouger, mon gros, lui répondit la fille sans s'arrêter. (Elle s'éloigna en bondissant comme une gazelle.)

Blaise encombrait la zone d'effort d'un parcours de santé. Des jeunes filles aux seins ronds et à la taille fine ondulaient comme des rubans agités et bondissaient en riant. Des jeunes hommes aux muscles tendus sous une peau hâlée couraient et rivalisaient d'audace physique.

– Nom d'un chien ! fit Blaise en comparant son allure ébaudie avec celles de ces jeunes gens – et même des plus vieux : de pulpeuses quarantenaires à lunettes (elles avaient peut-être même soixante ans !)

– il les remarqua, en parfaite condition physique, s'étirant et sautillant souplement.

Blaise voulait ressentir sur ses lèvres la chaleur d'un de leur baiser, ou d'une cigarette…

Les Parisiens traversaient les rues aux passages-trampolines en bondissant au-dessus des shostakobus bondés de bicentenaires multimillionnaires – car il fallait être riche pour se payer le shostakobus.

Quel monde !

Blaise retint par le bras un jeune homme qui passait près de lui à cloche-pied.

– Les trottoirs ne roulent pas ? lui demanda-t-il.

Le jeune homme se dégagea le bras et repartit en se tapotant la tempe avec l'index – un geste universel.

Les tapis roulants étaient immobiles depuis des années. Partout, la municipalité *Slim Bodyline* avait choisie de les condamner et de privilégier, dans toutes les rues, les parcours de santé.

« À Paris tout le monde court, mais personne n'est pressé ! » proclamait un même slogan placardé à presque tous les coins de rues.

Blaise n'avait pas le choix. Il devait suivre le parcours de santé – un parcours du combattant pour lui qui n'avait pas l'habitude de faire des efforts physiques. En évitant d'être bousculé par les passants, il s'approcha avec méfiance d'un panneau amovible indiquant l'allure à suivre. Sautillez sur le pied droit, jusqu'au feu tricolore. Là-bas, des barres fixes permettaient de faire quelques tractions avant de s'arrêter à la terrasse d'une brasserie branchée servant des cocktails fitness-light hors de prix.

Blaise suivit les instructions du panneau.

– Bon dieu de bon dieu, souffla-t-il en sautillant sur un pied, puis sur l'autre, pendant cent cinquante mètres – jusqu'à un second panneau.

VARIEZ L'ALLURE, FLÉCHISSEZ LES GENOUX.

– *C'est en faisant du sport qu'on devient vieux !* proclama un gigantesque coach holographique en mordant à pleines dents dans une endive sèche avant de s'échapper entre deux buildings comme un ballon de baudruche percé.

– Mais je veux rester jeune ! rétorqua inutilement Blaise en regardant la publicité disparaître.

Malgré cela, il obtempéra et redoubla d'efforts.

Des enfants le doublaient de toutes parts. Même leurs mères, pourtant affligées du fardeau des commissions pour la semaine, se déplaçaient plus habilement que lui.

Blaise ne tenait pas la grande forme, c'était évident. Il s'arrêta face à une vitrine pour reprendre son souffle. C'était une boutique de coutellerie laser. Il fit semblant de regarder les produits exposés sur les présentoirs. Des couteaux de poche vendus plus chers que des voitures sur Soixante-quinze – il a dû y avoir un problème d'échange à la banque, estima-t-il. Ils ne m'ont pas donné assez d'argent. C'est pas possible autrement !

Il lança un coup d'œil au prochain panneau du parcours qu'il devait rejoindre. Il le distinguait mal, la sueur lui coulait dans les yeux, mais s'il devait y faire des pompes ou des abdominaux, il en mourrait peut-être ! Oh la la ! Blaise inspira un grand bol d'air insuffisamment oxygéné pour les efforts qu'il devrait fournir et repartit sur un pied, jusqu'au panneau où il faillit s'effondrer en trébuchant.

Ces foutues barres asymétriques ! Il pourrait sans doute s'y suspendre, mais guère plus. Il apprit en consultant le panneau qu'il s'agissait de se détendre les lombaires en s'étirant pendant trente secondes, puis de faire quinze tractions abdominales en ramenant les genoux contre la poitrine. La vache ! Blaise sauta pour s'agripper à la première barre. Sa colonne vertébrale craqua et ses poignets lâchèrent. Il s'écroula sous les barres et s'écarta en gémissant tandis qu'une bande de gamins bondissait au-dessus de lui, d'une barre à l'autre, comme des chimpanzés agiles.

– Nom d'un chien ! pesta Blaise en se relevant.

Il souffrait le martyre, comme si on lui plantait des couteaux lasers dans les reins.

Un coach fitness en tenue éponge s'approcha au pas de course. Il trottina sur place près du corps mou de Blaise.

– Allons mon gros, dit-il en levant les yeux vers les barres parallèles. Un petit effort, voyons !

Ce disant, le coach fitness dégaina un spray d'EPO qu'il menaça de lui pulvériser au visage s'il ne franchissait pas l'agrès avec civisme.

– Je préfère... regarder cette vitrine..., rétorqua Blaise, essoufflé, en montrant, plus loin, une vitrine au hasard.

– Menteur ! accusa le coach qui ne connaissait que trop bien la combine.

Blaise soupira et bondit pour saisir la barre. Il en franchit courageusement trois puis lâcha et s'écroula en gémissant.

– Allez, ça va, lâcha le coach d'un air méprisant.

Il aida Blaise à se relever et lui montra le nouveau panneau indicateur, au bout des cinq barres parallèles.

MARCHEZ EN SOUFFLANT.

– Vous avez de la veine, dit-il. Allez donc visiter le temple unitaire de l'ORU – *Organisation des Religions Unies*, conseilla-t-il en montrant le bout de la rue.

Lui-même fit quelques étirements contre le panneau et oublia Blaise qui s'éloigna en marchant tranquillement.

Fffff, fffff, ffff, Blaise soufflait et soufflait. Fffff...

Lorsqu'il arriva au panneau suivant, sa vue se brouillait. Il vit quand même une série de petits rondins en plastique posés sur le trottoir, disposés tous les trois mètres jusqu'à l'esplanade marchande de l'ORU. Il partit dans cette direction en bondissant au-dessus de chaque obstacle.

À mi-chemin, son pied se réceptionna sur un rondin et il s'étala de tout son long. Il vit immédiatement les pieds sautillants aux socquettes blanches d'un coach qui s'approchait. Blaise se releva et repartit comme une gazelle bancale – en bondissant hardiment. La gorge sèche, les jambes en coton. Il ne tiendrait jamais le coup.

Il s'arrêta devant le temple unitaire de l'ORU. Bien qu'il ait toujours eu horreur des religions, il décida de s'y accorder une petite pause.

La grande arche d'entrée était entourée de marchands à la sauvette et de stands divers. D'innombrables pavillons sacerdotaux remuaient au vent. Blaise se mêla à un groupe de personnes âgées, réunies autour d'une buvette. Il s'accouda au comptoir et commanda un citron pressé avec une paille-endive. Douze cruz de moins dans son portecruz.

– Ce n'est pas très bon ! dit-il en croquant la paille.

Il laissa la moitié de l'endive dans le verre et trouva une place sur un banc à l'ombre, près d'une mamie sans âge. Il étendit ses jambes en soupirant et aspira un peu de citron.

– Vous avez l'air fatigué jeune homme, dit la mamie en se penchant vers lui. (Blaise approuva, il était en nage. Épuisé.) Cette chaleur est épouvantable, n'est-ce pas ?

Au bout d'un moment qui ne lui suffit pas pour reprendre ses forces, les petits vieux se levèrent de concert et s'en allèrent vers la plus proche station de métro. Ils rentraient chez eux. Les vieux Parisiens vivaient à l'ombre, dans les couloirs aménagés des anciens métros. Les sous-sols de la ville étaient réservés aux grandes fortunes et aux bicentenaires.

Des agents contrôlaient l'âge, la bonne tenue et la sobriété des passants qui y descendaient.

Désormais seul sur le banc, visible par un coach comme une trompe au milieu de la figure d'un éléphant, Blaise se leva et rejoignit les passants sportifs dans une zone d'efforts.

Ici, il fallait faire du stretching.

C'était pour lui un calvaire infernal. Lorsqu'il ralentissait l'allure, un surveillant fitness arrivait de nulle part et l'encourageait à se relever, à continuer, à se battre.

– Gauche, droite, gauche ! Une-deux, une-deux, une…

Blaise vit Notre-Dame en se baissant tous les cinq pas pour ramasser quelques invisibles pierres. Il eut tout le loisir d'admirer la façade verrière de l'Étoile Opéra à saute-mouton sur des cheval-d'arçons. Il suivit la Seine modifiée en effectuant des mouvements réguliers avec les bras. Il courut au petit trot ou il sprinta lorsque c'était demandé, il s'étira lorsque c'était conseillé. Il fit ce qu'on lui dit.

Et tout ça sur des trottoirs roulant bêtement condamnés ! Avec un peu d'astuce – et d'audace, Blaise en relancerait un et pourrait rejoindre Montmartre sans mettre un pied devant l'autre ! Comme à la maison… Mais non, tout le monde courait, tout le monde sautait, et tout le monde riait de lui…

Après une heure de balade, Blaise ne tenait plus debout. Il s'assit dans un arrêt de shostakobus et réfléchit. Il ne voyait pas comment rejoindre la Tour Montmartre et se réfugier dans sa petite chambre d'hôtel, une semaine comprise avec le prix du billet – sans une aide extérieure quelconque. Sa respiration était douloureuse, bouche sèche et jambes molles. Le ticket prévoyait un séjour relais-palais ! Avec toutes les meilleures suites des plus prestigieux hôtels de la ville... Il ne profiterait pas de celle de Montparnasse, mais il s'en foutait bien. Montmartre ! Dormir ! Jusqu'au retour à Orly !

– Je ne peux pas continuer comme ça ! dit-il en regardant autour de lui.

Il entendait la musique de Shostakovich sans pouvoir en profiter ! Bien qu'il préférât être seul que mal accompagné, il commençait à regretter de s'être séparé de son groupe.

Il remarqua le boîtier gris d'un contrôleur de trottoir. De l'autre côté de la rue. Il se leva et traversa en évitant les joggeurs. Il fit quelques pas sur ce trottoir condamné depuis belle lurette. C'était plus ou moins les mêmes modèles qu'à Montmartre, sur Soixante-quinze, mais couvert de rouille.

Blaise parvint à ouvrir la trappe d'accès aux commandes, trifouilla les fils de connections et provoqua un court-circuit.

Il avait déjà vu le faire, dans ses virées en ville à Montmartre, lorsque lui et ses jeunes camarades s'amusaient à bloquer les tapis roulants. Il avait maintenant passé l'âge de ces bêtises. Mais il y revint exceptionnellement ce jour-là.

Dans un grondement sourd, le trottoir se mit en marche. Hourra ! Il n'avait pas dû fonctionner depuis des années : dans un concert de grincements métalliques, un nuage de poussière s'agita là où les chenilles escamotaient la structure mobile du trottoir roulant sous le revêtement de la chaussée.

Les passants, qui allaient à cloche-pied sur le tapis roulant désaffecté, tombèrent tous maladroitement, comme des quilles, lorsque celui-ci se mit en marche brutalement.

Blaise se moqua allégrement d'eux. Sans retenue. Il partit d'un rire tonitruant et posa les pieds sur le tapis, puis il se laissa entraîner, comme un dieu rapide foulant les peuples moins cultivés et moins véloces…

Dans toutes les rues que traversa Blaise, les Parisiens s'arrêtèrent de sautiller, de faire des pompes et des étirements, afin d'admirer cet homme incroyable qui marchait sans bouger les jambes. Les enfants montèrent sur le tapis et tombèrent, déséquilibrés. Mais ils riaient et recommençaient. Ils s'y tenaient à quatre pattes autour de Blaise, comme des fidèles agenouillés autour de leur prophète.

Blaise était comme un homme supérieur face aux badauds ébahis. Il avait retourné la situation à son avantage. Ne serait-ce qu'un instant ! Car rapidement le tapis s'arrêta et ce fut Blaise lui-même qui tomba en avant. Lamentablement.

Un agent fitness, qui tenait une forme du tonnerre, l'interpella et contrôla ses papiers.

– Il est absolument interdit d'actionner le serpent fainéant ! dit-il sévèrement. Où vous croyez-vous ? Ah ! Vous êtes de Soixante-quinze, rajouta-t-il en jaugeant rapidement sa dégaine. (Empotée, échevelée. Il le laissa aller avec une simple réprimande nutritionniste.) Courez et profitez du séjour ! Perdez quelques kilos !

Blaise commençait à regretter d'être venu. Nostalgique de sa ville tranquille. Il lui vint l'envie de vomir toutes les céréales qu'il avait pu ingurgiter dans sa vie…

*

Le ciel noir !

Alors que la nuit tombait – et c'était effectivement un phénomène aussi surprenant qu'inquiétant, Blaise arriva en vue de l'impressionnante Tour Montmartre – il la vit de très loin, alors qu'il distinguait à peine ses propres pieds dans l'obscurité. Il se rendit alors compte de l'utilité des globes en plastiques pendus à des crochets d'une rue à l'autre, tous les vingt mètres : c'étaient des lampadaires extérieurs. C'était évident, puisque nécessaire. Ici, il faisait nuit dehors ! Tous les jours. À chaque fois que le soleil disparaissait sous l'horizon. Quel étrange monde !

Le guide les avait pourtant suffisamment mis en garde contre cette particularité… Blaise s'en voulut de n'y avoir pas prêté attention.

« Ne vous éloignez pas ! Ne vous égarez pas ! Ne vous laissez jamais surprendre par la nuit ! »

La Tour Montmartre était scintillante, elle brillait d'un milliard de feux radiant – on devinait par moment des silhouettes occupées à diverses tâches, aux fenêtres des étages inférieurs.

Il y avait toujours autant de monde dans la rue, bien que l'atmosphère fût devenue glauque et effrayante. Froide et invisible. Les Parisiens avaient évidemment l'habitude de l'obscurité extérieure. Ils s'en accommodaient parfaitement.

Même les enfants.

Blaise n'était pas serein, mais il était trop épuisé pour presser le pas afin de rejoindre un endroit illuminé – il se serait plutôt terré dans un coin tranquille, tremblotant comme un animal apeuré. Pourtant, un coach fitness parvint à se montrer convaincant.

– Une, deux, une, deux, une ! Allez mon gros, on se bouge !

Blaise siffla et sautilla en faisant de grands mouvements élastiques.

– J'en ai marre ! hurla-t-il en courant jusqu'à la Tour Montmartre.

– Hé vous ! s'exclama alors un barman en agitant la main. Par ici ! Venez donc vous assoir !

Blaise s'arrêta et tourna la tête dans sa direction. Il se dirigea vers lui, en se faufilant entre les tables de la terrasse, au pied de la tour Montmartre.

Le coach s'arrêta également. Il lança un regard agacé au barman.

– C'est mon client maintenant, disait ce dernier. Fiche le camp !

Le coach haussa les épaules et repartit.

Blaise s'installa au bar. Il s'effondra sur un tabouret et s'étendit sur le comptoir.

– Mettez-vous à l'aise, dit le barman en glissant la carte des consommations sous ses yeux. Cigarette ? proposa-t-il.

Blaise refusa d'un geste las. Il ne pouvait déjà plus respirer… Blaise commanda une orange fraîche et remarqua le nom étrange inscrit sur la carte : le SUICIDE SANS-SOUCI. Il se leva, recula d'un pas sur la terrasse et vit l'enseigne. Le SUICIDE SANS-SOUCI. *Vivre jeune et beau, ou bien en finir…*

– Revenez vous asseoir ! dit le barman. Sinon un coach va vous attraper. (Il lui servit son orange décapsulée et lui tendit la carte des suicides.) Ça vous intéresse forcément, dit-il en s'éloignant vers un autre client.

– Je ne sais pas, marmonna Blaise en regardant son orange. (Il la leva et demanda :) C'est empoisonné ?

– Non ! répondit le barman en retenant un petit

rire. Non, mon ami. Buvez donc !

Blaise y goûta prudemment.

– Ce n'est pas très varié, dit-il en consultant la carte des suicides qui ne proposait que des chutes depuis le sommet de la Tour Montmartre.

– Pourquoi voulez-vous que ça soit varié ? interrogea le barman en faisant tinter les verres dans l'évier. Seul le résultat compte.

– Neuf cents mètres de chute, c'est radical ! reconnut Blaise en levant les yeux vers le ciel, que remplissait la perspective effrayante d'une telle chute.

– Vous ne ferez pas réellement une chute de neuf cent mètres, lui révéla le barman. (Il s'essuya les mains et ouvrit un placard – il en sortit une maquette holographique de la Tour Montmartre qu'il posa sur le comptoir.) La tour culmine effectivement à neuf cent mètres, mais il est interdit de s'écraser sur le sol ! Vous imaginez ? (Il mima un corps pulvérisé entre les passants.) La chute se fait d'ici (le barman désignait le sommet de la tour avec la pointe d'un couteau qui disparaissait dans le hologramme), à ici (il désignait une plate-forme située au tiers de la hauteur totale de la tour). Six cent mètres de chute, ce n'est pas négligeable, dit-il en souriant. Le résultat est garanti.

– Tant mieux, approuva Blaise. Vous ne proposez vraiment pas d'autres formes de suicides ? demanda-t-il en touillant distraitement son orange. Pendaison ? Noyade ?

– Non ! rétorqua fermement le barman. Défenestration uniquement. (Ce point avait l'air de lui tenir à cœur.) Malgré tout, si votre envie n'est pas de mourir dans l'immédiat, dit-il – (Blaise hocha la tête, ce n'était effectivement pas dans ses projets ; il ne restait là que pour se reposer un moment), je peux vous proposer une chute holographique.

– Dites m'en plus, répondit Blaise, intéressé.

– Si vous désirez simplement extérioriser votre mal-être en simulant une horrible mort, on peut vous proposer une chute holographique de tout premier réalisme. Nous nous chargeons même d'informer vos proches, sans naturellement les mettre dans la confidence du côté holographique du drame.

– Ma famille est sur la planète Soixante-quinze, répondit Blaise en regardant distraitement autour de lui, les clients, la rue, la nuit.

– Vraiment ? C'est donc vous, dit le barman. Je ne vous attendais pas avant deux jours.

– Vous m'attendiez ?

– Je parle de votre groupe au complet, précisa-t-il en contrôlant un écran caché derrière le bar. Un vol de Soixante-quinze arrivé aujourd'hui à l'astroport... d'Orly…, chambres relais palais, en service royal dans la tour, et tout le toutim ! Nous avons nos renseignements, afin de faire de bonnes affaires. En attendant, vous êtes en avance. Qu'est-ce que vous allez faire ?

– J'ai une chambre réservée dans l'Hôtel de la Tour, dit Blaise avec importance.

– Dans deux jours monsieur, répondit le barman en préparant un cocktail pour un autre client.

Blaise déplia son billet et étudia les modalités du trajet touristique. Le programme de la semaine spécifiait un chemin qu'il avait évidemment effectué en une journée.

– Bon sang de bonsoir ! J'ai deux jours et demi d'avance ! et pas de chambre ? Je n'aurai jamais le temps, ni le courage de retourner à Orly ! (ou je ne sais où) – de toute façon je suis perdu, sans ce guide à la manque. Et la nuit…, murmura-t-il en frissonnant.

– Alors, qu'allez-vous choisir ? demanda le barman. La marche ou le suicide ? Vos chaussures ont l'air excellentes.

– Oui, ce sont des bottes à semelle de mousse.

– Ce sont des plumes d'oie bleue qui les recouvrent ? demanda le barman, les coudes appuyés sur son zinc.

– Exact, confirma pensivement Blaise.

– Alors, répéta le barman. Plutôt la marche ?

– Je ne sais pas...

On n'avait l'habitude ni de la marche, ni du suicide sur Soixante-quinze, mais on connaissait les deux. Alors que la nuit…, froide et horrible…, jamais il n'aurait imaginé qu'une telle chose fût possible. Il avait bien visité des cavernes lorsqu'il était gosse, mais ça ! C'était bien autre chose de voir toutes ces lumières briller aux fenêtres des buildings et ressentir la crainte de ne jamais revoir le Soleil illuminer le ciel…

– Je ne sais pas trop, reconnut Blaise en terminant son orange. (Il leva la tête vers le sommet de la tour.) Il n'y a pas d'ascenseur, j'imagine ?

– Si. Il y en a un, notamment pour les secours, répondit l'autre comme une confidence. Je ne vous conseille pas de l'utiliser. De plus, c'est assez onéreux. (Il rajouta :) Si vous montez les deux cent cinquante étages à pied, vous aurez les jambes lourdes une fois en haut. Cela équilibrera votre chute, car vous m'avez l'air d'être une forte tête. Sinon, il y a un mur d'escalade sur la face Nord. Si ça vous tente.

– Je vois, dit Blaise en payant son orange. On verra ça une prochaine fois.

Il repartit vers Orly au pas de course, en bondissant au-dessus des rondins de bois, puis en courant dans un parcours de pneus, en s'accrochant à des arceaux, en marchant sur les mains, sur la tête…

Orly ! Ça ressemble à un nom d'astéroïde, se dit Blaise.

C'était encore l'endroit de sa connaissance le plus proche de sa planète Soixante-quinze, qui lui manquait tant *ce soir*. Ce soir horrible…

Fin

Cristal sanguin

– Guillaume !!! fulmina Georges en fusillant son fils du regard. Mange tout de suite ce qu'il y a dans ton assiette !

Ses lèvres tremblaient comme à chaque fois qu'il était en colère. Eh bien ? Le menu lui convenait parfaitement, à lui. Il n'avait rien à redire. Pourquoi son fils faisait-il toujours le difficile ?

Sur la table, les assiettes étaient pleines d'asticots vers et de joulong en sorbet – des lamelles de viandes (imitation volaille) cristallisées dans de la glace salée. Le joulong était un volatile urbain, gras et aisé à capturer : ils s'agglutinaient comme des mouches à des bandeaux de glu déroulés depuis des pylônes de récolte.

– Non !!! pleurnicha Guillaume en repoussant son assiette vers le centre de la table. C'est dégueulasse, je ne mangerai pas ça !...

À douze ans, Guillaume était en pleine croissance. Mais depuis son arrivée sur Banaharan 4, dont la gravité était légèrement moindre que sur la Terre, il s'était étiré tout en hauteur. Il ne prenait guère de poids et sa silhouette se courbait progressivement, le dos voûté par un crâne proéminent.

Il refusait tous les plats locaux, pour la simple raison qu'ils étaient atrocement indigestes. Le joulong aux asticots vers était le pire des menus qu'il exécrait.

– Ne parle pas comme ça ! tonna son père en serrant sa serviette de toutes ses forces.

– Je veux rentrer sur Terre ! supplia Guillaume. Je pourrais aller chez tante Yvette !

– Cette vieille bique ? s'étonna Georges.

– Voyons, Georges ! tempéra Gabrielle.

– Guillaume !!! Mange ce qu'il y a dans ton assiette ! Je ne te le répèterai plus !

– Non ! s'entêta Guillaume.

– C'est comme du poulet aux haricots verts, dit Gabrielle, sa mère, en montrant l'exemple.

Elle piqua sa fourchette dans un morceau de viande puis dans quelques asticots vers qu'elle avala sans faire la grimace.

Guillaume avait la nausée de voir sa mère ingurgiter ça. De la gelée grasse, puante et indigeste. Les œufs du joulong n'étaient heureusement pas comestibles – il n'en aurait pas supporté les omelettes.

Il souleva les pieds de sa chaise et se recula d'un bon mètre.

– Tu sais combien ça coûte ?!? demanda Georges en tapant du poing sur la table.

Lui et son épouse se saignaient à blanc pour que la table soit garnie comme lorsqu'ils vivaient sur Terre.

– Guillaume !! Reviens ! Ah, bon dieu ce gosse ne se calmera jamais, siffla-t-il en se rasseyant. (Il avait décidé de ne pas lui courir après.) On se décarcasse pour pouvoir se payer un peu de viande et voilà le résultat.

– Il est peut-être végétarien, suggéra Gabrielle en posant sa main sur celle de son mari, son tendre mari dont elle parvenait toujours à apaiser les humeurs.

– Mais non, soupira Georges. Il n'est pas végétarien…

Et c'était vrai, Guillaume avait toujours adoré le poulet, la dinde, le steak ou le poisson. Il n'avait rien d'un végétarien : il n'aimait pas les haricots verts, d'accord, mais qui aimait ça ?

Gabrielle regarda tristement l'assiette fumante de sorbet de joulong puis la chaise vide du gamin. Elle retint un sanglot et piqua sa fourchette dans la viande blanche et filandreuse.

– Ce n'est pas si mal, dit-elle.

– C'est délicieux, confirma Georges en égrenant une pincée de sel sur ses asticots vers. Il ne sait pas ce qu'il manque !

– Je ferais bien du poisson ce soir, dit Gabrielle. Tu aimes le poisson, n'est-ce pas ? Ne rajoute pas trop de sel mon chéri, il y en a déjà beaucoup.

Pour faire passer le sorbet de joulong au sel, Georges but quelques goulées d'eau claire. Il déglutit la mixture et opina.

– Oui, c'est bon le poisson !

Ce n'était pas aussi bon que sur Terre évidemment. Le poisson n'était pas un animal aquatique, ici. Il se chassait au fusil, comme les oiseaux.

– Tu feras de la mayonnaise ?

– Bien sûr, assura Gabrielle. Guillaume adore ça.

– Il adorait ça sur Terre, répondit Georges. La bonne mayonnaise à l'œuf de poule ! Tu te souviens comme c'était bon ?

Ici tout était différent, certes. Mais les enfants ne s'adaptaient-ils pas mieux que les adultes à un nouvel environnement ? « Pas tous, » avait répondu leur médecin de famille, le docteur De Thier. « Hélas. »

Le gosse ne présentait pas de débilité latente – il était récupérable, les services sociaux du Multiplexe ne viendraient pas en aide à ses parents.

Banaharan 4 n'était pas la Terre, même si tout autour d'eux en était une fidèle reconstitution. Georges et Gabrielle oubliaient parfois, lorsqu'ils regardaient la télévision le soir, qu'ils vivaient sur une autre planète que leur Terre natale. Banaharan 4 n'était pas la Terre, mais il fallait être au courant pour s'en rendre compte. Ou mettre le nez dehors. Ou bien encore goûter aux spécialités locales.

Leur maison, un modèle bulle igloo, avait été livrée meublée et décorée selon les derniers canons terriens – comment les colons auraient-ils pu trouver le temps de s'installer, de décorer leur logis et de retrouver leurs petites habitudes tout en travaillant, généralement nuit et jour, à la mine ?

Pour rembourser leur globe-igloo de banlieue fourni par Exil Intérim (l'agence d'intérim qui approvisionnait la mine en mineurs – Banaharan 4 avait été récemment ouverte à toutes les entreprises de prospection et d'extraction minières de la galaxie), donc pour rembourser la maison, Georges et Gabrielle travaillaient à la mine de *Calgèbre* – un minerai à base de Carbone qui, une fois raffiné, équipait les multipuces des convertisseurs monétaires de poche de tout le Multiplexe. La valse des cruz boursiers résonnait jusqu'aux confins de la galaxie commerciale.

Il fallait rembourser tout ce qu'on leur avait offert à leur arrivée sur Banaharan et ce n'était pas le moment de flancher du coude.

Guillaume, comme tous les gosses de Banaharan, devait vite apprendre un métier – de préférence comptable ou banquier, afin de gérer, plus tard, les retours sur investissements, les litiges de succession et les Prêts à très Long Terme accumulés par leurs aînés. (À la vitesse où leurs parents creusaient le sol, il ne resterait plus grand-chose pour eux s'ils embrassaient la carrière de mineur.)

De quoi se plaignent les jeunes ? Voués à des boulots tranquilles, à compter des millions de cruz toute la journée. Ils en mettraient une partie dans leur poche et l'industrie des loisirs et du luxe se développerait à son tour. Banaharan connaîtrait la prospérité dans une génération, et les crises financières ensuite.

Le travail à la mine de *Calgèbre* était pénible. C'était un travail ingrat. Pour Georges, pour Gabrielle, pour les voisins. Mais c'était le seul moyen de nourrir leurs familles.

– Les gosses ne réalisent pas ! s'emporta Georges en mordant dans un morceau de pain saucé-salé. Mais ils s'y habitueront, comme nous.

– Il se pose trop de questions, soupira Gabrielle en mordant dans une feuille de salade grise. Mon frère était un peu comme ça.

– Un enfant n'est pas là pour se poser des questions ! répondit Georges. Ton frère n'est pas un exemple à suivre. Repasse-moi le sel, s'il te plaît.

– N'en mets pas trop, prévint-elle une nouvelle fois. Ce n'est pas prudent.

*

Guillaume claqua la porte de sa chambre.

Il sortait à peine de table, mais comme d'habitude son estomac criait encore famine. Il ne supportait ni les frites, ni le bœuf local. Le bœuf ? Non merci, vraiment. Il suffisait de voir l'animal à l'état vivant pour comprendre et partager son dégoût. Guillaume ne supportait pas le goût de l'eau, ni l'odeur de l'air. Il haïssait le sel, avec lequel on assaisonnait tous les plats. Il n'aimait rien ! Il n'aimait pas sa chambre, il n'aimait pas sa fenêtre. Il n'aimait pas ce qu'il y voyait : rien n'était normal ! Ciel jaune, soleil vert. Des nuages comme des limaces transparentes et des forêts de mauvaises herbes rabougries. La ville était en globes et en cône – du grand n'importe quoi. (Il avait lui-même commencé à réagir n'importe comment. Il s'étirait comme un élastique. Allait-il devenir chauve et moustachu, ou blond et roux ?) Les véritables villes se dressaient brillantes vers un ciel bleu ! Il en avait la preuve dans un bouquin. *La Terre vue de la terrasse d'un building*. Guillaume le feuilletait souvent en rêvassant. Il aurait tant voulu n'avoir jamais quitté la Terre.

Quitte à vivre chez tante Yvette !

La Terre… Ses villes, ses plages et ses forêts. Le vert des collines et la brume bleutée des matins d'été. La mer… Ici elle n'était pas de la bonne couleur – jaune et blanche, comme le ciel. Verte, la terre. Le taux d'oxygène de Banaharan ne lui convenait pas non plus. Guillaume happait l'air comme un poisson sec dès qu'il produisait un effort. Il était une sorte de mutant débile, adapté à vivre sur le monde qu'il avait quitté. Il rêvait de retrouver la Terre ! Ses amis et les animaux des bois. Sur Terre, ils étaient intelligents, mais pas ici.

« Ça passera, » avait dit le docteur De Thier.

Mais non ! Ça ne passait pas. Ici, Guillaume subissait une désorientation généralisée.

Il fouilla dans son cartable et en sortit sa trousse d'écolier. Il y trouva ses ciseaux qu'il ouvrit comme les cuisses d'une actrice X qui écarte ses jambes aiguisées avant de couper la tête de celui qui s'approchera trop près. Il posa les lames sur son bras. Il pressa, un peu. En se demandant si la couleur de son sang serait, ici, rouge, verte, jaune ou peut-être bleue ! Et ce serait peut-être agréable – une saignée bienfaitrice. Il appuya encore, assez fort à présent, sans toutefois faire glisser la lame sur sa peau. Lorsqu'il la retira, une marque rouge resta sur son bras. Il la frotta avec sa main. Ça ne saignait pas, mais c'était bel et bien rouge – et ça piquait ! Au temps pour sa théorie.

Soudain, la rue fut animée par le passage d'une voiture de police – jaune et noire comme un taxi new-yorkais, avec un haut parleur monté sur le toit. Guillaume l'observa depuis sa fenêtre.

« ALERTE SANITAIRE ! ALERTE SANITAIRE ! transmettait le haut-parleur. *NE CONSOMMEZ SURTOUT PAS LE SEL DE CUISINE DU MARAIS SALANT DES JOAILLIERS ! IL S'AGIT D'UNE CONTAMINATION INDUSTRIELLE TRÈS TOXIQUE. LES LOTS NUMÉROTÉS 519433 SONT DÉCLARÉS POISON MORTEL. NE CONSOMMEZ SURTOUT PAS LE SEL DE CUISINE PROVENANT DU MARAIS SALANT DES JOAILLIERS ! ALERTE SANITAIRE, ALERTE… »*

Disposé sur le toit du véhicule, contre le haut-parleur, un canon giratoire expulsait des salves de tracts aux quatre vents. La voiture tourna au coin de la rue et son message s'émoussa en quelques secondes, allant profiter aux autres habitants du quartier. Les passants ramassaient les tracts et s'arrêtaient pour discuter – sans doute des fameux cristaux de sodium empoisonnés. Sur Banaharan, on faisait tout avec le sel. De la bouffe et des bijoux.

Une seconde voiture de police passa trois minutes plus tard :

« ALERTE SANITAIRE ! NE CONSOMMEZ SURTOUT PAS LES CRISTAUX DE SODIUM DU MARAIS SALANT DES JOAILLIERS… »

C'était la rengaine habituelle – une alerte à prendre au sérieux. Le défilé se prolongerait jusqu'à la tombée de la nuit.

*

La police n'aurait jamais agit ainsi sur Terre. Défilant comme les publicitaires du cirque. Guillaume rangea son livre et descendit les escaliers. Penaud, il voulait s'excuser et manger quelque chose. Un morceau de pain avec de l'eau ferait l'affaire.

Il poussa la porte de la cuisine et se figea sur le seuil. Paralysé par la stupeur. Deux sculptures en diamant étaient attablées devant lui, paisiblement.

Guillaume vit que son assiette était intacte – il regarda ses parents sans oser les toucher. Son père et sa mère – tout ce qui lui restait de la Terre ! Empoisonnés. Comme figés de l'intérieur – une brillance spectrale transparaissait de leurs peaux ! Leur épiderme avait durci – des écailles miroitaient sur les bras de sa mère, sur les joues de son père. Une lumière blanche venait du fond de leurs bouches entrouvertes sur des entrailles de diamant. Un feu intérieur à mille facettes ! Sa mère, rigide comme un bijou doré. Les mains cristallisées – les yeux comme ceux d'une mouche précieuse, mais définitivement éteints.

Ses parents avaient consommé du sel empoisonné… Bien mal leur en avait pris.

Le policier fit un prélèvement dans les assiettes et l'analysa avec la crosse de son arme, dans laquelle était logé un détecteur de toxines – *sodium de joaillerie.*

– Confirmation, dit-il en se retournant vers les légalégistes qui avaient investi la cuisine. Ce n'était malheureusement pas du sel de cuisine !

Il fouilla dans les placards et saisit toutes les boîtes de sel – frappées du numéro 519433. Elles seraient rendues aux bijoutiers.

Les légalégistes emportèrent les deux corps et le policier, obligeant, débarrassa la table.

– Tu as eu de la chance, petit ! dit-il en déposant

les couverts dans le lave-vaisselle. (Il enclencha le programme de nettoyage et se retourna vers Guillaume.) Ne t'inquiètes pas, tout va rentrer dans l'ordre. Tes parents seront bientôt de retour, lui dit-il. D'une façon ou d'une autre on te les rendra, mon garçon. C'est promis.

Guillaume obtempéra en reniflant.

Tout ce qui lui restât finalement d'eux : des cendres de cristal de joaillerie dans une urne funéraire (qu'on lui restitua effectivement). Des cendres ? Ce furent plutôt des miettes qu'on lui rendit. Comme une trentaine de personnes dans le quartier ce jour-là, ses parents avaient été broyés et émiettés en paillettes.

*
* *

Sur Banaharan, les parents holographiques palliaient le cruel manque d'orphelinats. La vie difficile que l'on menait dans les colonies faisait de nombreuses victimes. Dans les mines et dans les maisons. On manquait de place et de courage pour s'occuper de tous les orphelins. Les parents holographiques permettaient aux enfants de rester chez eux pendant une période transitoire – certains enfants vivaient avec des parents holographiques depuis plus de dix ans. Les hologrammes étaient mis à jour assez régulièrement pour que leur vieillissement paraisse naturel.

Générés par des appareillages modernisés installés dans la maison, les parents holographiques renfermaient dans leurs programmes tous les traits de caractère des parents de l'orphelin. Ils leur ressemblaient en tous points et avaient pour ainsi dire la même influence sur le môme que ses parents *réels* auraient pu avoir sur lui en demeurant vivants quelques années de plus… Ils avaient en outre tout un programme éducatif en mémoire, et des tas de données diverses et variées sur l'éducation d'un enfant, une somme énorme de statistiques et d'antécédents répertoriés… Un fatras de données des plus utiles.

Une semaine plus tard, tout était à nouveau comme avant pour Guillaume. Comme le lui avait promis le policier.

– Cesse de regarder ce vase tout le temps ! s'exclama le père holographique en haussant le volume de son haut-parleur. Viens manger…

– Ce n'est pas un vase ! rétorqua Guillaume tristement. (Un moment, il avait pensé que ses nouveaux parents seraient plus gentils avec lui, mais il n'en était rien.) Ce sont mes parents ! dit-il en posant respectueusement l'urne devant lui sur la table basse du salon.

– Nous sommes tes parents, lui assura sa mère holographique. Nous l'avons toujours été.

– Non ! répondit fermement Guillaume. Maman avait ses deux yeux et on ne voyait pas la tapisserie à travers elle.

Sa mère holographique n'avait effectivement qu'un œil. Elle gardait sa paupière droite fermée sur une orbite creuse.

– Il est dans ta chambre, expliqua-t-elle. Ainsi je garde toujours un œil sur toi.

Depuis quand m'observe-t-elle ainsi ? se demanda Guillaume. Qu'a-t-elle vu ? Où est son œil ? Où traîne-t-il ?

Pour Hologeorges, c'était une bonne initiative et il proposa même de laisser une de ses mains dans sa chambre, afin de lui retourner une claque si l'œil de son épouse le voyait faire une bêtise.

Hologabrielle se mit soudain à clignoter comme une épileptique – un défaut du programme. Le père effectua un réglage de tension sur le générateur et elle retrouva sa netteté. (Les hologrammes étaient des entités autonomes, une fois lancés ils allaient selon leurs bons vouloir.)

– Voilà tu es parfaite, dit-il en lui prenant la main.

Les deux hologrammes fusionnèrent dans un mélange de couleurs et de lumières. Puis Hologabrielle lui échappa et retrouva son autonomie et ses inquiétudes.

– Viens donc Guillaume, dit-elle, ça va refroidir.

Guillaume s'approcha et comme il avait vraiment faim, il s'installa à sa place mais il garda la tête baissée et les mains nerveusement croisées.

– Pourquoi ne manges-tu pas ? interrogea le père holographique, un brin agacé.

La mère holographique se pencha vers son fils.

– Je me suis donnée du mal, geignit-elle en désignant le poulet aux pommes de terre. Ce sont des produits d'importation. Un vrai luxe. Ça vient de la Terre ! On s'est privé de plein de choses pour avoir ça. Et il n'y a pas un gramme de sel.

Obtempérant, Guillaume essaya de saisir sa fourchette mais elle demeura comme une image posée sur la table. Ses parents, eux, ne pouvaient manipuler que ce genre de couverts. Manger avec les doigts ? Les parents seraient furieux, mais il avait faim ! Il prit la tranche de viande holographique entre ses doigts, qui se refermèrent sur quelques insaisissables électrons.

– Il n'y a rien à manger ! cria-t-il en s'enfuyant de table.

– Pourquoi dit-il ça ? demanda Hologabrielle, déçue. La table est bien garnie !

– Mais oui ! et c'est délicieux, fit Hologeorges.

– Comment font les autres, enfin ? soupira la mère holographique. Holosuzanne et Holofranck n'ont pas tous ces problèmes avec le petit Antoine. C'est bien Antoine qu'il s'appelle ? Le petit blond. C'est un copain de Guillaume, non ? Mais pourquoi le nôtre est-il si difficile à vivre ?

– Ne t'en fais pas, dit Hologeorges en posant sa main sur celle de son épouse holographique.

Ce contact fit crépiter un large éventail de diffractions lumineuses ! Un élan de chaleur ! Le contact des photons ! Douceur agréable. Amour ! Le couple holographique s'enlaça comme une nuit d'orage au-dessus des nuages – pôles inversés étincelants ! Plus rien n'avait d'importance.

Saisissant l'occasion de déjouer la surveillance sans faille de ses parents démembrés, Guillaume emprisonna l'œil de sa mère dans un tiroir, il s'empara de la précieuse urne funéraire et disparut dans la nuit. Il fila jusqu'au spatioport et échangea une poignée de diamant que contenait l'urne contre un billet, un aller simple pour la Terre où il irait peut-être retrouver tante Yvette.

FIN

Nous avons besoin d'un super héros

Convocation spéciale.

Présentez-vous au bureau du gouverneur Auguste Scarlatti à quinze heures. Munissez-vous de vos serments et accréditations d'usage. (Code SC – 44/44.)

Colin arriva à quinze heures tapantes. Il replia soigneusement sa convocation et la replaça dans sa poche, puis il lança un regard panoramique dans la salle d'attente.

– Vous êtes convoqués, vous aussi ? chuchota-t-il. (Deux autres types étaient déjà là. Ils attendaient en se tournant les pouces.) Vous savez pourquoi ? (Il obtint d'eux un unanime murmure à consonance négative.) Il doit bien y avoir une raison, marmonna-t-il en s'asseyant.

Discrètement et tour à tour, il observa ses deux collègues. Colin avait peu d'amis dans le service, peu de relations, mais la tête de l'un d'eux ne lui était pas inconnue. Tom-Quelque-chose, un agent double du bureau qu'il avait croisé au banquet de Noël et qui en ce moment contemplait son reflet se répercuter à l'infini sur deux miroirs positionnés face à face.

La tête du second lui était parfaitement inconnue.

Il y a forcément une raison, se répéta Colin qui commençait, et il le dissimulait mal, à s'inquiéter. On n'encombre pas le bureau du grand patron pour rien. Qu'est-ce que j'ai fait ?... Pourquoi on nous convoque ?...

Il se souvenait à peine de ce qu'il avait mangé à midi, se rappeler de tous les impairs qu'il avait pu commettre au cours de son service était chose impossible...

Ses interrogations angoissées furent interrompues par un bourdonnement qui attira son attention comme celles de ses collègues. Les trois hommes se retournèrent vers une porte qui s'ouvrait dans leurs dos. Ses contours dans la cloison n'apparurent qu'au moment où elle s'ouvrit. C'était le bureau de Scarlatti. Ils se levèrent avec retenue et s'avancèrent vers le Saint des Saints.

Auguste Scarlatti, le gouverneur de Mars, était le plus haut représentant de l'autorité depuis vingt-cinq ans. Indétrônable vieillard tout puissant.

Colin ne l'avait jamais vu qu'en photo, à la TV, dans les journaux. Un nœud angoissé se forma au creux de son ventre.

La pièce était plongée dans une étrange pénombre, comme par un après-midi d'éclipse. Posée sur un coin du bureau, l'unique lampe allumée voyait son éclat masqué par une sombre masse déposée devant elle et dont les contours évoquaient ceux de Phobos ou de Deimos, lorsque l'un d'eux croisait la course du Soleil dans le ciel de Mars. Vivante, cette masse était animée par le mouvement régulier d'une lente respiration.

C'était un énorme chat endormi à la chaleur de la lampe. Il était étendu sur des piles de dossiers. Comme une panthère noire couchée sur un trésor, il semblait dire : Passe-moi sur le corps si tu veux ces dossiers…

Rien d'aussi gras ne peut vivre ! se dit silencieusement Colin en clignant des yeux. Après cette première observation, il se demanda ce que pouvaient contenir ces dossiers, pour qu'ils méritent une telle surveillance… Mais toute son attention se porta rapidement sur l'homme assis derrière le bureau.

Ici présent, Auguste Scarlatti en personne !

La lampe éclairait un dernier quartier de son crâne chauve. Ses deux mains étaient ramenées sous son menton et ses coudes s'appuyaient sur son bureau. Il ressemblait encore en tout point à la représentation qui était faite de lui sur les cruz martiens.

Trois arcs flamboyants, disposés devant son bureau, évoquaient les anneaux de Saturne. Et au fond de la pièce, trois personnages se tournèrent ensemble vers Colin et ses deux comparses. Ils les fixèrent intensément. Leurs yeux étaient comme six petites étoiles éclatantes, alignées deux par deux, des naines blanches prêtes à exploser. C'étaient les secrétaires personnels du dirigeant suprême.

La porte se referma alors derrière Colin.

– Debout Cornélius ! ordonna Scarlatti en bousculant légèrement l'énorme masse palpitante endormie devant sa lampe.

La voix grave de Scarlatti sonnait comme le tonnerre et imposait, chez ses subordonnés comme chez son chat, le respect et l'obéissance. Obtempérant, Cornélius fit danser des ombres folles dans la pièce qui se dévoila, puis il sauta du bureau en miaulant. Il s'étira de tout son long et disparut derrière le rideau blanc du vidéomur. L'éclipse était terminée, la lampe illumina la pièce sous un nouveau jour.

– Asseyez-vous messieurs, invita Scarlatti en désignant, devant lui, les trois fauteuils aux dossiers circulaires recouverts d'une pellicule d'or qui ressemblaient aux anneaux de Saturne.

Colin prit le siège central, face à Auguste Scarlatti, tandis que ses deux rivaux (il ne les aimait déjà pas beaucoup) s'installaient sur ses côtés. Tom « Quelque chose » à sa gauche, « l'autre à droite ». Ils attendirent tous les trois en silence.

Scarlatti arbora un air grave et paternaliste.

– Messieurs, dit-il d'une voix profonde, le temps d'un évènement sans précédent est arrivé. Nous avons besoin d'un super héros. Et nous l'aurons.

Personne d'autre que Scarlatti ne semblait habilité à briser le court silence qui suivit cette étrange déclaration. Colin fronça les sourcils, son voisin de droite plissa le front et Tom « Quelque chose », à sa gauche, afficha un sourire tendu. Dans l'ensemble, ils affichèrent tous les trois des expressions égarées.

– Un quoi ? demanda alors Colin avec une innocente insolence.

Debout dans un coin du bureau, les trois secrétaires adressèrent des regards inquiets à Scarlatti qui délassa les extrémités de ses doigts d'un geste décontracté et expliqua :

– Un super héros ! Un homme vertueux et dévoué qui vole au secours de la veuve et de l'orphelin. Telle est sa plus fidèle définition. Voici vos contrats, poursuivit-il en soulevant de la surface du bureau trois liasses de papier tenues par des agrafes en diamant. Vous travaillerez en 3/8, sept jours sur sept. Vos émoluments sont très motivants. Regardez donc vous-même. À toi, Paul, dit-il en faisant un geste vers ses secrétaires. Paul est mon secrétaire général, expliqua-t-il aux trois agents égarés sur leurs sièges. Et ces deux autres messieurs sont ses secrétaires.

– Non, les vôtres monsieur, intervint l'un d'eux.

Ils s'identifièrent chacun leur tour d'un simple signe de tête.

Le secrétaire général se racla la gorge en regardant ses deux collègues de travers, puis il s'approcha du bureau, prit les contrats sur lesquels il passa la main pour en ôter les poils de chat et les distribua aux trois agents ahuris. Ces derniers n'avaient pas l'air d'hommes maîtres d'une situation qu'ils comprenaient. Bien au contraire.

– Les Martiens ne veulent plus de nous, expliqua le premier secrétaire, en distribuant les contrats. Ils exigent des élections. Ils en réclament à tour de bras mais ils ne veulent pas de nos adversaires politiques non plus. D'ailleurs nous n'avons plus guère d'adversaire sérieux. L'opposition s'est découragée depuis longtemps. Alors à quoi bon des élections ? Le fait est que nos forces de police sont peu aimées...

– C'est un euphémisme, intervint un secrétaire subalterne avec morosité.

– Je vous en prie, rétorqua le premier secrétaire en haussant la voix. (Puis il reprit :) Nos forces de police et notre gouvernement ont besoin d'un soutien. Un nouveau type de soutien moral et idéologique… Nous avons besoin de la confiance et de l'enthousiasme des Martiens.

Scarlatti soupira (effaré par la tournure de l'explication de son bras droit, son homme de confiance) puis pour l'interrompre, il dévoila une petite trappe sur son bureau qui dissimulait une télécommande. Il réfléchit un instant en se grattant la joue et pressa un bouton.

– Nous avons besoin d'un super héros, répéta Scarlatti en se tournant vers l'écran noir qui surplombait ses secrétaires. (Ces derniers s'écartèrent.) Soyez attentifs, rajouta-t-il lorsque l'écran s'anima. En voici un.

Les trois agents posèrent leurs contrats sur leurs genoux et regardèrent l'écran :

Une silhouette en pyjama bleu flottait dans le ciel au-dessus d'une grande ville illuminée qui ne ressemblait à aucune ville martienne, et le ciel avait une teinte bleue inusitée. Une mélodie agréable rythmait le vol plané du (super ?) héros, ça devait être lui, slalomant entre les gigantesques buildings scintillants. Il dirigea sa trajectoire vers une terrasse fleurie perchée à cent mètres du bitume. Une femme l'y attendait. Elle était vêtue d'une robe inouïe. L'homme volant posa délicatement un pied puis l'autre sur le garde-fou du balcon dans un parfait mouvement d'équilibriste. Il tenait maintenant la fille par les mains. Elle semblait subjuguée par l'homme extraordinaire qui lui faisait face. Il lui prit les deux mains et ensemble, ils s'envolèrent au-dessus de la ville.

– C'est Superman ! annonça Scarlatti en désignant l'écran. Le super homme, rien que ça... L'homme supérieur que tout un chacun admire.

Il observa attentivement la réaction des trois agents, puis il pressa un nouveau bouton sur sa télécommande.

L'image défila puis s'arrêta sur une scène où le même homme, Superman, volait à la poursuite d'une voiture lancée dans les rues embouteillées. Bien que la voiture roulât à vive allure, risquant la vie de centaines de personnes paniquées qui se blottirent sur les trottoirs en hurlant de terreur et d'indignation, le super héros vola si vite, tel une balle de fusil, un bras tendu devant lui et l'autre ramené le long de son corps, qu'il parvint à la rattraper, à la dépasser et à se poser devant elle.

Colin frissonna en imaginant le corps désarticulé frappé de plein fouet quand...

La voiture folle s'encastra dans les jambes d'acier du super héros qui eut le temps d'écarter les passants trop curieux puis de dégager les malfrats de la carcasse avant que celle-ci explose. Il remplit ses poumons d'air et projeta une tempête sur les flammes qui s'éteignirent, instantanément soufflées. Il s'envola avec un bandit dans chaque main, passant au-dessus d'une foule exaltée et admirative. Il confia les deux malfrats au flic portier qui attendait sur le perron de l'hôtel de police de la ville et repartit plus léger.

Après avoir observé la réaction des trois agents, Scarlatti répéta son geste au-dessus de la télécommande et l'écran s'anima de nouveau.

Le super héros volait cette fois à la poursuite d'une ogive militaire, un missile lancé par un fou mégalomane (on s'en rendit compte grâce à une scène incorporée au montage). Il parvint à crocheter ses doigts dans les interstices de la structure du bolide militaire et à lui soumettre une forte accélération en le dirigeant vers l'espace. Et toujours, le super héros revenait sur le plancher des lubardes[24] en suscitant l'admiration des badauds ébahis.

– Voici l'exemple que vous allez suivre. Vous serez les meilleurs d'entre les meilleurs. Le peuple va se sentir rassuré et passionné par l'extraordinaire apparition de ce héros des temps modernes ! Votre apparition ! s'exclama Scarlatti, grandiloquent, en coupant la retransmission. Brave et invincible, ses pouvoirs surnaturels seront au service d'un grand destin collectif, le nôtre. Il constituera un formidable moyen de véhiculer notre propagande. Vous comprenez bien qu'on ne peut pas mettre des patrouilles de flics partout dans la ville, donc mettons-y un super héros dont les apparitions sporadiques provoqueront chez le délinquant l'inquiétude de ne plus pouvoir pratiquer ses crimes sereinement et chez la personne civique, l'assurance de son bon droit, et qui l'encouragera à défendre son opinion. La vue du super héros doit encourager le bon peuple avant de décourager la racaille.

Scarlatti laissa planer un silence.

[24] Ruminants martiens

– Vos états de service sont sans tache, poursuivit-il. Ni fait de gloire cependant. Vous y remédierez vite. Vous êtes tous les trois mariés depuis plus de dix ans. Vous avez une certaine stabilité morale. Vous êtes tous les trois heureux en ménage, bien sûr ? (Comme ses deux comparses, Colin opina énergiquement. Les problèmes entre lui et Lydia ne regardaient que lui et Lydia.) Votre mission est importante (il changea de ton :) et strictement confidentielle. Vous devrez vous y consacrer corps et âme. Dès maintenant ! Avez-vous signé vos contrats ? Non ? Faites-le. (Paul, le premier secrétaire, leur tendit un stylo à chacun. Les trois agents parcoururent rapidement le document qu'ils signèrent tous en trois exemplaires.) Toutes vos actions publiques seront bien sûr supervisées par les services secrets. L'entraînement aux simulations commence dès ce soir pour l'un d'entre-vous. N'est-ce pas ?

– C'est exact, acquiesça Paul.

– Votre planning est bouclé pour trois semaines, poursuivit Scarlatti. Vous en prendrez connaissance dans un instant. Nous sommes très pressés. Rien ne doit ralentir nos projets. Avez-vous des questions ? demanda-t-il.

Chacun garda le silence.

– Parfait, dit Scarlatti. Après vous avoir laissé voir ces extraits cinématographiques, je vais vous poser une question importante. La voici : Qu'est-ce qui définit un super héros ?

Colin chercha frénétiquement la bonne réponse. Vitesse, beauté, justice ? Succès... force ? Impartialité ? Il voulait faire bonne impression, se démarquer de ses rivaux. Il avait déjà perdu une occasion de démontrer la justesse de ses intuitions lorsque, dans la salle d'attente, la porte s'était ouverte dans son dos. Il avait perdu tous ses instincts de chasseur.

– La panoplie ! tonna Scarlatti. Le costume. Un super héros n'est rien sans cet accessoire. (Il se leva et dévoila une porte en écartant une tenture martienne.) Par ici, dit-il en invitant Colin, Tom « Quelque chose » et son voisin de gauche à le suivre.

Le premier secrétaire referma la marche et ses deux secrétaires la porte derrière eux.

Ils empruntèrent un couloir qui les mena du bureau de Scarlatti jusqu'à une pièce carrelée et aseptisée remplie de bonbonnes de gaz, de tuyaux bourdonnants et d'écrans clignotants qui entouraient une penderie centrale où resplendissaient trois tenues grotesques.

L'opération, minutieuse, avait été préparée de longue date. Pour preuve tout le matériel réuni dans cette pièce.

Les trois agents furent invités à se dévêtir. Ce qu'ils firent sans rechigner. Tandis que les secrétaires décrochaient les extraordinaires tenues de leurs cintres, trois petites silhouettes s'animèrent autour d'eux. Invisibles jusqu'alors derrière leurs machines à coudre, les trois couturiers s'activèrent comme des fourmis sur une prune gâtée.

Tout comme ses rivaux, Colin fut, quelques minutes plus tard, habillé de son costume en mousse et en latex qui dessinait des muscles fins et réguliers sur son torse et ses épaules, gonflant d'incroyables biceps à ses bras et lui sculptant des cuisses fermes et épaisses. Une cape de durvelours dissimulait des appareillages compliqués destinés à assurer la lévitation. Sous le poignet droit était fixé un prototype de fulgurateur militaire qui envoyait des salves de laser. Ils avaient aussi des lunettes à infrarouge munies d'un rayon laser. Le sigle du héros, symbole inspiré du logo gouvernemental était un stroboscope qui s'illuminait comme un gyrophare de police – il était imprimé sur leur torse et sur leur cape.

Dans la glace, Colin admirait son reflet rendu incroyable par cette tunique tandis que les couturiers se chamaillaient autour de lui et des deux autres modèles à qui le costume allait moins bien qu'à lui-même, du moins le trouvait-il. Tirant ici et là sur le tissu de la cape, sur les bottes et le latex de la combinaison, pointant des aiguilles ici et faisant des marques là, les conseillers vestimentaires caquetaient et glapissaient en travaillant à leur manière.

Vingt minutes plus tard, les déguisements furent ajustés. Scarlatti jugea le résultat d'un œil critique. Il se recula de quelques mètres. Les trois agents se ressemblaient beaucoup. Il était vital qu'on les confonde. Ils faisaient de beaux super héros.

– Fantastique ! dit-il. Comme les trois mousquetaires – si ça vous parle. Bon, je te laisse les briefer, glissa-t-il à l'attention de son premier secrétaire. La finale de Ooolball va commencer. J'y retourne.

– Très bien monsieur, dit Paul. Allons-y aussi.

En abandonnant les couturiers derrière eux, les trois conseillers et les trois agents se rendirent dans le bureau de Paul, quelques couloirs plus loin.

– Les conseillers en communication de Scarlatti réfléchissent à un nom transcendant, commença le premier secrétaire en prenant une posture digne et autoritaire dans l'univers familier et sécurisant de son propre bureau. (C'était la plus haute autorité de l'univers en l'absence de Scarlatti.)

– Nous vous le communiquerons dès qu'il sera officiellement sélectionné, promit son secrétaire d'une voix qui se voulait aussi proche que possible du timbre de voix de son supérieur.

– Cela n'est pas un obstacle, continua le second secrétaire. Le gouvernement donnera peu à peu des informations à propos de cet homme mystérieux.

Le secrétaire général libéra un carnet de sa poche et le feuilleta jusqu'à la première page blanche, puis il revint en arrière en promenant son index sur les lignes d'écritures.

– Irradié par du strombinium non purifié issu d'un accident militaire, dans un laboratoire de recherches top secrètes sur Titan. Telle sera la justification de ses pouvoirs exceptionnels et surhumains.

– Parfait ! approuvèrent ensemble les secrétaires. C'est tout à fait plausible.

Ils se relayèrent ensuite pour expliquer tout ce que les trois agents devaient immédiatement savoir et apprendre.

– Chaque sauvetage, dirent-ils, sera savamment organisé par nos soins. Des policiers entraînés couvriront toutes vos actions publiques. Ils seront là en civil, autour de vous. Incognito.

– Le super héros devra intervenir dans les rues commerçantes, dans les lieux de regroupements, stade, parc, etc. Vous verrez du pays.

– Nous réaliserons cependant la plus grande partie du travail en studio, car les interventions du super héros seront parfois très impressionnantes. Nous projetons de lui faire accomplir d'incroyables prodiges. Vous verrez…

– Vous recevrez chaque jour des injections d'anabolisants et de drogues destinés à multiplier votre force physique sans trop alourdir votre masse corporelle. Tous les sportifs utilisent ce genre de choses. C'est sans contre-indication particulière.

Le secrétaire général distribua trois feuillets magnétiques.

– Votre première mission, dit-il, s'intitule : *L'avènement du super héros*. Vous en prendrez connaissance chez vous. Nous savons que vous êtes mariés, dites à votre épouse de ne pas vous déranger ce soir. Ces instructions ne peuvent être lues qu'une fois, alors n'en ratez pas une miette. Monsieur Tom Boderelli, vous serez le premier à revêtir l'identité bientôt glorieuse du super héros. Vous resterez donc ici ce soir. Allez prévenir votre femme et revenez au rapport.

– À vos ordres monsieur, obtempéra Tom « Quelque chose » Boderelli avec bonne humeur. (Il se leva, quitta la pièce en trottinant et chercha un téléphone dans les couloirs de la présidence.)

– Monsieur Joseph Dimoncelle, vous devez vous présenter ici même dès demain matin, trois heures. Couchez-vous tôt.

– Bien monsieur !

– Quant à vous monsieur Boris Colin, vous prenez le dernier relais, présentez-vous ici-même demain matin à neuf heures pour le briefing.

– C'est entendu ?

– C'est entendu, répondit Colin.

*

* *

Colin allait, comme tous les soirs, retrouver son appartement miteux. Et comme c'était sans doute une des dernières fois, (avec sa nouvelle situation il pourrait rapidement déménager) il savoura le crissement de la porte de l'immeuble et il s'amusa du panneau *hors service* placardé sur l'ascenseur. Il grimpa lentement jusqu'au troisième par les escaliers. On appelait ça *faire le tour*. Il s'attarda sur le palier et savoura les odeurs de fritures émanant d'un appartement voisin ainsi que la musique assourdissante provenant d'un autre.

C'était merveilleux de quitter tout ça !

Il rentra chez lui et jeta sa veste sur le dossier d'une chaise. Le vêtement glissa et tomba sur le plancher, c'était parfait. Il fallait faire une fiesta d'enfer ici avant de mettre les bouts ! Emmerder les voisins une dernière fois… Appartement minable. Vie minable. Tout ça c'est du passé ! Colin passa au salon. Lumy était assise sur le canapé. Elle feuilletait un magazine. Après quelques banalités échangées et quelques caresses refusées, elle demanda :

– Quand vas-tu le lui dire ?

– Quand ? Quand ? Comment le saurais-je ? répondit Colin, comme à son habitude. Tu pourrais me dire bonjour, déjà.

– Ta femme te flanque la frousse ! railla Lumy en exhibant les formes rondes de sa poitrine veloutée.

– Elle ne nous dérange pas ! Écoute, mon amour, dit-il en lui prenant les mains. (Il les serra assez fort pour qu'elles ne lui échappent pas. Il était obligé de le lui dire. Il fallait qu'elle le considère un peu mieux.) Je viens d'avoir une promotion extraordinaire, révéla-t-il contre toutes ses directives.

Lumy haussa un sourcil et Colin lui expliqua tout.

– Quelle drôle d'histoire ! dit-elle lorsqu'il eut terminé.

– Mars a besoin d'un super héros, répondit Colin. Un exemple pour tout le monde. Pour les jeunes.

– Toi ? s'étonna-t-elle. Toi, un exemple pour les jeunes ? C'est une plaisanterie ?

Elle tombait des nues.

– Ok, je ne veux pas en entendre davantage, rétorqua Colin.

Il récupéra sa veste et claqua la porte du salon. Puis celle de l'appartement.

– Ne rentre pas ivre mort ! cria Lumy face à la porte close. Comme d'habitude.

Elle ramassa un feuillet magnétique sous la chaise. Le document portait le logo des services secrets. Ça n'avait rien à faire là. Lumy haussa les épaules et le déposa sans la lire avec les affaires de Colin réunies dans un panier. Elle passa sa soirée face à la télévision, devant laquelle elle s'endormit.

*

* *

Pour que l'apparition du super héros imprègne les consciences, elle devait être précédée d'une vague de violence sans précédent. De terrorisme barbare...

La brise matinale poussait de fins nuages de sable ocre entre les magasins qui ouvraient leurs portes pour la journée.

Postés sur les toits, les tireurs d'élite, armés de fusils à fléchettes paralysantes, se tenaient prêts à faire feu et à faire mouche au cas où quelque chose aille de travers. Ils étaient une douzaine, encerclant le périmètre. Ils attendaient l'ordre. Les secrétaires de Scarlatti firent les cent pas jusqu'à l'heure H. Un subalterne vint les prévenir du départ de la camionnette. A bord, les trois courageux agents volontaires, sélectionnés parmi les meilleurs – et surtout les plus fiables éléments du service, dont la mission était de terroriser le public, avaient pris la route. L'opération *Avènement* avait commencé.

Depuis le toit d'un building voisin, entre les snipers agenouillés, le secrétaire général observait le carrefour où se déroulerait bientôt, sous les yeux médusés des citoyens – il fallait du moins l'espérer – l'avènement du super héros. Talkie-walkie en main, Paul restait en contact avec les secrétaires subalternes et avec les quelques généraux militaires invités, répartis sur les toits voisins et dans des véhicules banalisés. Le secrétaire général était sûr de sa stratégie mais la nervosité n'était pas la moindre de ses sensations présentes. C'était un numéro de funambule. Le plus léger déséquilibre pouvait entraîner de désastreuses conséquences pour le public. Des familles avec des enfants et des poussettes circulaient en contrebas, dans la rue. Des hommes et des femmes, pressés ou bien flânant, des retraités et des touristes – aucun ne se doutait de ce qui allait se passer. Seuls les agresseurs et le super héros se trouvaient dans la confidence des secrétaires. Si les citoyens en venaient à se défendre par eux-mêmes, la mise en scène pourrait tourner à la catastrophe. Mais les agresseurs, truands d'un jour, étaient des agents notoirement surentraînés, prêts à affronter tous les imprévus d'une action militaire engagée avec des armes factices. De plus, si le Martien moyen avait été brave et prêt à risquer sa vie pour jouer les héros lui-même, cela se serait su et les projets de Scarlatti et de ses secrétaires auraient été revus en conséquence.

Les agents Brumov, Sayclark et Asinner avaient conscience des risques qu'ils encouraient et avaient accepté de subir un lavage de cerveau après l'opération militaire afin de ne jamais divulguer le secret du super héros.

*

Colin se réveilla ce matin-là la tête lourde et résonnante de vide. Lendemain d'ivresse. Il ne se rappelait que d'une partie de la soirée passée au *Cosmos Blues* – une boule d'appréhension se forma dans son ventre : avait-il été raconter son histoire de super héros à tout le monde ? À tous les ivrognes du *Cosmos*. Non, pas dans la moitié de la soirée dont il se souvenait. Cela ne le rassura pas beaucoup. Il regarda l'heure : 7 h 30. Lumy était partie travailler, d'ailleurs elle n'allait pas tarder à rentrer pour la pause du petit-déjeuner. Colin déjeuna tranquillement, mais il ne s'attarda pas. À huit heures et demi, il était prêt.

Il se rendit au Bureau, le torse bombé par une fierté nouvelle

Colin empruntait probablement les transports en commun pour la dernière fois de sa vie. Et pour la première fois, il apprécia la foule coagulée autour de lui. Il contempla les usagers renfrognés comme un père contemple un nouveau-né. Protecteur et dominateur. Le bruit infernal du wagon qui tressautait sur ses rails, l'air vicié, les murmures et les expectorations des maladifs... Tout un univers. Rien de tout cela ne lui manquerait lorsqu'il serait argenté et qu'il survolerait la ville à bord de son coupé !

Il observa une jeune femme, assise à sa gauche. Ses cheveux noirs masquaient partiellement son visage. Par coquetterie ? Non. Elle laissait ses longs cheveux retomber sur son visage pour, extrapola-t-il, masquer une brûlure suintante. C'étaient les flammes d'un drame qui avaient brûlé son épiderme autrefois lisse. Il l'imagina hurlant à l'aide. Et il s'imagina volant à son secours… Je serai là pour vous toutes ! Son ego se gonfla comme un ballon de carnaval dans lequel on eut soufflé puissamment, à s'en brouiller la vue. Les femmes le regarderaient comme le faisait la fille du film. Peut-être que Lumy aussi le regarderait différemment – et Lydia ? Qu'en serait-il de Lydia ? Elle réclamerait la moitié de ses primes et refuserait de divorcer… Ce n'était peut-être pas la peine de lui en parler.

Alors que le trajet s'était passé normalement jusque là, un brouhaha anarchique explosa soudain ; comme la quiétude d'un lac isolé dans la campagne, soudain brisée par l'effondrement de l'univers, créant des ondes anarchiques à la surface d'une eau qui était demeurée plate et lisse au cours de temps immémoriaux.

Que se passe-t-il ? se demanda Colin en oubliant tout de suite ses prouesses romantiques.

Crissement de chenilles, grincements de carrosserie. Était-ce un carambolage quelque part en avant du convoi ? Le tramway freina et les véhicules qui circulaient autour s'y encastrèrent violemment.

Colin et les autres se mirent à hurler.

Une camionnette dépassa le tramway accidenté et dérapa au coin de la rue, projetant des nuées de poussières qui recouvrirent les passants affolés fuyant dans tous les sens. Les portes arrière du véhicule s'ouvrirent à la volée et deux hommes bondirent sur le trottoir en pointant leurs armes sur les Martiens terrifiés. *Bang ! Bang ! Bang !*

Bang ! Bang !

– Tout le monde à terre ! hurla un des malfrats en tirant en l'air.

Bang ! Bang ! Colin se jeta à terre et rampa vers la sortie du wagon. Il arriva face à la porte et la bourra de coups de pied afin qu'elle s'ouvre. Il fallait absolument qu'il se sorte de ce guêpier ! La porte s'ouvrit. Une fois à l'extérieur du tramway, il fut pris dans le mouvement de foule qui coulait rapidement pour se disperser. Des hélicars de l'holovision passèrent en bourdonnant au-dessus de lui.

Seigneur ! La fin du monde, réalisa-t-il en sursautant à chaque détonation factice.

Bang ! Bang ! Bang !

Les malfrats hurlaient en pointant leurs armes sur la foule.

– Reculez ! criaient-ils en les menaçant d'une exécution sommaire s'ils n'obéissaient pas.

Le conducteur de la camionnette descendit à son tour du véhicule et les trois truands échangèrent quelques mots. Des consignes. Ils fomentaient leur massacre. Ils demeuraient près de leur véhicule, en tirant parfois une salve de mitraillette en l'air. Ils terrorisaient tout le monde mais ils ne semblait s'intéresser à aucune boutique – ils attendaient visiblement quelque chose.

Un homme descendit alors du ciel ; comme un oiseau puissant, armé d'un fulgurant. Les truands le désignèrent tous les trois du canon de leurs armes. Sans ouvrir le feu. Dans les boutiques, dans les voitures et aux fenêtres des immeubles, tous les curieux suivirent la direction indiquée par les sulfateuses des vandales. L'homme volant planait entre les immeubles et semblait venir du désert, de l'espace ou du paradis.

Sous les traits du super héros, Tom « Quelque chose » Boderelli, car c'était bel et bien lui, s'apprêtait à faire sensation. Tandis qu'il approchait de la scène en vol assisté, il se remémora le plan d'action et les positions relatives des assaillants comme au cours de la chorégraphie. Il régla le générateur antigrav dissimulé sous sa cape et perdit de l'altitude lentement, c'était facile. Il redressa le torse et rejeta les épaules en arrière afin que les caméras présentes par *inadvertance* sur les lieux puissent faire de nombreux gros plans sur le logo qui bariolait son torse.

Les index se posèrent sur les gâchettes...

Bang ! Bang ! Bang !

Les membres du commando vidèrent leurs chargeurs sur lui.

Les balles à blanc expulsèrent d'inoffensifs nuages de poudre consumée en direction du super héros, qui replia les genoux et atterrit en attirant sur lui tous les regards. Il effectua une roulade imprévue et se redressa devant sa première cible. L'agent Brumov. Celui-ci mima parfaitement l'incrédulité qu'il s'était entraîné à exprimer et braqua son arme sur le super héros qui l'esquiva et en agrippa le canon en caoutchouc. Sous les yeux médusés des badauds, il fit un nœud inextricable avec l'arme à feu.

Le truand, incrédule face à une pareille démonstration de force, fit trois pas en arrière, puis se retourna et, prenant ses jambes à son cou, il disparut dans une ruelle en bousculant un groupe de piétons affolés.

Avec un formidable rayon laser qui semblait jaillir de ses yeux, le super héros fit fondre l'arme que le malfaiteur avait abandonnée, afin qu'aucun enfant ne le ramasse et ne se blesse jamais avec. Comme tout bon super héros se doit d'agir.

À ce moment, les puissants bras de l'agent Sayclark le ceinturèrent par derrière tandis que l'agent Asinner, le dernier des gangsters, s'avançait en braquant sur lui une impressionnante mitraillette à triple canon.

En un éclair, le super héros se dégagea de l'étreinte de Sayclark qu'il projeta sur Asinner. Aucun des deux ne se relèverait – il n'était pas prévu qu'ils le fassent.

Dans un concert de sirène, la police arriva pour arrêter les criminels. Brumov avait filé. Il devint un fugitif traqué par l'angoisse de se retrouver à nouveau un jour face au super héros qui n'autoriserait plus jamais à aucun criminel d'agir impunément.

Sur le toit de l'immeuble d'en face, le secrétaire général jubilait devant la totale réussite de son plan.

Tom « Quelque chose » Boderelli adressa alors un sourire ravageur à la foule en liesse et prononça la phrase qui resterait dans les livres d'Histoire :

– N'ayez plus crainte de rien ! Je veille au grain.

Sa voix claire et haute fut entendue de tous. Il effleura discrètement la télécommande de son générateur antigrav et s'envola sous les vivats de la foule.

*

« Chers holospectateurs, c'est incroyable ! » s'exclama Frank Cordial Mars dont le visage affichait une expression impressionnée. *« Nous sommes sur les lieux de cette mystérieuse apparition…* (Une séquence de l'homme volant, venant de nulle part et manœuvrant pour se poser sur le trottoir, s'afficha dans une fenêtre de l'écran.) *Qui est-il ? D'où vient-il ? La scène s'est passée très vite et nous n'avons pu figer que quelques secondes du vol de ce mystérieux homme…Bla bla bla… »* L'objectif de la caméra faisait un zoom sur le super héros lorsque celui-ci déclarait : *« N'ayez plus crainte de rien, je veille au grain. »*

– Qu'en dites-vous ? demanda Scarlatti en se détournant de l'écran de télévision.

– Je ne m'en lasse pas, répondit un secrétaire.

– Formidable, surenchérit le second. J'en frissonne encore.

– Et toi Paul, qu'en penses-tu ? demanda Scarlatti. C'est ton avis qui m'intéresse.

– C'est un début encourageant, répondit le premier secrétaire avec enthousiasme.

Les comptes-rendus des médiaréseaux étaient satisfaisants. Le super héros exalta la verve de tous les journalistes. Tom « Quelque chose » était très fier de lui. Colin l'était un peu moins. Arrivé en retard parce qu'il n'était pas au courant de certaines choses, et qu'il en avait oublié d'autres ensuite – il soupçonnait Lumy d'avoir dissimulé la feuille magnétique qui contenait ses instructions dans le but machiavélique de lui faire payer des tas de choses (Lydia, le *Cosmos*, etc.), il n'avait pas assisté au briefing et avait vécu l'événement comme un imbécile de citoyen lambda. L'esprit embrumé par une nuit d'ivresse, il n'avait pas fait le rapprochement entre le braquage qui l'avait tant terrifié dans le tramway et son nouveau boulot. Sa mission secrète. Il avait vraiment paniqué jusqu'à ce qu'il comprenne tout, en apercevant l'homme ailé descendre du ciel. En se souvenant de la soudaine frayeur ressentie lorsque tout le monde hurlait autour de lui, Colin réalisa qu'il n'était peut-être pas à la hauteur de sa tâche. Puis il se reprit, craignant d'être épié par des sondeurs télépathiques. Le bureau de Scarlatti pouvait regorger de ces petits joujoux. Il se reprit si bien qu'il se persuada qu'il était le plus fort de tous les super héros à n'avoir jamais fendu les cieux, de n'importe quelle planète que ce fût.

– Monsieur Thomas Boderelli a mis la barre très haut, prévint Scarlatti. À vous de suivre son exemple, dit-il en dévisageant Colin puis son voisin de droite.

Colin savait qu'il était lui-même plus athlétique et sans doute plus intelligent que ses deux rivaux. Avec la conviction qu'il était le seul super héros légitime ici, Colin brûlait d'impatience d'avoir à son tour le grand rôle. Tom « Quelque chose » Boderelli et Joseph « à sa droite » Dimoncelle n'étaient que des faire-valoir.

*
* *

Le sablobus scolaire fonçait sur la route du zoo, entre les canyons hérissés d'arbres morts. De fines nuées blanchâtres d'oxygène s'étageaient dans l'atmosphère rare au-dessus des collines rousses. Les oxygénales[25] arrivaient après trois semaines de plein air, c'étaient les dernières occasions d'aller à Kaârn pour les enfants de Marsopolis. (Seuls les convois exceptionnels équipés de moteurs spéciaux étaient autorisés à circuler lors des oxygénales.) Ils étaient une trentaine surexcités.

Caméras, appareils photos et sourires béats étaient de mise pour cette dernière sortie archéolo-pédagogique de l'année.

– Une chanson pour le zébrelon[26] ! scanda un petit garnement tempétueux depuis le fond du sablobus.

– Une chanson pour le zébrelon ! répétèrent quelques uns de ses camarades.

Le bus fonçait puissamment entre les dunes qui encerclaient le tumulus de Kaârn lorsqu'il cahota violemment et s'immobilisa dans un nuage de sable et de fumée noire. Son moteur toussa et s'éteignit définitivement.

---

[25] Marées atmosphériques d'oxygène

[26] Grosse guêpe martienne

Les alarmes d'oxygène passèrent à l'orange puis au rouge, provoquant une panique générale à bord du véhicule immobilisé.

Serein, le chauffeur sortit huit bonbonnes d'oxygène. C'était tout ce que contenait le coffre de secours.

– C'est bien insuffisant, fustigea la maîtresse en comptant vingt-deux enfants qui attendaient tous maintenant l'arrivée du super héros.

Ils criaient et leurs visages impatients étaient éclairés par les voyants des alarmes. Ils appelaient leurs mères, ils voulaient sortir du bus, ils pleuraient et s'arrachaient les cheveux. La maîtresse avait bien des difficultés à les consoler, alors qu'elle-même sombrait dans la panique…

Tous prisonniers du bus, comme du fuselage d'un avion écrasé, au beau milieu du désert où bientôt l'air serait irrespirable, il ne leur restait qu'une chance d'être secourus.

*

Pendant ce temps, tout près de là, dans le véhicule de coordination, un ventilateur faisait onduler les feuilles d'un palmier velouté. Une hôtesse distribua café et pâtisseries aux secrétaires. Dissimulés derrière les escarpements rocheux et derrière des voiles de camouflage, une dizaine de véhicules militaires de tous gabarits protégeait un camion-hôpital – au cas où quelque chose tourne mal au cours de l'opération « bus scolaire en détresse. » Le calme régnait au QG, malgré tous les enjeux de l'opération.

Le scénario prévoyait le sauvetage et le transport un par un des occupants du sablobus scolaire jusqu'au zoo, à trois kilomètres du lieu de l'accident, où une personne autorisée était informée de leur arrivée. Elle les attendait déjà.

– Les conditions sont loin d'être critiques, commenta un secrétaire en consultant le dernier relevé météorologique. On aura de l'oxygène jusqu'à ce soir.

Le secrétaire général haussa les sourcils.

– À la bonne heure ! dit-il.

Alertés par une anomalie dans la trame de la normalité, des robocams de l'holovision surgirent derrière les dômes du zoo.

*

– Colin ! Je suis Colin ! cria l'homme providentiel, pirouettant au-dessus du désert. Le super héros ! C'est moi !

Colin frissonna dans sa tenue molletonnée. Pour la première fois, il était le super héros ! Ça avait toujours été lui, ça n'était que lui ! Il allait sauver tous les occupants du sablochar militaire camouflé en sablobus scolaire. Il allait sauver la maîtresse ! Elle était belle, il l'avait vu sur des photos lors du briefing. Il allait l'impressionner autant que Superman impressionnait cette Loïs.

Il reproduisit les gestes travaillés à l'entraînement, en piscine ou bien ici-même, dans le ciel du désert, loin alors des robocams qui étaient maintenant une dizaine à foncer comme lui vers le bus accidenté. Le sol et la cible se rapprochaient à toute vitesse.

Un peu vite, se dit Colin en ajustant avec hâte le régulateur gravifique dont les commandes simplifiées se trouvaient à sa ceinture. Il fit une pirouette puis ses jambes courant dans le vide frôlèrent enfin le sol. Il trotta, rebondit et s'immobilisa près du bus, aux fenêtres duquel dodelinaient les têtes des enfants, qui n'avaient plus peur de rien. Ils prenaient tous des photos du super héros.

Colin leur fit un signe amical puis il remarqua la maîtresse ! Encore plus belle que sur les photos. Tom « Quelque chose » et Joseph « à sa droite » ne s'en remettraient pas. Eux n'avaient qu'à sauver des petites vieilles dans la rue. À Colin la gloire et les jolies femmes ! Que les autres aillent au diable. Il se retourna vers les robocams et prononça la phrase clé :

– N'ayez plus crainte, nous sommes tous là !

Il rougit bêtement.

Les robocams tourbillonnaient gentiment autour de lui.

– Ce que je voulais dire, expliqua le super héros en portant sa main droite à son oreille dans un geste nerveux, c'est que *je* suis là ! Pour vous tous, pour nous tous ! Et je veille au grain, bien sûr !

Il asséna aux objectifs perplexes le sourire ravageur qu'il s'était longtemps entraîné à reproduire devant son miroir. Il devait maintenant accomplir son devoir. Il fit un signe d'excuses aux robocams – et aux milliers de Marsopolitains derrière leurs écrans, puis il se retourna vers le bus.

Il en ouvrit la porte et pénétra théâtralement dans le couloir central. Il se pencha vers le chauffeur qui se dissimulait le visage.

– Vous souffrez ? demanda le super héros. On dirait qu'il suffoque, diagnostiqua-t-il en rajoutant, pour impressionner la maîtresse : cet homme est à l'agonie, il est urgent de le sauver.

La maîtresse aida Colin à soulever le chauffeur. Mais ce dernier perdait la raison, il faisait de grands gestes afin qu'on le laisse.

– C'est héroïque de votre part, reconnut Colin, mais j'ai le devoir de sauver des vies et...

À ce moment, le chauffeur ne parvint plus à se retenir. Ce fut d'abord un long ronflement aigu et discontinu qui s'échappa d'un interstice oublié dans son bouchon respiratoire...

Puis il éclata de rire !

– Excusez-moi, roucoula-t-il en essuyant ses larmes. Je ne voulais pas vous manquer de respect ou quoi que ce soit d'autre, monsieur… (Il s'apaisa en un souffle.) Je suis un peu nerveux, dit-il en regardant froidement Colin droit dans les yeux.

Est-ce ainsi que j'espérais être regardé ? s'insurgea intérieurement Colin. Admiré, oui ! Mais ainsi méprisé par cet abruti de chauffeur qui rit de moi…

Colin vit rouge et saisit l'homme par le col. Trop intelligent pour mettre Colin KO, le chauffeur, qui était en fait l'agent Massik, du Bureau, mima la folie et la repentance en tombant aux pieds bottés du super héros, qui se retourna vers la maîtresse avec le même sourire entraîné qu'il...

Allons bon ! se dit-il en voyant sur le visage de la maîtresse le même genre d'expression agaçante qu'avait insolemment arboré le chauffeur il y a un instant.

Ce dernier s'était rendu compte de son blasphème et s'était agenouillé tête basse devant le super héros. L'institutrice en ferait de même. Plus tard…

Pour l'heure, les enfants criaient et bondissaient sur leurs sièges. Ils demandaient à être sauvés. Ils attendaient tous ça. Alors deux par deux, suivi par les robocams, Colin transporta les enfants du bus jusqu'au zoo. Lorsque vint le tour de la maîtresse, celle-ci dit :

– Je peux très bien rentrer à pied.

Et elle rentra effectivement à pied, en compagnie du chauffeur.

Colin réalisa le sauvetage sans accroc, mais l'institutrice lui déplut par son manque d'admiration. Le rendu médiatique fut naturellement saisissant, trépidant comme un bon film catastrophe.

*

* *

Le lichen accroché aux roches était ballotté par les rafales de vent qui soulevaient des nuages de sable fin. Un éclat inhabituel scintillait dans le ciel au-dessus du quartier Ouest de Marsopolis dont les immeubles marquaient d'ombres noires le ciel de l'aurore. Les gens qui marchaient dans la rue s'arrêtèrent et les voitures aussi. Tout le monde leva la tête vers ce deuxième soleil du matin.

Les robocams filmant la scène circulaient silencieusement parmi les citoyens aux expressions figées par l'angoisse, révélant la peur et l'incrédulité qui régnaient en ce jour. Certains choisirent de remonter dans leurs voitures et de repartir en profitant de la circulation arrêtée. Tandis que les robocams continuaient de filmer la flammèche blanche, la traînée de poudre brillante qui se perdait dans la translucidité du ciel, la voix du speaker Franck Cordial Mars se fit entendre : *« Mesdames et messieurs, c'est une comète que vous voyez dans le ciel. Les calculs communiqués par la base d'observation du Mont Olympe nous indiquent que l'astre va frôler Mars et plonger la planète dans l'évanescence de sa queue, cristallisant tout être vivant qui ne se trouvera pas sous terre à ce moment. Il n'y a plus qu'une seule alternative, une solution à notre Salut… car il n'y a aucune cachette sous terre. C'est le Super héros ! »*

De nombreux citoyens affolés courraient dans tous les sens. D'autres, non moins effrayés, restaient immobiles devant les écrans urbains qui diffusaient des images de la comète.

Paul se tourna vers Scarlatti et dit :

– Qu'en dis-tu, Auguste ? A aucun moment il n'est prévu que le désespoir transparaisse du reportage. Il doit juste permettre de juger la popularité du super héros et de conforter la confiance du peuple. On ne veut pas que des braves gens se suicident.

– Nul doute qu'après cela il sera adulé de tout Mars, approuva un second secrétaire.

Scarlatti les regarda tous puis opina en bougonnant. Son regard se posa à nouveau sur l'écran : Alors que la comète continuait sa folle course dans le champ de gravité de Mars, et qu'elle était maintenant plus grosse que Deimos à son périhélie, le super héros surgit, un bras pointant vers l'infini devant lui, et l'autre ramené contre son cœur, les jambes tendues le corps arqué, la cape de durvelours frétillante sur son dos. Son image se refléta comme dans un miroir sans fin entre les façades des immeubles de verre. Véloce, il salua la foule subjuguée qui s'anima sur son passage. Elle reprit espoir en encourageant son héros. Celui-ci fit une parabole et monta vers l'espace. Puis le silence revint dans la ville. Les robocams suivirent le super héros qui fonçait, comme une fusée humaine, assez vite pour échapper à l'attraction martienne.

Sur l'écran incrusté dans la façade du plus haut building de la ville, au croisement des rues les plus fréquentées, le super héros allait maintenant à la rencontre de la comète qui était devenue énorme comme un soleil devant lui. Et le super héros continua, comme un enfant se précipitant sur une boule de glace. Il fonça bientôt si vite que les robocams ne purent plus suivre sa cadence et retombèrent vers Mars. La population silencieuse priait et se recueillait. Les gens se rapprochaient les uns des autres et se parlaient calmement – plutôt du Jugement dernier que des travaux sur le boulevard Korstrika.

Le secrétaire général dit à mi-voix :

– C'est une scène qui nous a demandé beaucoup de travail. Nous l'avons tournée dans le studio 51, là où a été tourné le...

– Je sais très bien ce qui a été fait dans le studio 51[27], interrompit Scarlatti en caressant le goitre de Cornélius qui ronronnait sur ses genoux.

Sur l'écran, la comète disparut subitement. Scarlatti sursauta. La comète n'était plus. La menace était passée. La foule délirante et hurlante fut parcourue d'un frisson. Les gens chantèrent à la gloire du super héros.

– C'est un peu rapide, non ? remarqua Scarlatti.

– Nous rajouterons une scène monsieur, s'empressa de promettre Paul en faisant un signe à ses subordonnés qui se concertèrent en prenant des notes.

– D'accord, dit Scarlatti en se frottant les mains. C'est très bien tout ça, approuva-t-il en regardant la fin du montage vidéo.

Le super héros revenait maintenant au-dessus de la ville en une boucle de salut et il disparut dans un nuage au-dessus du désert, escorté par cinq avions de chasse traînant des tubes de fumée aux couleurs du gouvernement.

Scarlatti, ses secrétaires et les trois super héros gardèrent le silence lorsque le reportage s'acheva.

– Diffusez-le au plus vite, ordonna enfin Scarlatti. (Il se tourna vers Colin et ses deux comparses.) Lequel de vous trois a tourné cette fantastique scène ?

---

[27] Secret défense.

– Aucun, répondit Paul. Tout est numérique.

Scarlatti haussa un sourcil, ce qui voulait dire : à quoi servent trois abrutis d'agent sous-qualifiés si on peut faire le travail par ordinateur ? Paul agita nerveusement les mains, ce qui signifiait : on ne peut pas le faire par ordinateur dans toutes les situations, monsieur.

L'indice de popularité du gouvernement était monté en flèche depuis l'apparition du super héros mais il tendait désormais à stagner. Les interventions du super héros se faisaient parfois au rythme de trois à quatre par jour. Des opérations quasi-simultanées furent organisées avec deux super héros pour feinter un déplacement supersonique de celui-ci. Les journaux titrèrent à ce propos : *1800 km/h pour le super héros entre Kaárn et Marsopolis. Ça décoiffe !*

Scarlatti était comblé. Sa vision s'était accomplie. Mais il pressentait un potentiel social à ses expériences plus ambitieux encore – les épreuves qu'avait affronté le super héros jusqu'à présent avaient vu leur apothéose dans ce détournement sidéral, que les médiaréseaux diffuseraient rapidement. Il fallait maintenant envisager – imaginer une suite brillante. Scarlatti avait son idée sur la question. Il ordonna à son secrétaire général de prendre le relais pour diriger les affaires en cours et de ne le déranger sous aucun prétexte. Il s'enferma ensuite dans son bureau avec son chat, des provisions et une grande reliquothèque de bandes vidéo.

*

* *

La salle d'entraînement des super héros comportait tous les agrès. Appareils de musculation, tapis, stéréo et miroirs. Les trois fonctionnaires héroïques y exerçaient leur musculature et leur sourire sur un rythme pop entraînant au moins trois heures par jour.

Colin lança un coup d'œil arrogant à ses collègues – ils se trémoussaient comme des danseurs de cabaret. Colin était le plus apte, le seul légitime à endosser le costume de muscles et à voler dans le ciel de Mars ! Les autres n'étaient que des sous-fifres le secondant, des faire-valoir miteux.

– Tu sais pourquoi je n'aurai pas froid cet hiver, demanda Colin.

– Pourquoi ? fit Tom « Quelque chose » avec méfiance.

– Parce que j'ai deux doublures de rechange.

– C'est ça, gros malin !

– Hé ça va… Vous battez pas…

Colin avait besoin de prendre l'air. Il décida d'aller voler en solitaire, pour s'entraîner à l'antigravité. Joseph « à sa droite » et Tom « Quelque chose » le regardèrent partir en ricanant. Jaloux, ils se liguaient contre lui.

Colin planait au-dessus de la ville sans autorisation. Des gens le montraient du doigt et s'arrêtaient pour le regarder ou l'appeler par de grands signes. Il rêvait de le révéler à tous : je suis Boris Colin, le Sauveur ! Le super héros ! Prosternez-vous ! Des enfants couraient sur la chaussée en remuant les bras. Comme s'ils tenaient la ficelle du cerf-volant que je suis, songea Colin en prenant de l'altitude. L'horizon s'éloigna dans toutes les directions. Colin fonça vers le désert en réalisant des figures compliquées. Ce ne sont pas ces deux nigauds qui peuvent en faire autant, se dit-il en frôlant la cime des canyons. Il reprit de l'altitude en cambrant l'échine, allant et venant dans les courants de l'Oxygénale. Il monta assez haut et s'exerça au fulgurateur en visant des falaises qui s'émiettèrent en petits nuages gris que le vent chassa. Il vola en fixant un point qui reculait sans cesse sur l'horizon. Puis voyant que son niveau d'énergie baissait et qu'il avait volé plus longtemps qu'il ne le croyait, il fit demi-tour et revint vers la ville.

Il descendit en spirale et se posa dans la cour du Bureau vingt minutes plus tard. Les deux guignols étaient là – ils faisaient un footing sur le parcours d'obstacle. Ils s'arrêtèrent et se rejoignirent pour commenter son retour.

Tom « Quelque chose » lui adressa un regard en coin.

– Ils te cherchent pour l'injection quotidienne, dit Joseph « à sa droite » en affichant un sourire narquois.

– J'ai oublié, grommela Colin en ôtant son costume. Ce n'est pas un drame

– Ce n'est pas l'impression que ça do...

– Je vais y aller maintenant, interrompit Colin. Qu'est-ce que ça change ? Tu veux te battre, super héros ?

– Hé, hé, hé ! ricana Joseph « à sa droite ». Oui, viens un peu par là !

Les deux hommes s'empoignèrent sous le regard de Tom « Quelque chose », qui, voyant arriver un secrétaire, se leva et fit mine de séparer les belligérants.

– Vous êtes là ! s'exclama le secrétaire, complètement essoufflé. Où diable étiez-vous passé ? Vous devez recevoir immédiatement votre injection quotidienne.

En jurant de remettre ça, Colin repoussa violemment Joseph « à sa droite » et se laissa entraîner par le secrétaire médical pour la piqûre.

Colin rentra chez lui en se grattant le bras, là où avait piqué l'infirmier. Il somnola dans le tramway et courut, sous la pluie, jusqu'à chez lui. Il grimaça en poussant la porte de l'immeuble qui s'ouvrit sur des gravillons crissant. Il pesta contre l'ascenseur HS et se coltina les trois étages à pied. Il se couvrit le nez en passant sur le palier et s'isola enfin chez lui. Il ne se sentait bien que chez lui. S'il n'avait pas encore eu le loisir de déménager – les émoluments de sa nouvelle situation n'étaient pas aussi mirobolants qu'il l'avait prévu, la décoration avait été complètement revue. Chaque détail était flanqué du sigle tapageur du super héros.

Colin s'était offert tous les produits dérivés qui fleurissaient comme les blés et se vendaient comme des petits pains. Des posters étaient affichés dans le vestibule, disposés dans le parallélogramme de lumière qui marquait le mur de dix-sept à dix-neuf heures tous les soirs d'été. Colin ôta sa veste et la lança sur le dossier de la chaise. Il leva les yeux vers l'horloge aux couleurs du super héros. Les deux bras du super héros indiquaient l'heure : dix-huit heures trente. Le parallélogramme jaune était là, et Lumy aussi. Elle était assise sur le canapé, ses mains couvraient une tasse de thé fumant. Elle se bornait à utiliser sa vieille tasse fétiche, alors que le service à l'effigie du super héros était flambant neuf dans le placard de la cuisine.

– Hello, dit-il.

– Tu es dégoûtant, répondit-elle.

Colin se passa les mains sur le visage – elles étaient pleines de sable.

– Oui, reconnut-il. J'ai volé au-dessus du désert, et je n'ai pas eu le temps de prendre une douche.

– Je le sens, confirma-t-elle.

– Je vais me laver, dit-il en se dirigeant vers la

salle de bains. Tu voudras jouer aux figurines, tout à l'heure ?

Il s'arrêta devant l'étagère où étaient disposés différents modèles de figurines du super héros. De la plus précise, une figurine de luxe multi-articulée et peinte à la main, jusqu'à la plus grossière, une grosse figurine bouée à gonfler. Et plusieurs rouleaux de papier peint attendaient encore derrière la porte que Colin trouve le temps de bricoler. Le mur serait magnifique avec la tapisserie du super héros, comme dans la chambre.

– Non, répondit-elle. J'ai passé l'âge.

– Ce n'est pas une question d'âge, rétorqua-t-il en fermant la porte de la salle de bains derrière lui.

– Tu te prends toujours pour ce *super héros* ? demanda-t-elle avec sarcasme.

Il se déshabilla et s'engouffra dans la petite douche sans répondre. Il ne se *croyait* pour personne. Il était *quelqu'un* !... Le sable du désert coulait entre ses pieds. Il tourbillonnait et disparaissait dans le siphon. Il sortit et s'essuya avec une de ses serviettes du super héros. Maintenant propre, peut-être que Lumy voudrait bien de lui. Il trotta tout nu jusqu'à la chambre. Les oreillers, la couette et les abat-jour des petites lampes de chevet étaient à l'effigie du super héros. La literie était harmonisée avec le nouveau lustre projetant le logo du super héros sur les murs. Colin mit son pyjama super héros et enfila ses chaussons en peluche super héros.

Il regarda par la fenêtre et regretta de ne pas avoir sa tunique – mais juste son pyjama. Il aurait voulu l'ouvrir et s'envoler au-dessus de la ville endormie. Il ne ferait pas de vague. Il volerait près des fenêtres pour voir les gens. Il aimerait voir ce que Lydia fait lorsqu'il n'est pas là. Aller faire peur à cette institutrice peu aimable qu'il avait sauvée l'autre jour !

Il ne fit rien de tout ça, il rejoignit Lumy au salon et s'amusa avec ses figurines pendant qu'elle regardait la TV.

*

* *

Lorsque sa longue réflexion s'acheva, Scarlatti sortit de son bureau. Cornélius le précéda en bondissant comme une des nombreuses puces qu'il hébergeait à titre gracieux.

Scarlatti convoqua une réunion extraordinaire, au cours de laquelle il présenta son nouvel atout. Colin, Joseph « à sa droite » Dimoncelle et Tom « Quelque chose » Boderelli dévisagèrent les nouveaux venus avec inquiétude. Ils étaient grands et baraqués. Et ils étaient trois.

Scarlatti projeta un nouveau film. Violent, choquant. On y voyait un personnage glacial et rempli de haine pour le monde entier. Son visage était horrifiant et son rire caverneux était à lui seul frissonnant.

Les trois super héros furent délaissés lors de cette projection. Scarlatti et son secrétaire général n'eurent d'yeux que pour les trois nouveaux venus.

Colin ne pouvait pas imaginer qu'on lui retire son rôle, son être, pour le confier à l'un de ces trois affreux. Car comme ils se ressemblaient, ils étaient laids et effrayants tous les trois. Des remplaçants ? Ne suis-je pas un bon super héros ? Les deux autres, je ne dis pas. Mais moi ! Veulent-ils que je leur montre, à tous ces bons à rien ? Ses poings se crispèrent sur ses cuisses et ses articulations blanchirent.

– Voici ce qui va redonner du rythme à vos aventures, lança Scarlatti à Colin, à Joseph « à sa droite » et à Tom « Quelque chose » en désignant les trois inquiétants nouveaux venus. Le super méchant ! déclara-t-il en dévisageant longuement un à un le nouvel adversaire du super héros. Votre ennemi juré !

FIN

Les Nouvelles du RétrofuturMag
Accueil
Livres
Divers
Rétrofutur mag.